KB213876

누가 불두(佛頭)에
황금똥 쌌나?

생각 쉬면 깨달음, 마음 비우면 부처

누가
불두佛頭에
황금똥
쌌나?

고준환 박사 지음

도서출판 본각선교

석가모니불께 경배 찬탄합니다.

저는 이번 세상에 와서 대학 1년 때(1961년) 부처님오신날 서울법대 법불회 법회에서 이청담 스님의 "마음 법문"을 듣고 부처님 법에 처음 접했습니다.

'나'나 우주의 진리에 관한 관심은 늘 떠나지 않았습니다.

그후 명심견성 성불제중(明心·見性 成佛濟衆)에 대한 부처님의 가르침에 대하여 김탄허 · 유설송 · 김혜암 스님 · 황산덕 · 서돈각 · 김동화 교수님 등 수많은 고승대덕으로부터 많은 가르침을 받았습니다. 그 덕분으로 부처님의 빛을 보았습니다. 감사합니다.

그리고 저는 또 선정을 비롯하여 신선도 · 초월명상 · 아바타코스 등

다소의 체험도 한 바 있습니다.

우주는 본각이고, 불이중도며, 열반이며, 적멸이고 부처이니, 중생이 본각으로 살아가려면, 신해행증을 실천해야 합니다.

본각은 중생을 떠난 적이 없고, 새롭게 깨달은 시각(始覺)이 새로 생겨난 것이 아닌 본각이요, 구경각이었던 것입니다.

중생이 선교일치(禪敎一致)로 크게 깨달아 중생불(보살)이 되고, 더 나아가 성불하는 일이 인류의 영원한 희망일 것입니다.

이에 저는 선교일치의 체험적 불교개론서로 이 책을 현대에 맞게 저술하게 되었습니다. 『누가 불두에 황금똥 쌌나?』는 독자에게 드리는 저의 화두입니다.

한 가지 첨언할 것은 대선사요, 유불선의 3절이셨던 김탄허 스님께서 『현토역해 신화엄경합론』 등 수많은 책을 내시고 인재양성에 힘쓰셨습니다.

스승님인 탄허 스님께서는 선교일치의 체험적 불교개론서를 쓰시고자 했으나, 이루지 못하고 열반에 드셨습니다.

제자로서 석가모니 열반 2558주년과 함께 탄허 스님 열반 30주년을 맞아 큰스님 뜻에는 족탈불급이지만, 큰스님 뜻에 작은 정성을 바치는 마음을 담았다는 것을 삼가 말씀드립니다.

또 이 책은 교수신문에서 불기 2558년(단기 4347년, 서기 2014년, 갑오) 한해를 전미개오(轉迷開悟) 즉 깨달음의 해로 정한 것과 잘 연결되니, 모두 꽃다운 인생살이가 되기를 기원합니다.

　제 나름의 책이 개안종사들에겐 쓸데없는 흔적을 남기는 것이 아닐까 저어되지만, 진리에의 갈증있는 분에게 목마름을 채우는 한 바가지 물이 되었으면 하는 바램입니다.

　끝으로 이 책을 출판한 본각선교 고의환 사장과 원고를 정리해 준 큰며느리(조영미)에게 사의를 전한다.

　나무 석가모니불!

불기 2558년(서기 2014) 3월 15일(음력 2. 15)

Y下光波 고 준 환

목 차

석굴암 본존불

구름 나그네

우리는 인생길을 걷는 나그네이다.

고락의 바다를 항해하는 배의 선장이기도 하다. 그런데 도대체 나는 누구인가? 나는 어디서 와서 어디로 가는가? 다른 대상은 알 수가 있는데 나, 자신은 알 수가 없다.

"오늘도 걷는다마는 정처 없는 이 발길, 지나온 자욱마다 눈물 고였다. 선창가 고동소리 옛님이 그리워도 나그네 흐를 길은 한이 없어라."

이는 우리 국민들이 즐겨 부르는 백년설(본명 이창민)의 '나그네 설움'(조명암 작사, 이봉룡 작곡)이라는 노래이다.

다음 노래도 백년설의 '번지 없는 주막'이다.

문패도 번지수도 없는 주막에
궂은비 나리는 이 밤도 애절구려

능수버들 태질하는 창살에 기대여
어느 날짜 오시겠소 울던 사람아

아주까리 호롱 밑에 마주앉아서
따르는 이별주에 밤비도 애절구려

귀밑머리 쓰다듬어 맹세는 길어도
못 믿겠소 못 믿겠소 울던 사람아

나라 잃은 슬픔을 노래하여, 백성의 심금을 울렸다. 나를 찾고, 님을 찾고, 나라 찾으려는 마음이 잘 나타나 있다.

인생 나그네 길에는 설움이 많다. 꽃길도 있지만 가시밭길이다.
어떻게 하면, 인생길에 설움이 적고 즐거움 많게 살 수 있을까?
복잡하게 세상살이 하다가 자유로워지려면, 우선 길(道)을 걷다가 멈춰 서서 하늘을 바라보는 여유를 갖는 것이 좋다. 바다의 수평선을 바라보는 것도 좋다.
사람이 살아가는 데는 최소한 '틈새'나 '여유'가 필요하다. 그렇지 않으면, 너무 팍팍해서, 꽉 막혀서 살 수가 없다.

가끔은 길을 가다가 서서 푸른 하늘을 바라보라. 빨리빨리 살아 가느라고, 내 맘속의 양심과 밤하늘의 찬란한 별빛을 본지가 너무 오래된 것은 아닌가?

하늘에 흘러가는 하이얀 뭉게구름을 하염없이 계속 바라보아도 좋다. 사람은 구름나그네이다. 특히 어떤 생각에 사로잡히어 고민이 될 때는 내면의 생각을 하늘의 구름 바라보듯이 멈춰보면(止觀) 더욱 좋다.

그러면 문제의 생각이 구름이 흘러가 버리듯 자연히 사라질 것이다.

또 바닷가에서 저 멀리 수평선 위의 파도를 바라보면서, 해조음을 듣는 것도 좋다. 이름이나, 모양(相)으로 보면, 바다(海)와 파도(波)가 다르나, 그 성품은 모두 젖는 성질의 물(水)일 뿐이다. 물끄러미 그냥 바라보라. 내버려둬라(let it be).

자유로운 삶의 전기가 될 것이다.

인생은 한자락 뜬 구름이 생겼다 사라지는 것이다(一片浮雲 起滅).

다음 저자의 시조를 음미해보자.

한자락 흰구름이 하늘을 감도는데

어느곳 한자리도 머물 수가 없더니,

구름새 푸른하늘은 예와 이제 같더라.

우리는 구름나그네이며, 동시에 「고향나그네」이다.

우리는 본래 고향 안에 타향을 설치해 놓고, 그 타향에서 고향으로 돌아가려 애쓰고 있기 때문이다. 본래 하늘은 고향일 뿐이고, 구름에겐 타향이 없으며, 분별로 이름붙이기 전에는 구름도 하늘인 것이다. 우리는 또 꿈속의 나그네이다. 실체가 없는 한바탕 꿈! 중요한 일은 일체의 꿈을 깨고 꿈꿈이로 돌아가는 것이다.

나는 누구인가?

우리가 자유자재로운 삶을 살면서, 행복한 존재(Well-being)가 되고, 행복하게 죽으려면(Well-dying), 지적 생명체(知的 生命体)로서 우선 "나는 누구인가?"를 확실히 깨쳐야 한다.

같은 뜻으로 우주가 무엇인지도 확실히 깨쳐야 한다.

나는 누구인가?(Who am I?)

내가 나를 잘 아는 것 같았는데, 막상 스스로에게 자문하니, 말이 꽉 막힌다. 또 나는 어디서 와서 어디로 가는가? 도무지 모르겠다.

나의 육체는 내가 아니다.

나의 팔다리도 내가 아니다.

나의 머리도 내가 아니다.

나의 재산도 내가 아니다.

이들은 나의 '무엇'이지, 나 자신은 아닌 것이다.

그러면 참나(眞我, 眞如)는 무엇인가?

그래서 불교의 선문(禪門)에서는 이 뭣고?(是甚麼, What is this?)를 화두로 결택하여 참구하게 해온 것이다. 나를 찾는 것이다.

이 책은 부처님의 가르침에 따라 견성 성불 제중(見性 成佛 濟衆, 깨닫고 성불하며 중생구제함)에 목적이 있으므로, 진리를 참구해 개념의 감옥을 탈출해 나가되, 방편으로서 우선 개념적으로 나를 알아보기로 한다.

일반적으로 개념적 "나"는 세 가지로 나눌 수 있는데, 이를 "0나", "1나", "2나"로 부르기로 하자.

먼저 "2나"는 몽중아(夢中我, 꿈속 나)라고 한다.

우리가 잠을 자다가 꿈을 꾸는데, 꿈속의 나는 꿈속에서 별의별 짓을 다한다.

춤도 추고, 하늘을 날기도 하며, 싸움도 하고…….

몽중아는 꿈속에서 행동할 때 생시라고 생각하지, 꿈이라고 생각하지 않는다.

그런데 꿈을 깨면, 몽중아는 없었던 것이다. 다만 심식(心識)의 전변이었을 뿐이다. 3불신설에 의하면, "2나"는 화신(化身)이라고 할 수 있다. 달을 달과 달빛 그리고 달의 그림자로 나눠보면 2나는 달의 그림자이다.

"1나"는 인연아(因緣我, 假我 ego, 몸나)라고 한다.

보통 우리가 생시라고 생각하고, 정신과 육체를 비롯하여 현상적인 삶을 사는 나이다. 그런데 석가모니께서 깨달으신 것은, 말로 하자면, 일체가 「마음(心)이고, 그 표현이 모두 앎(識)이며, 3천대천 세계는 인연과보(因緣果報)의 원리로 그 마음을 나타낸다는 것(緣起論)이다.

그런데 "1나"는 무명으로 한 생각을 일으키고, 그것이 인연과보의 원리에 따라 5온이 모이고 쌓여 이루어진, 신구의(身口義) 3업의 인연가화합(因緣假和合) 존재라 할 수 있다.

이 인연아는 오랜 습업적(習業的) 존재로 지나친 욕심, 고정관념, 나쁜 습관 등으로 고통의 바다를 헤매이는 존재가 된 것이다.

인연아는 고정적 실체가 없는데도, 착각으로 있다고 생각하면서 집착과 갈애(渴愛) 등으로 점점 자기를 옥죄어 결박해가는 것이다.

인연아는 또 생시가 꿈이라고는 생각지 못하고, 진실파악에 나서는 사람조차 드문 것이다. 인연가화합으로 된 인연아는 가아로서 결국 몽중아와 같이 실체가 없는 것이다.

선수행에 있어서 오매일여(寤寐一如)나 몽중일여 또는 숙면일여 등을 꿈을 꾸면서도 깨어 있어야 한다든지, 꿈 가운데서나 깊은 수면 속에서 깨어 있어야 한다고 주장하는 분들이 있는데, 이것은 별개의 문제이다. 오매일여는 꿈속의 나인 몽중아가 실체가 없고, 또한 인연아도 실체가 없어 오매(깨어 있거나, 잠자거나)가 하나같이 같다. 즉 모두가 실체가 없다는 뜻이다.

인연아는 본래 자기 고향이요, 자기 집인 하늘(우주)에서 처음에 분별심인 무명으로, 자기 안에 바깥을 두듯, 착각으로 자기 고향 안에 타향을 설치하고, 거기에 들어가서는 늘 고향을 찾아가겠다는 「고향 나그네」가 된 것이다.

그 착각을 깨야한다. 일체가 꿈이다. 잠이나 꿈을 깨야한다. 깨달음(見性, 자성을 본다)이 필요한 소이이다. 착각은 자유이지만, 정각(正覺)도 자유이다.

3불신설에 의하면, "1나"는 보신(報身)이라고 할 수 있다. 달의 빛에 해당한다.

"0나"는 비인연아(非因緣我, 眞我, 眞如, 얼나, 참나)라고 할 수 있다. 본래는 불가설, 불가사의이다.

0나는 진아, 얼나, 참나, 진여, 각(覺), 순수의식, 청정무구심, 불(佛), 부처님, 중도, 공(空), 불이(不二), 절대자, 초월자, 우주, 하느님 등 여러 가지로 불린다.

비인연아는 진아로서 인과불매(因果不昧)한 존재로 인연아들의 근원 자리이고, 청정무구심이며, 생각의 근원자리이고, 수학적으로 0이며, ∞이기도 하다.

3불신설에 의하면, 0나는 법신(法身)인 바, 달 자체이다.

인연아와 비인연아의 관계는 구름과 하늘의 관계에 비견된다.(금강경 제32분 참조)

일체유위법여시(一切有爲法如是)

몽환포영로전운(夢幻泡影露電雲)

운간청천고금동(雲間靑天古今同)

일체 유위의 법은

꿈, 허깨비, 포말, 그림자, 이슬, 번개, 구름 같은데

구름사이 푸른 하늘은 예와 이제 같더라.

석가모니의 큰 깨달음

"나는 누구인가?"를 깨달으신 분이 석가모니이시다. "나는 누구인가?" 그 내용을 보자.

지금으로부터 약 2600년 전 석가모니께서 인도 부다가야 대각사 보리수 밑에서 「나는 누구인가?」를 깨달으신 대각(大覺)은 약 300만년의 인류역사에 있어서 최대의 사건이라고 할 수 있다.

이를 일대사인연(一大事因緣)이라고도 한다. 한 큰 사건이 일어났다는 뜻이다.

석가모니의 대각 전 성명은 고타마 싯다르타(Gotama Siddhartha) 태자이다.

고타마 싯다르타는 BCE 624년 4월 8일(음력) 인도의 룸비니 동산정원(Lumbini garden, 마야 왕비 친정어머니 이름에서 따옴, 지금은 네팔 땅)에서 카필라국 석가족 정반왕(淨飯王, Śuddhodāna)과 마야(Māyā, 摩耶) 왕비 사이에서 첫 아들로 태어났다(영국의 사학자 빈센트 스미스는 석가모니가 콜리족(Kolian)으로 몽고인종이라는 석존 몽고인설을 주장했다. 탄생연도 등에 이설 있음).

마야 왕비는 출산 예정일이 다가오자 친정인 데바다하로 가는 도중에 진통이 시작되어 룸비니 가든에서 무우수를 잡고, 싯다르타(悉達多) 태자를 낳았다.

싯다르타 태자는 태어나자 4방으로 걸으면서 천상천하를 가리키면서, 탄생게를 남기셨다. 천상천하 유아독존 삼계무안 아당안지(天上天下 唯我獨尊 三界無安 我当安之, 천상천하에 나만이 높고, 삼계가 편안하지 않으니, 이를 편안케 하리)이다.

마야 왕비는 태자를 낳은지 7일만에 돌아가시고, 이모인 고타미(Gotami, 교담미)부인이 정반왕 후비가 되면서 태자의 양육을 맡았다.

신언서판이 뛰어났던 고타마 태자는 젊은 시절 문무를 겸전하는 수련을 했고, 왕자로서 자유스럽고 풍요한 가운데, 남부러울 게 없는 행복한 시절을 보냈다.

석가 태자는 야쇼다라(Yashodhara) 공주와 결혼하여 아들 라홀라(Rahula, 장애, 속박이라는 뜻)를 낳았으며, 동궁시절 사는 궁전이 세 개나 있었다.

석가 태자는 한때 궁궐의 네 문인 동서남북 문을 놀러 나가서(사문유관, 四門遊觀), 각기 생(출산아기 울음), 노(늙어서 처량하게 괴로워 함), 병(병들어 아픈 몸 이끎), 사(죽은 시체 이운) 등의 모습을 보고 깊은 인상을 받았으며, 걸식하는 사문도 눈에 띄었었다.

석가 태자는 그후 '나는 누구인가? 죽으면 어디로 가는가? 인생이나 우주란 무엇인가?'에 대하여 깊은 사색이나 명상을 하였다.

석가 태자는 결국 생사를 뛰어넘고, 나를 바로 깨치기(正覺)위하여, 부왕의 뜻을 어기고, 출가하여 사문의 길을 가기로 결심했다.

29세 되던 BCE 596년 2월 8일(음력) 밤이었다.

석가 태자는 애마 간다가를 타고, 마부 샤녹을 데리고, 성벽을 넘어 출성했다.

그는 뜻을 이루고자 수행길에 나서고 많은 선인 스승들을 만났다.

아노마 강변에서 적정의 고행림 속에서 바가바 선인을 만났다.

석가 사문은 이어 마갈다국 왕사성(Rajagriha)숲에서 선인 알라라 칼라마(Alarakalama)를 만나 명상을 배워 4선정 가운데 무소유처정(無所有處定)에까지 이르렀다. 이어서 우드라카-라마풋트라(Udraka-Ramaputra) 선인에게서 비상비비상처정(非想非非想處定)이라는 삼매에 들었으나, 궁극의 멸진정(滅盡定)에 이르지는 못했다.

석가 사문은 우드라카 밑에 있을 때, 찾아온 교진여(곤단냐), 마하나마, 발제야, 아설시, 파파 사문 5명과 함께 부다가야 근처의 전정각산(前正覺山) 우루벨라 숲속에 들어가 지독한 극기(克己)와 금욕, 고행을 비롯한 많은 수행을 수년간 했으나, 목적을 이루지는 못하고, 몸은 피골이 상접하게 되었다.

석가 사문은 고행만으로는 정각을 이룰 수 없다고 생각하고, 중도로 나아가기로 한 후, 나이란자나강(Nairanjana)을 건너 목욕하고, 수자타라는 처녀가 준 우유죽을 먹고, 건강을 회복하기 시작했다.

석가 사문이 처녀의 우유죽 먹는 것을 보고, 교진여 등 5사문은 "타락했다"고 하면서 석가 사문을 버리고 말없이 떠났다.

석가 사문은 이어 부다가야(지금 마하보디템플 大覚寺 자리) 피팔라 나무 밑에 길상초를 깔고, 결가부좌하며 선정에 들어갔는데, 정각을 이루지 못하면, 일어나지 않겠다고 크게 결심하였다.

그러다가 석가 사문은 육욕천 마왕(波旬, papiyas)의 유혹을 물리쳐 항마하고, 새벽별인 금성을 보고 대각(大覚)을 했는데, 절대 진리를 깨치고, 진아와 우주를 확실히 아는 대각(大覚)인 무상정등정각을 이루시었다. 새벽별을 보고 깨쳤으나, 깨친 후에는 새벽별이 별이 아니었던 것이다.

석가 사문은 깨달은 자(覚者)인 부처, 즉 석가모니가 되고, 일체를 정복한 승리자이며, 6신통과 10지력을 갖추고, 멸진정에 이른 일대사인연이 일어난 것이다.

석가모니가 그 밑에서 깨달은 피팔라 나무는 이후부터 깨달음의 나무인 보리수(覚樹, 菩提樹)가 되었다.

석가모니가 출가 후 6년만인 35세 때 BCE 590년 12월 8일(음력)이었다.

석가모니는 대각 후 대각사 큰 못가에서 용(龍)의 시봉을 받으며(코브라 설 있음) 해인삼매(海印三昧)에 들어 3·7일인 21일간 우주를 향해 사자후로 화엄경(華嚴經)을 말씀하셨다. 우주가 화엄경이었다.

석가모니는 이어 돌아가신 어머니가 계신 도리천에 올라가, 마야부인을 만나고 진리(法, Dharma)를 설하여 깨치시게 하고 내려왔다.

석가모니는 이어 붓다로서 "한번 싱긋 웃고" 사바세계를 그냥 지나가는 아라한(arhat)의 길을 갈 것인지, 아니면 보살(Bodhi Sattva)처럼, 진리를 적극 펴고 중생구제에 나설 것인지를 생각하시었다.

그때 범천왕을 비롯한 백만 인천이 석가모니께, 자비심으로 사바세계 중생구제에 나설 것을 일주일 동안 간청하자, 이를 받아들이셨다.

석가모니는 먼저 대각을 하면 무상의 지혜를 전해달라고 요청하면서, 가르침을 준 선지식 알라라 칼라마와 우두라카 라마풋트라를 미간 백호광으로 찾았으나, 이미 타계한 것을 아셨다.

석가모니는 이어 전에 도반의 길을 걸었으나, 버리고 떠난 교진여 등 5명의 사문을 찾으니, 사르나트(녹야원)를 지나고 있었다.

석가모니는 그들을 만나려고, 녹야원으로 가니, 교진여 등을 길에서 만나게 되었다. 교진여 등은 석가모니가 멀리서 길을 걸어 오는 것을 보고, "석가 사문은 타락했으니, 만나더라도 모두 모른체하자"고 합의했다. 그러나 막상 석가모니와 만나게 되자 5인은 석가모니의 원광을 보고 언제 그랬냐는 듯이 그 자리에 엎드려 3배를 올리게 되었다.

석가모니는 교진여 등 5비구에게 첫 법륜으로 네 가지 고귀한 진리인 4성제 8정도를 말씀하셨다. 4성제는 고집멸도(苦集滅道)이다. 부처님이 방편설인 아함경의 시작이다.

인생의 현실은 괴로움(苦)이요, 고해(苦海)라는 것이고, 그 원인은 집착(集)으로 고통이 일어나 쌓임(集起)이나 집착이라는 것이요, 인생의 목적은 적멸(寂滅)로서 생사의 고해를 해탈하는 것이고, 그 방법론이 도로서 목적달성의 길인 8정도(八正道)라는 것이다. 8정도는 정견(正見, 바로보기, 불이에 멈추고, 선입관 없이 보기)·정사유(正思惟, 바른 생각)·정어(正語, 바른 말)·정업(正業, 바른 행동)·정명(正命, 바른 생활)·정정진(正精進, 바른 정진)·정념(正念, 바른 통찰, 마음 챙김)·정정(正定, 바른 삼매에 듦) 등이다.

이로써 불교(佛敎)가 탄생한 것이다.

종교로서 교주인 불보(佛宝, 석가모니, Buddha), 교리인 법보(法宝, 진리, Dharma), 교단인 승보(僧宝, 화합중, Sangha, 5비구)가 짜여진 것이다. 이것이 불교학의 3보론(三宝論)체계이다.

교단인 승보는 4부대중으로 구성되는데, 출가중인 비구·비구니와 재가중인 청신사·청신녀가 그들이다. 불자의 가는 길은 신(信, 부처와 법을 믿음)·해(解, 경전을 이해함)·행(行, 참선 등 실행)·증(證, 깨달음)이다.

훗날 첫 비구니가 된 분은 고타마 태자를 양육한 교담미(마하파자파티 왕비)였고, 최초의 청신사는 제파수(帝波須)와 발리가(跋利伽)라는 형제 상인으로 보리수 밑에서 부처님을 만나 보리떡과 꿀과자를 공양하였다.

최초의 청신녀는 앙가국에서 태어나 사위성으로 시집가고 녹야원에서 승가에 필요한 물건을 공양한 승가의 어머니 비사거(昆舍佉, 야사의 어머니) 청신녀이다.

불교의 진리인 법(Dharma)은 임능지 자성 궤생 물해(任能持 自性 軌生 物解) 즉, 능히 제 성품 가져 스스로 사물인식의 궤범이 되는 것으로, 이론적으로는 세 가지로 나누는데, 하나는 실상론으로 공(空)이고, 두 번째는 현상론으로 연기(緣起, 인연과보)이며, 세번째는 인식론으로 유심(唯心)인데, 오직 불이의 마음뿐이라는 것이다.

석가모니는 그후 법륜을 굴려, 마음에서 마음으로 전하는 진리(말을 떠난 진리라 하여 離言眞如 · 이언진여라 함) 전파로서, 3곳에서 마음을 전한 3처전심(三處傳心)을 하셨다.

석가모니는 그 법통을 마하가섭에게 세 곳에서 전하였다.

그것이 영산회상 거염화(왕사성 영축산에서 석가모니가 연꽃을 드니, 가섭만이 이를 보고 빙긋이 웃음. 염화시중의 미소라고도 함), 다자탑전 분반좌(다자탑 앞에서 부처님이 설법하는 데, 가섭이 늦게 오니, 앉은 방석을 나눠 같이 앉음), 사라쌍수 곽시쌍부(쿠시나가라 열반시에 전법 나갔던 가섭이 늦게 돌아와 관을 도니, 부처님이 관곽에서 양발을 내이 보임)이다.

석가모니는 또 진리는 말로 전할 수 없으나, 말을 방편으로 사용하여 말없는데 이르도록 입멸하실 때까지 47년간 법륜을 굴리시었다.(의언진여 · 依言眞如, 말에 의한 진리)

8만4천 법문 또는 8만 대장경이 그 내용인데, 이는 석가모니께서 중생들의 근기와 진전에 따라 아함경 12년 · 방등경 8년 · 반야경 21년 · 법화경과 열반경 8년의 순서로 말씀하셨다. 47년간 설법을 잘못 49년간 설법이라고 하는 것은 설법기간 넷을 기계적으로 중복하여 더한 것이요, 잘못 45년간 설법이라고 하는 것은 49에서 넷을 기계적으로 빼서 생겼으므로, 49년에서 중간 중복 2년을 빼면 되니, 47년 설법이 정확한 표현이다. (열반 81세-대각 35세=46(해수로 47)년 설법)

석가모니는 이렇게 중생을 제도하시다가 쿠시나가라에서 춘다의 공양을 받으시고, 배탈이 나서 고생하시다가 사라쌍수 밑에서 81세(만80세)로 반열반에 드셨다. BCE 544년 2월 15일(음력)이었다.

길 위에서 태어나고, 출가하여 깨달으며, 전법하고 돌아가신 석가세존은 평생 두 번 전신이 황금색으로 변했는데, 그 찬란하게 빛난 때는 대각하실 때와 열반에 드실 때였다.

석가모니는 열반에 앞서 유가설아법(由假說我法)이라고 하여, 지금까지 거짓(방편)에 의지해 설법했으며, "내 일찍 한 법도 설한 것이 없다"고 말씀하셨다.

세존께서는 제자들에게 형성된 것은 모두 소멸하니 자등명(自燈明)·법등명(法燈明)이라 하여, 자기 자신과 법(진리, 달마)을 등불 삼아, 방일하지 말고, 간절한 마음으로 견성성불의 길로 정진하라고 부촉하셨다. 이를 석가모니의 불방일(不放逸) 유훈이라고 부른다.

일대사건인 석가모니의 대각을 견명성오도(見明星悟道, 새벽별 보고 깨달음)라고 한다.

고려중기 보조국사의 법맥을 이은 도인인 무의자(無衣子) 진각국사가 쓴 선문염송 제1권 제3에서는 다음과 같이 썼다.

세존견명성오도, 게운(偈云), 인성견오(因星見悟)나 오파비성(悟罷非

星)이라, 불축어물(不逐於物)이요, 불시무정(不是無情)이로다.

세존께서 샛별을 보고, 도를 깨치셨다.

게로 이르시되 「별을 보고 깨달았으나, 깨달은 후엔 별이 아니로다.
물건에도 따르지 않고, 무정물(뜻없음)도 아니로구나.」

깨치고 나니 별이 별이 아니고, 나(眞我)의 표현인 식(識)이 있으며,
유정·무정의 모습들은 다만 절대성인 전체(마음, 無心)의 그림자이다.
상대성(識)은 절대성(無心自性)의 굴림새로 식(識)과 무심(無心)은 둘이
아니다.(불이법不二法, 하나도 아니고 다른 것도 아님)

세계의 성자들과 명상

인류역사에는 우리들 인생길의 스승이 될 만한 성자와 현자, 철인 등이 많이 계신다. 그 분들은 인류의 문명종교를 창도하기도 하고, 인격완성과 사회완성을 위하여 새로운 수련체계를 만들어, 큰 깨달음을 얻게도 하고, 생사를 초월하게 하며 인류구원에 나서기도 했다.

석가모니 · 노자 · 공자 · 기독 예수 · 마호멛 · 소크라테스 · 왕검 단군 같은 분들이다.

이 분들은 인류의 근본 문제를 진단하고, 그 처방약으로 모두 명상을 통해 사마디(무아경)에 나아가라고 했다.

이러한 성자나 철인들은 목적달성을 위한 방법으로 이름은 다소 다르나 한결같이 명상(瞑想, Meditation, Dhyana, Zen, Sun)법을 제시하고 있다.

우리가 깊이 유념할 대목이다.

노장의 좌망

명상은 눈을 감고 고요히 생각하는 것이다. 생각의 근원자리인 한생명으로 돌아가는 것이다.

명상은 선(禪)·참선(參禪)·묵상(默想)·지감(止感)·지관(止觀)·관상(觀想)·관찰(觀察)·좌선(坐禪)·좌망(坐忘)·요가·사유수(思惟修)·무사(無思)·심일경성(心一境性) 등 여러 가지로 불리우고, 여러 가지 방법이 있다.

명상은 세계 유수의 종교나 도·기법 등이 관계되고 있으며, 명상수련으로 지고 체험인 무아경(無我境, Samadhi)에 이르고, 거기서 나오는 정혜력(定慧力)으로 고통의 근원인 무명(無明)을 사라지게 하고, 생사를 초월하여 한생명이 되는 것이다.

명상을 시작하면 ß波인 뇌파가 a波로 바뀌고, 사마디에 들면 d波(살아있으면서 뇌파 0상태)로 바뀌는 것이다. 이 같은 명상기도 문화나 선정문화(禪定文化, Samadhi culture)는 인류 최고의 문화인 것이다.

명상은 자기 한계를 넘는 마음공부의 핵심으로, 마음은 내면으로 향하면 진아(眞我), 즉 진리인 안심낙원이 된다. 세상에는 많은 명상법들이 있고, 사람은 또 각자 쉼과 움직임(rest & play, go & stop)의 생체리듬이 있어 어떤 수행법이 자기에게 꼭 맞는 것인지 알기가 쉽지 않지만 맞는 것을 찾아야 한다.

등산의 비유를 들면, 백두산 정상에 올라가는 길은 동·서·남·북 등 여러 가지 코스가 있다. 그 가운데 하나를 자기 입맛에 맞게 선택하여 정진하면 되는 것이다. 사람마다 입맛이 다른 것과 같은 맥락이다.

동이족인 노자(老子)를 교조로 하는 도교(道敎)는 무위자연(無爲自然)으로 돌아가는 것을 기본으로 하며, 그 대표적 경전이『도덕경(道德經)』이다.

『도덕경』에는 수행에 관하여 '그 구멍을 막고, 그 문을 닫는다. 그 날카로움을 꺾고, 그 얽힌 것을 푼다. 그 빛을 부드럽게 하고, 속진과 하나가 된다(和光同塵). 이것이 현묘한 도와 하나됨이다(玄同). 이는 구멍이 뚫려있는 감각 기관을 막고, 생명력인 기(氣)가 나가는 문을 닫는다. 예를 들면, 명상할 때 눈을 일단 감는 것은 기가 새는 것을 막기 위해서다'라고 하였다.

밥 잘 먹고, 똥 잘 누고, 잠 잘 자는 것을 노자의 삼락(三樂)이라 한다.

장자(莊子)는 하루 착함을 생각지 않으면(不念善), 제악이 스스로 일어난다고 했다.

다음에는 마음을 정리하는데, 마음이밖으로 나가는 것과 사물이 안으로 들어와 얽히는 것을 차단하여 마음의 긴장을 푼다. 그리하여 '텅

빔'에 지극하고, 고요함을 독실히 지키면, 홀로 있어 바뀌지 않고 빛을 발하게 된다. 그 빛을 하나로 부드럽게 하여 안으로 거두고, 속진과 하나되는 것, 즉 초월에서 범상한 세계로 돌아옴이 현묘한 도라고 하였다. 선(禪)의 '십우도'에서 입전수수(入廛垂手)와 같다.

장자(莊子)는 명상을 좌망(坐忘)이라 하였다. 장자의 명상법은 먼저 마음을 가지런히 하여 텅 비게 한 다음(心齊) 몸과 마음 일체를 잊어, 영악함을 쫓아내고 형태를 벗어나 아침처럼 맑을 수 있었고(朝徹), 그 뒤에 시간을 초월하여 불생불사의 자리에 드는 것이다. 이는 포일(抱一)을 기본으로, 수심연성(修心練性)을 방법으로 한다.

공맹의 무사 심재

동이족인 공자(孔子)를 교조로 하는 유교(儒敎)는 5상인 인의예지신을 기본으로 하며, 내성외왕(內聖外王) 즉 안으로는 성인의 인격, 밖으로는 제왕이 되는 것을 목표로 하고, 4서 5경이 기본 경전이다. (4서: 대학, 중용, 논어, 맹자. 5경: 시경, 서경, 역경, 춘추, 예기)

『대학(大學)』은 인간수행에 관하여 8조목(八條目)을 논하고 있는데, 이는 격물치지 성의정심 수신제가 치국평천하(格物致知 誠意正心 修身齊家 治國平天下)이다.

격물치지란 욕심 없이 사물을 접하여 궁구함으로써, 감통(感通)에 이르러 이치를 알게 되는 것이다. 성의정심은 자기를 속이지 않는 성실한 뜻과 삿된 마음이 없는 바른 마음이 되어야 수신이 되고, 가정을 가지런히 하며, 나라를 다스려 천하를 평화롭게 할 수 있다는 것이다.

　바른 마음(正心)이 중요한데, 이는 중용(中庸)과 통한다. 하늘이 명한 것을 성(性)이라 하고, 성을 따르는 것을 도라 한다. 북송의 주돈이(주렴계)는 태극도설(太極圖說)에서 태극이 움직여 양(陽)을 낳고, 움직임이 극하면 고요함이 되고, 고요함은 음(陰)을 낳고, 고요함이 극하면 다시 움직이어, 움직임과 고요함이 서로 뿌리가 되어 만물이 회생하며, 일음일양(一陰一陽)을 길(道)이라 하였다. 도를 닦는 것을 교(敎)라 한다.

　지나친 것도 부족한 것도 없는 것이 중용이다. 어디에도 치우침이 없는 것이 중(中)이다. 항상 떳떳한 게 용(庸)이다. 희로애락에 오욕7정이 안 나온 게 중(中)이고, 나왔는데도 중절(中節)인 적정조정이 화(和)이니 중화라고 한다. 중용은 항상 떳떳한 알맞음이다.

　유교의 명상에 대하여 공자와 안회의 대화로, 좌망(坐忘: 앉아서 잊어버림), 심재(心齋: 마음이 가지런하여 淸靜이 됨)를 얘기하고, 주희의 스승 이연평(李延平)은 주희에게 묵좌징심(默坐澄心)을 가르치기도 했으나, 경전상『시경(詩經)』엔 사무사(思無邪) 위무사(爲無邪)라 하여, 삿됨이 없는 순수한 생각과 행동을 말하고 있다. 채심(蔡沈)은 "마음이 나온 곳이 하늘이며, 심경(心敬)은 속에서 스스로 바르며, 늘 깨어있는법(惺惺法)이라"고 했다.

　역경은 태양계 우주의 변화를 적은 책이다.『역경(易經)』의 계사(繫

辭)전에는 방법론으로 무사무위(無思無爲)가 나와 있다. 그것을 보면, '역(易)은 무사야(無思也)하며, 무위야(無爲也)하야, 적연부동(寂然不動)이라가 감이수통 천하지고(感而遂通 天下之故)하나니, 비천하지지신(非天下之至神)이면 기숙능여어차(其孰能與於此)리오.' 이다.

역(易)은 생각이나 함이 없어서 적연히 움직이지 아니하나, 감동하여 드디어 천하 일에 통하나니, 천하의 지극한 신이 아니면, 그 누가 능히 이에 참여하리요? 불교의 무아(無我)를 주역에서는 무짐(無朕)이라 한다.

여기서 무사무위는 한 마디로 무심(無心)으로서, 그 무심의 묘(妙)에 계합하여 역(易)의 지신(至神)이 나의 지신이 되리니, 나와 우주가 하나가 되는 것이다.

맹자(孟子)도 부동심(不動心)과 호연지기(浩然之氣) 및 존심(存心)을 말하였다. 여기서 존심은 욕망에 의해 본심이 해하지 않게 본연상태로 두어 잊지 아니함을 뜻한다.

공자는 아침에 도를 깨치면, 저녁에 죽어도 좋다고 했다.

공자가 지은 주역 십익 중 문언전(文言傳)을 보면, 황중통리(黃中通理)라 하여 황중(무극)의 이치가 하늘에 막힘없이 통하여 몸이 바른 자리에 있으면 아름다움(성스러움)이 그 안에 있다고 하였다. 선의 비상비비상처정에 듬을 얘기한 것 같다.

유교는 관일(貫一)이며, 존심양성(存心養性: 본 마음을 두어 성품을 기르는 것)이다. 이에 비하여 불교는 귀일(歸一)이고, 명심견성(明心見性: 본 마음을 밝히고, 볼 수 없는 성품을 봄)이라고 할 수 있다.

기독 예수의 묵상

예수 그리스도로부터 시작되고, 사랑을 기본으로 하는 기독교는 그 경전인 '성경'에 묵상이나 관상(觀想)인 명상이란 표현이 많다.

나그함마디서나 '보병궁 복음서'를 보면 예수 그리스도도 젊은 시절에 인도, 네팔, 카슈밀, 페르샤, 그리스, 이집트 등에서 비밀 형제교단 등을 통하여 묵상수련을 많이 하고, 영지주의 에쎄느파의 명상교사를 하기도 했다.

에쎄느파 명상은 내 안에 하느님이 있고, 하느님 안에 내가 있으므로 믿음과 소망과 사랑을 바탕으로 자기의 이성·감성·의지 등의 표상을 어두운 밤의 과정으로 보고 이를 정화(淨化)하여 하느님의 현존을 알게 되는 것이다.

기독교의 묵상은 처음에 이성과 의지를 이용해 조용히 생각하고(推理默想) 로사리오 묵상(=묵주를 손으로 돌리면서 마음속으로 어떤 주제에 대하여 생각함), 그것이 점점 깊어지면 저절로 감성적으로 느껴지게 된다(感性默想). 거기서 더 나아가면, 성령으로 하느님과 하나인 것을 보게 된다(觀想). 이 관상에는 수행하여 얻는 수득관상(修得觀想)이 있다.

기독교 이전 구약의 유태교는 카발라 명상으로 자재신의 무량광을 명상했다.

예수 그리스도는 누구든지 성령으로 거듭나야 하늘나라에 들어갈 수 있고, 하늘나라는 밖에 있는 게 아니고, 네 안에 있다고 했다. 명상기도를 기본방법으로 하는 기독교 한국 백년사가 낳은 인물로 그리스도의 경지에 나아가 '동양의 성자'라는 다석(多夕) 유영모(柳永模)는 십자가 보혈을 통해서만 구원 받을 수 있다는 배타적 복음주의를 거부하고, 내면을 향한 깊은 명상과 기도를 통하여 자신 속의 하느님인 '얼나'를 찾는 것, 즉 하나님의 얼로 거듭나는 체험을 핵심 가르침으로 하였다. 또 "진리에 이르는 길에는 여러 가지가 있고, 예수 그리스도는 그 중의 하나이다"라고 밝혔다.

참고로 역사적 예수의 생애에 관하여 살펴보면, 수많은 학설과 육체 부활설 등 미스터리가 많다. 예수가 직접 쓴 글은 하나도 없다.

지금 신약성서에는 "예수의 잃어버린 18년 세월(12세부터 30세까지)에 관하여는 "한때 사막에 있었다" 뿐이다.

필자가 성경, 도마복음서, 보병궁, 복음서, 나그 함마디 성서(52복음서), 예수의 잃어버린 세월(엘리자베스프로펠), 불제자였던 예수(엘리자베스 클리어), 인도에서의 예수의 생애(홀거 케르스텐), 성 이사의 생애 등을 살펴본 바에 따르면, 대체로 역사적 예수의 생애는 다음과 같다.

예수는 BCE 4~6년 전에 이스라엘 베들레헴에서 요셉을 아버지로(생부는 로마 군인 판데라설) 마리아를 어머니로 태어나, 그 나라에서 12살까지 살았다.

예수는 13살 때 예루살렘에 무역상으로 와서 유대국 제례에 참석한 인도 오리사주 왕족이며 상인단을 이끈 라반나를 부모 등과 함께 만나고 그를 따라 구도차 인더스강변의 신드를 거쳐 인도로 향했다. 동방7국 여행이 시작된 것이다.

예수는 인도에서 오리사주의 주거나웃과 라자그리하, 베나레스, 고타마제국인 카빌라 바스투(불교입문 후 승려들과 6년간 머물며, 팔리어를 배우고 불경을 연구함), 드자게르나스, 티벳라사(봉방의 현자 밍구스테 만남), 레라다크, 자간, 간지스강변 베하르(예수는 부호인 아크집에 머물며 가르침을 바이샤 슈드라 등 많은 민중에게 펼침), 네팔과 히말라야 산맥, 라즈푸타나, 자간나스의 절(4년간 머물며 브라만교도 배움), 라호르(베나레스 승려 아자이닌이 예수 숙소에 몰래 찾아 제자가 됨, 예수는 여기서 민중들을 가르치고, 환자들을 고쳐줌), 카시밀, 티벳 등에 머물렀다.

예수는 이때 브라만교 불교, 아베스다경 마니법전, 베다경, 조로아스터교와 자연법칙과 의술을 배우고, 세월이 가서 성숙한 뒤에 그의 가르침을 펴고 때로는 충돌하기도 했다.

그는 인도에 머물면서 동방의 현철인 밍구스테, 라마스, 우드라카, 바라다 아라보오대사, 성자 비자빠지 등을 만나 배우고, 도담과 인류미래를 논하기도 했다.

예수는 한때 베나레스에서 "내가 말하는 하느님은 안 계신 곳이 없다. 벽으로 둘러쌀 수도 없고, 어떤 한계로 가두어 둘 수도 없는 분이다. 사람은 누구나, 하느님을 모시지만, 아무도 하느님의 모습을 볼 수는 없다. 이 우주신인 하느님은 지혜 · 의지 · 사랑 이다" 라고 설교하기도 했다.

예수는 10여 년간 인도지역에 머문 후, 페르샤에 가서 자기 탄생시에 찾아왔던 동방박사 3인인 홀 · 룬 · 메루를 만나고, 아시리아에서는 성자 카스파를 만나고, 이어서 이스라엘의 나사렛 갈라디아와 아브라

함 고향인 우르에 머물러 설교하고, 성자인 아시비나를 만났다.

그는 이어 그리스 아테네로 가서, 그리스 문명의 성자이며, 신탁옹호자인 아포로를 만나 대화를 나누고, 그리스 문명을 칭찬하고, 영지(靈智)가 인간의 실체라고 말했다.

예수는 이어 에집트 소안을 거쳐 헤리오폴리스로 가서 에세느명상파인 비밀형제교단에 입회하였다.

그는 거기서 비밀형제교단 최고스승인 하이로환토 성사 앞에서 7단계 시험을 거쳐 승리자인 그리스도 지위에 나아간다. 그후 예수는 알렉산드리아의 하이로환토 숲속의 집 세계 7대성현 모임에 참석했다.

밍구스테 · 비자빠찌 · 카사파 · 아시비나 · 아포로 · 에집트 성자 마세노 등이 그곳에 모였다. 그들은 명상도 하고, 인류의 평화와 미래를 논의하고 헤어졌다.

예수는 유대 땅 갈릴리로 돌아가 요단강에서 선지자 엘리야가 환생한 세례요한(말라기 4장 5절, 누가복음 1장 13절, 마태복음 11장 11절)에게 세례를 받고, 그후 막달라 마리아와 결혼하여 예수 바리바 등 2남 1녀를 낳으면서 그의 공생애를 시작하였다.

그는 진리를 펴고, 사랑을 전하면서 로마제국 등 기득권 세력과 부딪혀 역사적인 십자가 사건을 겪는다.

마호메트의 고행 명상

'평화'의 뜻인 이슬람(Islam)교는 마호메트(Mahomet)에 의하여 창교된 정교일치의 종교인 바, 유대교와 구약성서의 영향을 받고, 아브라함·모세·예수를 선지자로 인정하며, 정의·인애·관용을 기본사상으로 하며, 코란(Quran, Koran)을 경전으로 한다.

회교(回敎)라고도 하는 세계 제3의 종교인 이슬람교는 또 알라(Allah: 한 민족의 언어 '얼나'에서 기원, 아랍의 천지창조의 신)를 유일신으로 하고, 인간은 알라신 안에서 철저히 평등한 것으로 본다. 인도 요가의 영향을 받은 이슬람 명상법 수피즘(수피: 홀로 고행 명상하는 사람)은 항상 알라신을 부르는 소리 '알라(얼나) 외에는 없다'고 억념한다(dhikr).

수피 춤을 춘다. 들숨과 날숨은 물론 항상 깨어 있는다. 무소유로 금욕과 고행하면서 알라신을 찾아가, 결국 신이 함께 있는 것을 느끼는 순간이 온다(qubr). 계속하여 수피 명상을 하면, 나와 신과 신을 찾는 행위가 하나가 되고(mahabba), 더 나아가면 가아(假我)는 없이 신과 하나임을 확실히 알게 된다(fana). 수피 명상은 거기서 더 나아가 개체의식과 전체의식이 하나되어 항상 신과 함께 살아가는 최고의 경지인 바카(baqa)에 이른다.

보통 이슬람교에서 신은 창조주이고 인간은 피조물이어서, 피조물이 신이라고 하는 것은 신성모독이라고 하나, 실상은 바카 상태가 "나(가아)는 이미 사라지고, 나는 알라(얼나)이다"라고 확실히 알게 된다.

이밖에 앉아서 시작하되, 억누름이 없이 마음에 떠오르는 것을 다

쏟아내어 침묵 속에서 자각하는 지버리쉬 명상과 눈에 안 보이는 것을 믿고 탐구하여 현실화하여 깨달음을 얻는 신인합일의 명상인 무하마드 이크발 명상 등이 있다.

소크라테스의 자기 관찰

소크라테스는 지혜를 사랑한 철인인데, 다른 사람들에게 대화할 때 명상인 자기관찰(自己觀察)을 하라고 말했다고 한다.

"너 자신을 알라"(Gnothi Seauton. Know thyself)"는 것은 우선 자기의 무지를 알라는 것이었다. 이 글은 아테네 델포이 신전 입구 벽에 "너 자신을 알라, 그러면 너는 신을 알게 된다"고 쓰여 있는 것의 앞부분이었다.

소크라테스는 "나는 모른다는 것을 안다"고 말했으며, 우주질서의 원천인 정신, 영혼을 느끼려고 노력했다. 이는 석가모니의 "다만 모른다는 것을 알면 곧 견성이다" 와 그 맥을 같이 하는 것이다.

그는 독배를 마시고 죽을 때도, 자신의 목숨을 관찰하였다. 그리하여 그는 늘 내면의 신인 다이몬(Daimon)의 소리(내부 양심의 신호명령)인 다이모니온(Daimonion)을 듣고, 생각이나 말·행동을 하는데 기준으로 삼아 자기 실존에 다가갔다.

왕검단군의 지감 · 조식 · 금촉

한민족의 고대전통을 보면, 환단조선시대의 삼성은 환인천제 · 환웅천황 · 왕검단군으로 신선도맥을 이어왔고, 상고시대 세계시원 문명인 발해중심 문명을 이끌고 신선도를 정비한 것은 동이족인 태호 복희씨이다.

복희씨는 세계변화의 원리인 역학(易學)을 확립하고, 심기신(心氣身) 수련의 신선도를 펼쳐왔다.

신선도(神仙道)는 마음공부를 지감으로 표현한다. 이는 삼일신고 제8장 삼공훈에 나타나 있다. '무리들은 선악 청탁 후박이 한데 뒤섞여 결국 망령된 길을 멋대로 내달리다가, 나고, 자라고, 늙고 병들어 죽는 괴로움에 빠지지만, 속밝은 이(仙人)는 지감(止感), 조식(調息), 금촉(禁觸)하여 한뜻을 움직여 미망을 돌이키고 진리를 터득하니, 신기(神機)가 크게 발동되는데, 성통공완(性通功完)이 이것이다.'- 참전계경이 삼일신고를 보완했다.

삼일신고 제7장에서 감(感: 느낌)은 희구애노탐염(喜懼哀怒貪厭)이 있다고 했으므로, 지감은 생각을 쉬고 느낀 후, 이런 느낌들을 멈추는 것이다. 즉 기쁨 · 두려움 · 슬픔 · 노여움 · 탐욕 · 싫음 등을 멈추는 것이다. 지감수련은 위의 여섯 가지 감정을 멈추고, 마음을 잘 조절하여 평화롭게 하는 것이다.

신선도의 기본은 천부경에 나타났듯이 일시일종(一始一終), 즉 불이의 하나이며, 본심 본태양 본래 마음이고, 태양으로 하나에서 음양오행으로 퍼져나가 천부경(天符經)에 나타났듯이 일시일종(一始一終), 하나로 시작하고 끝나되 시종이 없는 즉 불이(不二)의 하나이며, 본심 본태양(본래 마음이고 태양)으로 한마음 한생명이다. 하나에서 음양오행으로 퍼져나가 삼라만상이 오고가나, 한 생명상생에 핵심이 있다. 천부경은 본래 신지녹도문으로 16자(하나, 둘, 셋, 넷, 다섯, 여섯, 일곱, 여덟, 아홉, 열)이나, 고운 최치원 선생이 "일시무시일… 만왕만래 용변부동변 본심본태양…일종무종일" 81자로 찬탄하는 시첩을 지었다.

최고운 81자 시첩 천부경(天符經)

一始無始一 析三極 無盡本 天一一地一二人一三
一積十鉅無櫃化三 天二三地二三人二三
大三合六生七八九 運三四成環五七
一妙衍萬往萬來 用變不動本
本心本太陽昻 明人中天地一 一終無終一

우주만물이 하나에서 시작하나, 그 시작은 없고, 3극(천지인)이 갈라져 나오나, 근본은 다함이 없다. 하늘이 첫 번째, 땅이 두 번째, 인물이 세 번째로 생겨나니, 하나가 쌓여 열이 되지만, 다함없이 3극이 되는도다.

하늘은 두 번째로 음양이 있고, 땅에도 음양이 있으며, 사람에게도 음양이 있어, 각각 3이 되느니라. (근본·음·양) 큰 셋이 합하여 6이 되고, 7 · 8 · 9가 생겨나느니라.

천지인 3을 4번째 운행하여 5행(목화수금토)이 생겨나고, 7(음양오행) 이 만물생멸의 순환 고리를 이루는도다.

하나에서 묘하게 퍼져나가 만물이 오고 가, 그 쓰임은 변하나, 근본 은 변함이 없도다.

근본 마음자리는 태양광명 자리이니, 마음을 높여 밝히면 사람 속 천지가 하나 되니(인간 자기완성) 하나로 끝나되, 하나로 끝남이 없느니 라.(시작도 끝도 없는 영원의 하나)

석가모니의 선정

명상을 크게 꽃피우고, 열매 맺게 한 분은 역사초월의 나라 · 힌두교 의 나라 · 요가의 나라에서 태어나 대각을 하신 석가모니이다.

인도에서 발생하여 힌두교 수련법 등 세계에 널리 알려진 심기신 수련법으로서의 요가는 마음의 작용을 없애는 해탈(解脫, moksa)을 목적으로 하고, 진아는 우주생명이라는 범아일여(梵我一如, Atman is Brahman)사상을 바탕으로 한다.

요가에 관한 경전으로는 요가라는 말을 처음 사용한 『리그베다 (Veda)』 우빠니샤드(Upanisad), 최고신으로 자재신(自在神, Isvara: 기독교 의 Jehovah와 불교의 관자재보살도 같은 뜻을 가짐)을 최고신으로 하는 바 가바드기타(Bhagavad-Gita), 마누법전 등이 있으며, 4~5세기경 파탄자리가 『요가경(Yogasutra, 瑜伽經)』을 저술하였다.

'yoga'란 말은 산스크리트(梵語)의 'yuj'에서 왔는데, 이는 '묶음' '결합(結合)' '조복(調伏)' '집중(集中)' '합일(合一)' '상응(相應)' '삼매(三昧)' 등을 의미하며, 자기의식과 우주의식을 하나로 하는 것이고, 요가수행자를 요기(yogi) 또는 요긴(yogin)이라 부른다.

요가는 진리에 이르는 길이나 기법 등에 따라서 여러 가지 유파로 나누는 바, 중요한 것을 보면 다음과 같다.

㉠ 즈나나(Jnana, 智慧) 요가

지혜의 요가로서 왕(raja)요가라고도 한다. '몸이 나'라고 생각하는 등 착각이나 고정관념을 벗어버리고 진리와 하나되는 요가이다.

『나는 누구인가?(Who am I?=이 뭣고?)』라를 책을 쓴 라마나 마하리쉬(Ramana Maharishi), 지두 크리슈나무르티(Jiddu Krishnamurti), 『나는 그것(I am that)』이라는 책을 쓴 니살가다타 마하라지(Nisargadatta Maharaj) 등이 여기에 속하는 인물들이다.

㉡ 하타(Hatha, 努力) 요가

아사나(asana) 등 신체적인 수행을 주로 하는 요가로서 크리야(Kriya) 요가라고도 한다. 하타라는 말은 해(하)와 달(타)이라는 우리말에서 기원하여 몸이 양기와 음기를 조화시켜 단기(丹氣)를 만든다는 의미가 있다. 인도의 아바타(신선, 권화)라는 말도 우리말의 아사달(아사(아래)+달(땅)='땅으로'의 뜻)에서 기원한 것으로 추정된다.

파탄자리는 요가수행 단계를 8단계로 나눈 바 있다.

a. 금계(禁戒, yama) : 살생하지 말라, 도둑질하지 말라, 거짓말하지
말라, 정욕을 내지 말라, 탐욕을 없애라 – 금하는 계율.

b. 권계(勸戒, niyama) : 청정 · 만족 · 고행 · 성전독송 최고신에의 귀
의를 권하는 계율.

c. 좌법(坐法, asana) : 안정과 쾌적함 위한 올바른 자세와 운동법.

d. 조식(調息, pranayama) : 들이쉼 · 멈춤 · 내쉼을 조절함.

e. 제감(制感, pratyahara) : 감각기능을 통제하여 외계의 자극을 초탈
함.

f. 응념(凝念, dharana) : 신체의 일부나 외계에 마음을 집중함.

g. 정려(靜慮, dhyana. 禪) : 대상과 결부된 의식작용이 한결같은 흐름
이 됐으나, 판별(判別)이 남아있어 주관과 객관의 의식이 남아있
음.

h. 삼매(三昧, Samadhi, 定) : 한결같은 상태로 대상만이 빛나고, 자기
자신은 없어지며, 진아가 독존하게 됨.

a부터 e까지를 외지칙(外支則)이라 하여 하타요가에 속하고, f부터 h
는 내지칙(內支則) 또는 총제(總制, samyama)라고 하여 즈나나 요가에
속한다.

ⓒ 박티(bhakti=信愛献身) 요가

절대자인 신에 귀의하는 전인격적 사랑을 그 본질로 함으로, 자기를
잊고 한없는 사랑과 봉사의 길을 가게 되어 신인합일의 경지에 도달하
게 된다. 라마 크리슈나가 그 대표적 수행자이다.

ⓓ 칼마(kharma, 行動) 요가

사람이 욕심 없이, 계산 없이, 현실사회가 요구하는 각자의 의무
(suum cuique. sua dharma)를 기쁘게 행동함으로써 진리에 도달하는 요가
이다. 사회윤리에 터잡아 '내 행위가 잘될 것이다, 못 될 것이다'라는
근심을 잊고, 순수행위를 통하여 무한한 사외봉사를 즐기고, 사회를
청정한 진리에의 도달을 위한 구도의 장, 즉 해탈의 장으로 삼는 것이
다. 마하트마 간디가 그 대표적 인물이다. 칼마 요가는 달마(dharma=法
=眞理)에 맞는 칼마(行動)를 하는 것이다. 진리와 함께하는 경험이다.

ⓔ 쿤달리니(Kundalini) 요가

인간에 내재한 우주에너지인 삭티(Sakti), 즉 기(氣, 프라나: 창조의 원
초적인 에너지)를 쿤달리니라고 한다. 인체의 회음(會陰, muladhara cakra)
에 뱀이 똬리를 튼 모양으로(serpent power) 그려진다. 구심적 나선형이
다. 항문 조이기 등 요가를 통하여 각성이 되고, 기도(氣道), 즉 나디의
하나인 수슘나(척추)를 통하여, 스바디스타나, 마니프라, 아나하타 비
슈다 아즈나 챠크라를 지나 사하스라라(sahasrara) 챠크라(수레바퀴법륜)
까지 이르면 천개의 연꽃이 피는 초월상태에 들어 해탈하게 된다. 삭

티요가라고도 한다.

쿤달리니 명상을 하면 쿤달리니 에너지가 인체의 내면에서 자각한
다. 자기가 그 에너지와 함께 생기발랄하게, 함께 진동하는 것을 느낄
것이니 그 에너지를 자각한다면, 그 에너지를 해방하고 우주로, 존재
전체로 되돌리기 위하여 춤이 이용된다. 침묵과 정적이 그 뒤에 이어
진다.

㉫ 탄트라(Tantra, 의식확대) 요가

탄트라는 넓은 의미에서는 요가이나, 다른 요가와는 대립적인 요소
가 많다. 요가가 통제적, 금욕적, 이성적, 일상적이라면 탄트라는 개
방적, 육감적, 감성적, 파격적이다. 탄트라 요가는 주문이나 특수호흡
법, 성이 감각적인 쾌락, 시바와 삭티의 결합 등을 활용하여 쿤달리니
를 직접 각성케 하고 결국 깨달음에 이르는 것이다. 비의적(秘儀的)인
요소가 있으며 오쇼 라즈니쉬가 대표적인 인물이다.

㉪ 얀트라(yantra, 도형) 요가

특정한 형태(무드라 난디 아바타라, Nandy-avatara, 大仙의 기쁨), 피라
미드, 히란야(육각형), 만다라, 탱화, 부적, 다윗의 별 등을 바라보면서
집중하거나 명상하여 의식을 각성시키는 요가이다. 그러한 도형에서
는 특별한 기(氣)를 느낄 수 있다.

◎ **만트라(Mantra, 呪文, 眞言) 요가**

진언을 계속 외움으로써 힘을 얻어 각성하고 해탈하는 요가이다. 만트라에는 옴(aum), 람(ram), 아멘(amen), 수리수리 마하수리, 수수리 사바하, 옴마니 반메 홈, 할렐루야, 관세음보살 등이 그것이다. 만트라 요가를 바탕으로 현대과학과 베다사상을 합쳐 인도의 성자 마하리시 마헤시 요기(Maharishi Maheshi Yogi)가 창조하여 전세계에 퍼진 것이 TM(Transcendental Meditation, 초월명상)이다. 나는 1980년대에 TM과 그 이론인 창조지성학(Science of creative intelligence)과 진보과정인 성취자(Siddha) 코스를 마친 바 있다.

석가모니를 교조로 하는 불교는 자비(慈悲), 지혜(智慧), 용기(勇氣)를 기본사상으로 하며, 가르침에는 교리를 중심으로 하는 교종과 명상실천을 중심으로 하는 선종 등 여러 가지가 있다.

불교의 명상은 일반적으로 선·참선·좌선·사유수 등으로 불리어 지관겸수(止觀兼修)나 정혜쌍수(定慧雙修)로 표현되는데, 지관(Samatha – Vipassana)은 모든 경계의 산란한 생각들을 그쳐 고요한 가운데, 진리를 마음으로 관찰하는 것이고(생각·말·행동을 멈춰 보다), 정혜쌍수는 선을 하여 정(定: 無我境, Samadhi)에 이르고, 거기에서 지혜의 빛이 나오게 하는 수련이라고 할 수 있다. 석가모니가 깨닫고 전한 명상법은 여래선(如來禪)이나, 타이·미얀마 등 남방 불교국가에서는 비파사나선이 많이 행해진다.

비파사나선의 중심은 4념처관(四念處觀)에 있고, 그에 관한 중요경전은 『대념처경(大念處經, Mahasatipattana Sutra)』과 『안반수의경(安般守意經, Anapanasati Sutra, 入出息守意經』등이다. 4념처관은 신(身:몸), 수(受:감각), 심(心:생각), 법(法:진리, 깨달음) 네 가지를 관찰하는 것이다.

몸을 바라봄은 자기 몸 전체나, 각 부분 또는 의식이 가는 자기 몸을 관찰하거나 자기 호흡을 관찰하는 것이다. 자기의 숨이 들어오고 나감을 재는 관법을 수식관(數息觀) 또는 수식선(數息禪)이라 한다. 이는 여래선(如來禪)의 기초이다.

감각을 바라봄은 자기와 대상과의 관계에서 괴롭고, 즐겁고, 차고, 무거운 감각을 느낄 때 이를 알아차리는 것이다. 마음을 바라봄은 어떤 생각이나 탐·진·치 3독심이나, 5온(五蘊: 色受想行識) 등의 번뇌 망상이 일어날 때 또는 해탈된 때마다 그 마음을 알아차리고 바라본다.

법을 바라봄은 사람이 정각(正覺: 바른 깨달음)이 될 때 무심이 될 때, 진리인 법을 확실히 알기 때문에 자신이 깨달은 진리를 바라보는 것이다. 이것을 유식(唯識) 용어로는 보는 자와 보이는 자가 하나된 초월적 자리인 본래면목으로서 '자증분(自證分)'이라 부른다.

여기에서 더 나아가 깨달음 자체를 다시 객관적으로 바라봄을 증자증분(證自證分)이라 하는 바, 이는 다음에 증증자증분……. 등으로 자기의 현재 깨달음에 안주하지 않고 끊임없이 중중무진하게 나아가되, 항상 현재 주인의식을 깨우면서 인식주체인 보는 자가 궁극적으로 완전히 소멸되는 것이 해탈이요, 열반(涅槃, Nirvana: 常樂我淨)인 것이다. 물 한 방울이 한생명의 바다가 된 것이다.

불교가 중국 · 한국 · 일본 등을 거치면서 북방불교가 형성됐는데, 북방불교에는 이심전심(以心傳心)으로 직지인심 견성성불(直指人心 見性成佛)하는 달마 · 혜능 등의 조사선(祖師禪)이 주류이고, 도교의 영향을 받아 형성된 화두선(話頭禪) 즉, 간화선(看話禪)도 있다. 이는 화두를 참구하는 선인데 화두는 말머리, 공안(公案), 수수께끼, 숙제의 제목 등으로 불리운다.

선객이 드는 화두의 대표적인 것은 "이 뭣꼬?(是甚麼, 我何, What is this? Who am I? 나는 누구인가?)와 '無(없음)' 등이나 경전의 어느 글자, 세상의 사물 등이 모두 화두가 될 수 있다.

화두를 깨치기 위하여는 머리로 생각해서 풀어서는 안 되고, 생각이 멈춰야 하며, 세 가지 마음이 필요한데, 대신근(大信根), 대의단(大疑團), 대분지(大憤志)가 그것이다.

대신근은 부처를 믿어 화두를 통하여 깨닫고, 성불할 수 있다는 확신이며, 대의단은 온몸과 마음으로 '이게 도대체 뭘까?' 라는 큰 의심 덩어리이고, 대분지는 깨닫지 못해 분하고 콱 막혀 미친 듯이 간절히 화두에만 몰두해 나가는 것, 즉 용맹정진이다. '죽기 아니면 살기'라는 생사를 초월하는 비장한 각오가 필요하다.

석가모니는 선정에 관하여 대각하신 후 마하가섭에게 3처 전심을 하셨는데, 그 중의 하나가 "영산회상 염화시중의 미소"이다.

이 역사적 사실을 추적하고 푼 사람인 오쇼 라즈니쉬 님의 글을 보기로 한다.

선(禪)의 진짜 창시자는 붓다와 마하가섭이다. 그러나 마하가섭은 아무 말도 하지 않았기 때문에 사람들은 그를 곧잘 잊어버린다. 그는 그늘 속에 묻혀 버렸다. 그러나 그는 더없이 아름다운 사람이었다. 그는 더없이 우아한 사람이었다. 그가 어떻게 해서 선의 창시자가 되었는가를 그대는 잊지 말아야 한다.

어느 날 바이샬리(Vaishali)에 사는 한 가난한 구두장이가 자기 집 연못에서 제철도 아닌데 피어난 연꽃 한 송이를 발견했다. 그는 무척 기뻐했다. 제철이 아닌 꽃이니까 아주 비싼 가격에 그것을 팔 수 있다는 기대 때문이었다.

게다가 그것은 아름다운 연꽃이었다. 그는 그 연꽃을 가지고 궁전을 향해 걸어갔다. 그때 그 도시에서 가장 큰 부자 한 사람이 황금마차를 타고 다가왔다. 아름다운 연꽃을 보고서 부자는 마차를 세우게 한 뒤 구두장이 수다스(Sudas)에게 물었다.

"철 아닌 때에 피어난 그 연꽃을 그대는 얼마에 팔려고 하는가?"

가난한 수다스는 얼마를 받아야 할지 생각이 떠오르지 않았다.

그는 말했다.

"얼마를 주시든지 나에게는 충분합니다. 나는 가난한 사람입니다."

그 부자가 말했다.

"너는 모르겠지만, 나는 지금 마을 어귀의 망고나무 숲에 머물고 계시는 석가모니 붓다를 뵈러 가는 중이다. 나는 그 분의 발 아래 이 희귀한 연꽃을 바치고 싶다. 그분도 제철이 아닌 때 핀 이 연꽃을 보고 놀라워하실 것이다. 연꽃 값으로 너에게 금화 5백냥을 주겠다."

수다스는 그 말을 믿을 수가 없었다. 금화 5백냥이라는 돈은 꿈도 꾸어보지 못한 큰 액수였다. 마침 그때 왕이 탄 마차가 와서 멈추었다. 왕은 수다스에게 말했다.

"그 부자가 너에게 얼마를 주든지, 나는 그 돈의 네 배를 주마. 그러니 그 연꽃을 팔지 말고 기다려라."

수다스는 이게 무슨 일인지 믿어지지 않았다. 금화 5백냥도 어마어마한데 그것의 네 배를 주겠다니! 꽃 한송이에 금화 2천냥이다.

수다스는 왕에게 물었다.

"도대체 이해가 가지 않습니다. 왜 그토록 이 연꽃을 갖고 싶어하십니까?"

그러나 부자 역시 쉽게 물러서려고 하지 않았다. 그는 왕보다 더 부자였다. 사실 왕이 그에게 많은 돈을 빚지고 있는 상태였다. 부자가 말했다.

"그것은 옳지 않습니다. 당신은 왕이지만, 그런 식으로 하시면 지금 우리는 경쟁자가 될 수밖에 없습니다."

그리고 나서 그는 수다스에게 말했다.

"나는 왕이 부르는 값의 네 배를 주겠다."

그런 식으로 왕과 부자는 네 배씩 꽃값을 올려 나갔다. 마침내 수다스는 금액이 얼마인지 따라잡을 수도 없었다. 그 가난한 사람은 산수 실력도 뛰어나지 않았다. 금액은 그가 계산할 수 있는 범위를 넘어서 버렸다. 그러나 그는 문득 한 가지 사실을 이해했다. 그는 두 사람 사이에 뛰어들어 말했다.

"잠깐 기다리십시오, 나는 연꽃을 팔지 않겠습니다."

그러자 두 사람 다 놀라서 물었다.

"뭐가 문제인가? 너는 더 많은 돈을 원하는가?"

수다스가 말했다.

"가격이 얼마까지 올라갔는지도 나는 모릅니다. 그리고 나는 더 원하지도 않습니다. 내가 이 꽃을 팔지 않으려는 것은 다른 이유 때문이 아닙니다. 두 분께서 서로 붓다에게 이 연꽃을 바치려고 한다는 것을 알았기 때문입니다. 나는 그 분에 대해 아무것도 모르지만 방금 그 분의 이름을 들었습니다. 두 분께서 어떤 금액을 지불해서라도 그 분에게 이 꽃을 바치려고 하니 나 또한 이런 기회를 놓칠 수가 없습니다. 내가 직접 이 연꽃을 붓다에게 선물하겠습니다. 그러면 아마도 그 분은 두 배로 놀라워하실 것입니다."

계산하기도 힘든 금액을 제시받았지만, 한 가난한 남자는 그것을 거절했다.

수다스는 붓다를 찾아갔다. 그 전에 먼저 왕과 부자가 그곳에 도착해 사람들에게 연꽃 사건의 자초지종을 전했다.

"한 구두장이가 우리를 놀라게 만들었습니다. 한 구두장이한테 우리가 지고 말았습니다. 그는 어떤 금액을 제시해도 그 연꽃을 팔기를 거부했습니다. 나는 전 재산을 주고서라도 그것을 살 준비가 되어 있었습니다."

그때 수다스가 걸어서 그곳에 도착했다. 그는 붓다 앞에 와서 절을 한 뒤 그의 발 아래 연꽃을 바쳤다.

붓다가 말했다.

"수다스여, 그대는 그들의 제의를 받아들였어야 한다. 그들은 그대에게 많은 돈을 주었을 것이다. 나는 그대에게 아무것도 줄 것이 없다."

수다스의 눈에 눈물이 흘렀다. 그는 말했다.

"당신께서 이 연꽃을 손에 들고만 계신다면 그것으로 충분합니다. 그것은 왕국 전체보다 더 큰 것입니다. 그것은 부자의 모든 보물보다 더 가치 있는 것입니다. 나는 가난하지만 괜찮습니다. 내 생계는 그럭저럭 꾸려나갈 수 있습니다. 나는 부자가 될 필요가 없습니다. 그러나 이 일은 앞으로 수세기 동안 하나의 역사적 사건으로 기억될 것입니다. 사람들이 당신을 기억하는 한 이 수다스도 기억될 것이고 내가 바친 이 연꽃도 기억될 것입니다. 당신께서는 다만 이 연꽃을 손에 들고만 계십시오."

붓다는 그 연꽃을 손에 들었다. 그때는 아침 시간이었고, 붓다의 아침 설법이 막 시작될 무렵이었다. 모두가 그의 설법이 시작되기를 기다리고 있었다. 그러나 붓다는 아침 설법을 시작하는 대신에 그 연꽃만 쳐다보고 있었다.

시간은 흘러서 한 시간이 지났다. 사람들은 동요하기 시작했다. 그들은 생각했다.

'무슨 일일까? 저 연꽃은 신통력이 있는 꽃인가 보다. 붓다께서는 연꽃만 보고 계시지 않는가?'

그 순간 붓다의 제자들 중의 한 사람인 마하가섭이 문득 미소를 지었다.

마하가섭은 결코 말을 한 적이 없었다. 이 사건 이전이나 이후에 어떤 경전에도 그에 대한 언급이 나와 있지 않다. 마하가섭이 문득 미소를 짓자 붓다는 그를 불러 그에게 연꽃을 건네 주었다. 그리고 나서 붓다는 말했다.

"나는 이 연꽃을 그대에게 주지만 단순히 연꽃만을 주는 것이 아니다. 나는 나의 모든 향기와 빛을 나의 모든 깨달음을 그대에게 전하노라, 이것은 침묵 속의 전달이다. 이 연꽃은 하나의 상징이다."

이것이 염화시중(拈花示衆)의 미소로서 선의 시작이다.

사람들은 마하가섭에게 물었다.

"도대체 무슨 일입니까? 우리는 거기에 있었고, 그 장면을 모두 지켜보았습니다. 그런데 그 연꽃이 당신에게 전해지는 것 말고는 아무것도 볼 수가 없었습니다. 당신은 연꽃을 받은 뒤에 붓다에게 절을 하고 나서 당신의 자리로 돌아와 눈을 감고 앉았습니다. 무슨 일이 오간 겁니까?"

마하가섭은 오직 이 한 마디만 말했다고 전해진다.

"그대들은 나의 스승에게 직접 물어보라. 그가 살아있는 한 나는 어떤 대답도 할 권리가 없다."

그리고 석가모니 붓다는 말했다.

"이것이 새로운 시작이다. 내 모든 체험을 문자 없이 전달하는 새로운 시작이다. 그것을 전해 받은 사람은 가슴을 열고 받아들이기만 하면 된다. 마하가섭은 미소를 통해 자신의 받아들이는 자세를 나타내

보였다. 그대들은 그가 왜 웃었는지 알지 못한다. 그는 그 순간에 문득 자신의 내면을 들여다 보았고 자신 역시 부처라는 사실을 발견했기 때문에 웃은 것이다. 나는 그것을 인정하는 의미에서 연꽃을 그에게 주었다. '나는 그대의 깨달음을 인정한다'는 의미인 것이다."

바로 이 사람 마하가섭이 선의 창시자가 되었다. 마하가섭과 붓다 사이에서 일어난 이 상황으로부터 선의 큰 강물이 시작되었다. 그러나 달마대사는 너무도 강한 개성을 지녔기 때문에 그가 거의 선의 창시자 인 양 인식되곤 한다.

그는 마하가섭보다 1천 년이나 늦게 세상에 나왔다. 그러나 그는 말 재주가 비상했고, 보살도 실천의 기수였다. 그는 말로 할 수 없는 것 들을 말할 수 있었다. 그는 말로서 말없는데 이르게 했다. 그는 온갖 방법과 수단과 방편을 찾아내 그대를 집으로 돌아가게 하고 그대 자신 의 본성을 일깨운다. 마하가섭도 오직 자신의 본성을 깨달은 것이다.

아무것도 그에게 전해진 것은 없었다. 그것은 단지 스승으로부터의 인가였을 뿐이다. 스승은 제자에게 마지막 인가 외에는 그 무엇도 줄 것이 없다. 제자는 이미 모든 것을 다 가지고 있다. 단지 자신을 들여 다보도록 스승이 약간의 방법으로 제자를 속이면 된다. 모든 명상법은 단지 자신을 들여다보기 위한 인위적인 방편에 불과하다. 한번 그대가 자신을 들여다보면 스승은 그대에게 인가를 내릴 것이다.

여래선

석가모니는 우드라카 아라라까라마 등 신선(rishi)들로부터 신선도도 익히고, 수많은 방법으로 수행을 하시어 대각을 하시어 신선도를 완성하는 초월자가 되신 바, 생명을 숨쉬는 사이, 찰라에 있다고 보았다. 여래선의 기본은 수식선 즉 수식관에서 시작된다.

들이쉼(들숨)과 내쉼(날숨)을 세어보는 명상법을 수식선(Anapanasati), 출입식선 또는 수식관(數息觀)이라 한다. 누구나 호흡법을 겸하여 쉽게 할 수 있고, 청정한 도에 이를 수 있는 대표적인 명상법이라 할 수 있다. 쉼을 세는 것은 의식집중을 위한 방편이다.

선의 기본자세는 결가부좌(책상다리)나 반가부좌 또는 평좌(平坐)라도 괜찮다. 신선도의 본래 좌법은 궤좌(跪坐)이다. 무릎 꿇고 앉는 자세로, 중심을 잡기에 좋고, 균형도 잘 잡힌다. 결가부좌는 완전히 책상다리를 하고 앉는 자세로 항마좌(降魔坐: 오른발을 왼쪽 넙적다리 위에 얹어 놓은 다음에 왼발을 오른쪽 넙적다리 위에 놓는 것)나 그 반대인 길상좌(吉祥坐)가 있다. 반가부좌는 한쪽 다리를 구부려 다른 쪽 넙적다리 위에 올려놓고 앉는 자세이다.

실제로 수식선을 하려면 두툼한 방석 위에 백회와 회음이 일직선이 되도록 척추를 꼿꼿이 세우고 가부좌를 틀고 앉는데, 턱은 약간 안으로 잡아들인 것처럼 하고, 혀끝은 위 입천정에 붙이고, 눈은 정면을 바라본다. 수련의 초기엔 눈을 감고 하는 것이 좋으며, 다음 단계에 나아가면 눈을 반개하고, 더 나아가 눈을 떠도 주위의 영향을 받지 않으면 완전히 뜨고 한다. 두 손을 포개어 무릎 위에 얹어 놓되, 두 엄지 손가락을 서로 맞대고 오른손을 왼손위에 올려놓거나, 왼손 바닥을 하늘로 하여 왼쪽 무릎 위에, 오른손 바닥은 땅을 향하여 오른쪽 무릎 위에 올려놓는 것도 좋다.

처음에는 그저 조용히 앉아서 들어오고 나가는 숨을 무심히 바라본다. 그래야만 우주에 충만한 기의 활동리듬과 나의 생명리듬을 맞출 수가 있다. 이 두 리듬이 맞을 때 나는 비로소 우주와 합치될 수 있고 통합할 수 있다. 그래서 숨을 쉬지 않는다. 내가 숨을 쉬지 않고 나의 생명리듬에 호흡을 맡긴다.

그러면 호흡을 볼 수 있고, 또한 나를 볼 수 있다. 화를 낼 때는 호흡이 거칠게 뜨고 슬플 때는 무겁게 가라앉는다. 놀라면 흐트러지고, 생각을 할 때는 보아진다. 호흡에는 이런 감정의 상태뿐만 아니라 건강 정도, 자연환경, 계절 등과 같은 우주의 리듬에도 영향을 받는다.

그래서 호흡을 보면 나를 알고, 또 우주의 질서도 알 수 있다. 따라서 호흡을 주시한다. 그러나 나와 우주의 리듬을 따라야 한다. 이런 순리를 거역하면 나를 볼 수 없다. 호흡은 나의 육체와 정신의 매개체이며 동시에 나와 우주의 매개체이다. 또한 호흡은 생명의 리듬이며 우주의 리듬이다. 이렇게 호흡에 의식을 집중하고 있으면, 처음에는 나가고 들어오는 숨만 있다. 그러나 점점 호흡은 깊이 내려가서 배꼽 아래 하단전까지 내려갈 것이다. 또한 하단전까지 호흡의 길이 있음을 알 것이다. 그러나 올라오는 길은 등쪽의 뒷길이라는 것을 느끼게 될 것이다. 더구나 의식을 가해서 몸에 조금이라도 힘을 주어서는 안되며, 호흡을 그냥 두어서도 안된다. 호흡은 몸과 마음과 함께 있는 것이다. 마음이 딴 곳에 있으면 호흡은 호흡의 길로 가지 않고 마음 따라 간다.

처음에 몸을 전후좌우로 움직여 안정되고 쾌적하게 한 다음 단전호흡을 하면서, 들이쉼과 내쉼이 있을 때 하나, 다음에 둘, 셋, 넷……열까지 세고, 다음에 다시 하나부터 열까지 계속하여 센다. 잠이 올 가능성이 있을 때는 호흡을 열부터 하나까지 거꾸로 세는 것이 좋다. 호흡수를 세는 생각의 크기는 미세할수록 좋다. 수행시간은 20분을 원칙으로 하고, 수행정도에 따라 확정하여 선정해탈삼매로 가는 것이 좋다.

수식관을 실천하는데 의식을 집중하여 호흡을 세어가면서 6가지 발전 단계가 있다.

그것이 수식(數息), 상수(相隨), 지(止), 관(觀), 환(還), 정(淨)이다.

수식은 들이쉼과 내쉼의 수를 세는 것, 상수는 의식과 호흡이 서로 따라 하나가 되는 것, 지는 의식과 호흡이 하나되어 고요히 한 곳에 멈추는 것, 관은 의식과 호흡이 하나되어 있는 그대로 사물관철이 자재로운 것, 환은 고요한 자기주체인 공(空)으로 돌아와 가만히 있는 것, 정은 청정무구한 순수의식만의 상태이다. 여래선은 각각 4념처(四念處), 4정근(四正勤), 4신통(四神通), 5근(五根), 5력(五力), 7각지(七覺支), 8정도(八正道) 등 37도품을 닦는 수행도 필요하다.

호흡을 농사에 비유하면, 수식을 땅으로 삼고 상수를 쟁기로 삼으며, 지는 멍에로 삼고, 관은 씨앗으로 삼고, 환은 비로 삼으며, 정은 행으로 삼는다.

수식선은 인연과보 법이란 진리에 계합한다. 수식선은 인연 따라 사는데, 오는 인연을 받아들이고 가는 인연을 가게 한다. 들이쉼은 받는 인연이요 내쉼은 가는 인연이며, 쉼멈춤(止息)은 과라고 할 수 있다. 들이쉼과 내쉼 양면으로 서로 다르면서 같이 합하여 하나로 조화되는 것이다(和氣). 호흡은 자연스러운 것이 첫째이다. 병맥을 고치는 등 건강을 위하여 호흡을 조절할 수 있으나, 억지로 무리하게 해서는 안된다.

누구나 쉽게 실행할 수 있는 수식선은 여래선이 되어 인류최고의 문화이며, 수식선을 해나가면 밖의 제인연을 잊고 쉬면 마음이 차분하고 경안(經安)해지며, 점차 맑아지고 밝아져 지혜의 빛을 얻게 된다.

내가 속일 수 없는 또 하나의 내가 있다는 것을 깨닫게 된다.

여래선은 수식선을 비롯하여 행주좌와선을 포함하고, 삼처전심으로 마음에서 마음으로 전하는 여래선은 후에 조사선의 기원이 된다.

수식선 좌선 등 행주좌와선 등을 통하여 정(定, 무아경, 사마디)에 이르러 해탈함에는 사람에 따라 여러 가지 다른 단계를 경험할 수 있다.

우주를 나눠 3계인 욕계(欲界: 욕심이 있는 세계), 색계(色界: 물질계), 무색계(無色界: 정신계)로 볼 때, 선정의 단계는 10단계로 나눌 수 있다. 첫 단계는 준비선 단계로 욕계에 속하고, 색계는 초선, 2선, 3선, 4선 등 4선(禪), 무색계는 4정(定)이며, 3계를 넘는 해탈의 단계는 멸진정(滅盡定) 이다.

1) 준비선

수식선을 함에 있어 금계, 권계, 좌법, 조식, 제감과 함께 구도자로서 응념(凝念)단계에 들어가 단전에 의식을 집중하는 단계이다.

2) 초선

숨과 셈이 하나되고 안과 밖의 인연을 얻어 한결같은 평온을 갖는 수식이다. 기쁨과 즐거움이 있는 첫 단계이다. 찰라적인 깨달음, 즉 사토리(satory)가 있을 수 있다. 천지인 삼매로 하늘의 별, 땅 속, 인간 속을 확실히 볼 수 있다.

3) 2선

의식과 숨이 서로 같이 하여 주관이 객관을 포용하고 마음이 텅빈 것을 느끼는 상수(相隨)이다. 상수가 되면, 고요한 가운데 희락이 생기고, 찾는 것이 없어진다. 유위삼매로 죽음을 극복하게 된다.

4) 3선

상태가 지(止)이다. 신비한 의식이요, 오묘한 도리로서, 평등하게 버리어, 올바른 기억에 머물게 하는 것이다. 무위 삼매로, 자기의 깨끗한 영체를 본다.

5) 4선

오묘한 인식도 떠나고, 순수하고 깨끗한 상태에서 호흡이 아무 생각 없이 출입하는 것을 관찰하는 관(觀)이다. 괴로움도 즐거움도 없이 생각이 버려진 경지이다. 무념삼매이다.

6) 공무변처정

정신계인 무색계의 4정(定)은 공무변처정, 식무변처정(識無邊處定), 무소유처정(無所有處定), 비상비비상처정(非想非非想處定)이다. 이 4정은 수식선에서 본래 자신으로 돌아오고, 본래 자신이 아닌 것을 버리는 환(還)에 해당한다. 하나로 된 의식만이 있어 깨달음의 세계에서 소요하는 경지이다. 유종삼매(有種三昧)라고도 한다. 공무변처정은 마음과 호흡이 하나된 무의식 상태에서 자아가 사람, 고체, 액체, 기체가 허공으로 변하며 무한대로 확대된 무아경이다. 우주의식(Cosmic consciousness)이다. 나의 정체는 진공 묘유이다.

7) 식무변처정

공무변처정에서 공의 세계도 없어지고, 어떠한 인식도 존재하지 않는 무아경(사마디, 정)이다. 신의식(God consciousness)이다. 내가 나온 곳인 근본으로 돌아가는 것이다.

8) 무소유처정

식무변처정에서 더 나아가 아무것도 없고, 우주는 텅빈 빈 껍데기인 무아경이다. 보편의식(Universal consciousness)이다. 아상이 타파된 대자대비심이다.

9) 비상비비상처정

무소유처정에서 더 나아가 상이 아닌 것도, 상이 아닌 것도 아닌, 있다는 것이나, 없다는 것을 초월하고 어떠한 관념도 갖지 않는 무아경이다. 통일의식(Unified consciousness)이다. 모든 것이 용광로에 녹은 환희의식이다.

10) 멸진정(滅盡定, 순수의식, pure consciousness, pure awareness)

멸진정은 수식선에서 정(淨)으로 나타낸 것인 바, 숨과 마음(생각)이 끊어져, 숨이 있으나 숨이 없고, 생각이 있으나 생각이 멸진된 경지요, 언어도단(言語道斷)의 경지이다. 청정본심이며 청정법신이요, 해탈이며 열반으로 현법에 자유자재롭게 낙주하는 것이다. 그것은 또 오매일여(寤寐一如: 잠잘 때나, 깨어있을 때나 같음)의 경지이다.

의식적으로 의식을 집중하여 모든 장애를 없앤 청정무구심으로, 무종삼매(無種三昧)라고도 한다. 멸진처는 '아무것도 없는 곳'이다. 아무것도 없는 곳에 허공, 도, 법, 멸진정 등이 있다. 새는 아무것도 없는 허공을 의지하면서 날지만, 허공을 의식하지 않는다. 도인은 그가 깨달은 진리인 도가 눈에 보이지 않으나, 도가 의지처가 된다.

해탈자는 절대영원인 진아이며, 생멸도 없고, 어떤 속성도 없는 것이니 관찰! 불가설이며, 언어도단이다. 침묵의 허공!

선정의 단계에 대해 붓다는 다음과 같이 말했다.

"초선을 바르게 받을 때에 말이 고요해지고 멸하며, 제2선을 바르게 받을 때에 사색과 사려가 고요해지고 멸하며, 제3선을 바르게 받을 때에 기쁜 마음이 고요해지고 멸하며, 제4선을 바르게 받을 때에 드나드는 숨결이 고요해지고 멸하며, 공입처를 바르게 받을 때에 색이라는 생각이 고요해지고 멸하며, 식별입처를 바르게 받을 때에 공입처라는 생각이 고요해지고 멸하여, 비상비비상입처를 바르게 받았을 때에 무소유입처라는 생각이 고요해지고 멸하며, 상수멸(想受滅)을 바르게 받을 때에 생각과 느낌이 고요해지고 멸하나니, 이것을 점차로 모든 결합이 고요해지고 멸하는 것이라 하느니라.

다시 훌륭한 그침과 쉼, 기특한 그침과 쉼, 위되는 그침과 쉼, 위없는 그침과 쉼이 있나니 이와 같은 그침과 쉼은 다른 그침과 쉼으로써도 이보다 더 위되는 것이 없느니라. 탐욕하는 마음에서 즐겨하지 않아 해탈하고 성내고 어리석은 마음에서 즐거워하지 않아 해탈하면 이것을 훌륭한 그침과 쉼, 기특한 그침과 쉼, 위되는 그침과 쉼, 위없는 그침과 쉼이 있어서 어떤 다른 그침과 쉼으로서도 이보다 더 위되는 것이 없는 것이라 하느니라."(반복)

정각은 자유

오늘날 유비쿼터스(ubiquitous) 시대에서 찬란한 미래를 짊어질 대학가에는 '잘못 아는' '착각(錯覚)은 자유'라는 말이 유행하고 있다 한다.

그야말로 자유사회에서 중생들은 나름대로 잘못된 정보, 유언비어, '카더라 방송' 등을 계속 두뇌에 입력하고, 수많은 정신적 차원의 존재로서 요지경처럼 돌아가는 것이 인생현장의 현상이기 때문이다.

능엄경에는 연야달다가 자기 머리를 찾아 헤매는 얘기가 나온다. 연야달다가 어느 날 거울을 보는데, 미쳐서 거울을 거꾸로 들고 보니, 자기 머리가 안 보였다. 연야달다는 자기 머리가 없어졌다고, 온 세상을 헤매다가 어떤 지적으로 멈추게 되었다. 자기 머리를 찾았지만, 찾은 것도 아니고 잃은 적도 없는 것이다.

그러나 바른 깨달음인 정각(正覚, enlightenment)도 자유이다. 자유자재의 길이기도 하다. 화엄경은 자유자재인의 길로 "사사무애 중중무진 불가사의 해탈법계(事事無碍 重重無盡 不可思議 解脫法界)로 나아가라고 한다. 일마다 걸림이 없고, 거듭거듭 무한하니 생각이나 말로 할수 없는 해탈로 길을 잡으라는 말이다.

정각은 또 자기 자신 이외에 정각을 막는 것은 아무것도 없으며 진리를 꿰뚫어 본 정각을 하면 자유자재로운 삶을 살 수 있기 때문이다. 그런데 석가세존 증명 아래 관세음보살(관자재보살)이 사리불(후에 華光如來)에게 설한 반야심경을 보면, 사람의 색수상행식(色受想行識: 물질, 느낌, 생각, 의지, 의식)인 오근이 공(空, sunya, 텅빔)하고, 공이 곧 색수상행식이라 하였다.

색이 곧 공이고, 공이 곧 색인 것이다(色卽是空 空卽是色).

그리고 모든 존재가 공상(空相)이어서 불생불멸, 불구부정, 부증불감이라 하였다.

또 공 가운데 6근인 안이비설신의나 6진인 색성향미촉법은 그림자 같아서 없는 것이며, 4성제인 고집멸도도 같고 얻을 바도 없으며, 보살은 해탈에 이르는 지혜에 의지함으로 마음이 걸림이 없고, 공포도 없으며, 거꾸로 된 전도몽상(꿈 같은 생각)을 멀리 여의어 끝내는 열반에 이르게 한다고 하였다.

'인연아'의 3차원적 생각은 고정관념이고 착각이 많은데, 이것을 바로보고 정각을 해야 한다는 것이다. 깨달음(覺)은 진리를 꿰뚫어 봄이다.

그러면 석가모니께서 깨달으신 인류역사상 최고의 바른 깨달음(무상정등정각, 無上正等正覺, anuttarā-samyak-sambodhi)의 내용은 무엇일까?

절대적 진리는 언어도단(言語道斷), 불가설이라 하여, 말로 표현될 수는 없다. 이심전심으로 해야한다. 그러나 대중사회에서 말이 아니면, 전할 길이 없기 때문에 말에 의한 진리(의언진여, 依言眞如)를 드러내고자 한다.

석가모니가 대각한 후 그 보리수나무 옆 연못가에서 무칠린다의 시봉 속에 해인삼매(海印三昧)에 들어 3천대천세계를 향하여 법륜을 굴리신 것이 대방광불화엄경(大方廣佛 華嚴經)이라는 최고의 불경이다. 약칭 화엄경이다.

김탄허 스님께서 『현토역해 신화엄경합론』 47권을 쓰셨는데 20년이 걸렸으며(청담 스님은 이를 이차돈 성사의 순교이후 최대불사라 평가함), 불교는 물론 인도 · 중국 · 한국의 사상도 들어있다.

우주는 허공성이며, 지능성(智能性)이고, 영각성(靈覺性)이며, 그 가운데 인간은 지적 생명체(知的生命體)이다.

순수하고 광대무변한 화엄경의 핵심을 화엄게(華嚴偈)라고 하는데, 화엄경 야마천궁 게찬품에 있다.

약인욕요지(若人欲了知)

삼세일체불(三世一切佛)

응관법계성(應觀法界性)

일체유심조(一切唯心造)

심여공화사(心如工畫師)

능화제세간(能畵諸世間)

심불급중생(心佛及衆生)

시삼무차별(是三無差別)

사람이 만약 삼세일체 부처님을 알고자 하면,

응당 일체 존재의 성품이 오직 '마음'의 지음으로 보라.

그 '마음'은 화가와 같아서 능히 모든 세간을 그리나니,

조물주 같은 마음과 부처와 중생이 차별이 없다.

이 마음은 무심(無心), 각(覺), 부처님, 순수의식, 도(道), 절대자, 초월자, 하느님 등으로 표현되는 것이다.

일체유심조는 아말라식에 의존한 알라야식인 여래장이 인연을 만나 현실이라는 홀로그램을 창조한 것이다.

이생대행 스님은 처음에 마음으로 안된다는 생각이 드는 것을 되게 하는 것으로 마음을 바꿔 실천하는 것이 실제 생활 속의 "유심조(주인공 마음)"라고 하셨다.

부처님이 깨달으신 내용을 표현하는데는, 존재론·현상론·인식론으로 또는 실상론·연기론·유식론으로 나누기도 하고 진공묘유중도(眞空妙有中道)론·공가중(空假中)론·사구백비(四句白非)론 등 여러 가지 방편설이 있다.

여기서는 철리로서 마음뿐인 유심유식(唯心唯識), 인연과보(因緣果報), 불이중도(不二中道) 등으로 나눠서 살펴보기로 한다.

유심유식

唯心唯識, 마음뿐

인간이나 우주는 지능성(智能性, intelligence, mental faculty)을 본질로 하는 지적 생명체이다.

존재의 자성을 보는 것을 깨달음 또는 견성이라 하고, 마음을 알아 성품을 보면 스스로 불도를 이룬다. 식심견성(識心見性)·자성불도(自性佛道)이다.

식심견성은 환언하면 명심견성(明心見性, 마음 밝혀서 마음자리 봄)이다.

부처님은 3계 3세 유심(三界三世唯心, 3계 3세는 욕계·색계·무색계, 과거·현재·미래 즉 우주)이라고 하셨다.

우주가 오직 마음뿐이라는 것이다. 모든 것은 마음먹기에 달렸다. 생각이 바뀌면, 운명도 바꿀 수 있다. 또 만법유식(萬法唯識)이라 했다.

모든 존재는 오직 식(앎)이라는 것이다. 그러니 보이지 않는 마음이 드러난 존재가 식(識)이다.

그래서 심외무법(心外無法)이라 하여, 마음 밖에 존재가 따로 없으며, 법외무심(法外無心)이라고도 하여 존재 외에 마음이 따로 있지도 않다는 것이다.

사람을 중심으로 생각해 볼 때, 앎의 관계는 6근 6경 6식 등 18계(界)로 이루어진다고 볼 수 있다.

사람은 6근(眼耳鼻舌身意根)으로 6경(境, 色声香味觸法)을 대할 때, 6식(識, 眼耳鼻舌身意識)이 드러나는 것이다.

이 18계가 모두 자성청정한 마음의 표현인 식(識)이다. 그러니 유심유식(唯心唯識, 마음뿐), 미현의 심과 표현의 식뿐인 것이다.

우리가 살아가면서 하는 행주좌와 어묵동정의 견문각지나 색수상행식의 5온이 모두 식(앎)뿐인 것이다. 유식무경(唯識無境)으로 오직 '식'만 있고 경계는 없음이다. 스스로 본래 마음을 아는 것이 광명이고 견성이며, 사람의 성품은 본래 청정하나, 망념(妄念)이 진여를 덮고 있는 바, 망상이 소멸하면 청정자성이 스스로 드러나니, 이것이 마음을 아는(識心) 것이며, 견성이다. 마음이 생각을 여윈 것이 깨달음이다. 아는 것마다 만나는 것마다 자기 자신 아닌 것이 없는 것이다. 마음 아닌 것이 없는 것이다. 법화경 방편품은 이를 이 법(진리)이 법의 자리에 머물러 세간상(세상의 모양)에 항상 머문다고 하였다.

불승종조 설송 스님은 구득불구득 도지시야(求得不求得 道之始也), 불구득 자구득 도지종야(不求得 自求得 道之終也)라 하셨다. 구하되 얻지 못함이 도의 시작이요, 구함이 없는데도 스스로 얻어짐이 도의 끝이라는 것이다.

여기서 마음의 구성요소로서의 식(識, Vijnanam)을 살피고, 불교인식론으로서의 식(識)을 굴려 지혜로 나타나게 하는 전식득지론(轉識得智論)을 보기로 한다.

법상종에서는 일체만법이 알라야식의 변화로서, 세친보살이 얘기한 유식 3성은 변계소집성·의타기성·원성실성인데, 비유비공의 중도라고도 한다. 유식가에서 3성에 대하여, 명(名, 이름)·의(義, 의미)·자성(무분별지)·차별(차별지)의 4법이 있어 가유실무라고 관하며(사심사관, 四尋伺觀), 그 다음에 이 관지로 명·의·자성·차별의 4법도 내식을 여의고는 실유가 아니라고 관한다.(사여실지관 四如實智觀)

마음(the Mind)은 심심심(心心心)이다. 마음, 마음 하는 이 마음이 그 마음이고, 부처이다.

마음(心)은 심왕(心王)과 심소(心所)로 나누기도 하고, 능심(能心)과 소심(所心)으로 나누기도 하나, 일반적으로 9식(九識)으로 나눈다.(10식으로 흐르다야식을 첨가하는 사람도 있다).

능가경 등에 9식은 전5식(前五識… 眼耳鼻舌身識)과 제6식(第六識)인 의식(意識) 및 제7식(第七識, manas, 말나식, 分別識), 제8식(第八識, alaya, 함장식, 根本依), 제9식(第九識, amala, 청정무구심, pure consciousulss) 등이다.

전5식은 비항비심(非恒非審)이라 하여, 항상성도 분별성도 없고, 의식은 비항이심(非恒而審)이라 하여 항상성은 없으나, 분별성이 있으므로 때마다 전5식은 6식에 의존한다. 6식은 7식에 의존한다. 제7식인 의(意, 마나스식)는 역항역심(亦恒亦審)이라 하여, 항상성과 분별성이 있다.

그러므로 제7식은 무분별지의 반야지혜에 생각을 내어 분별하고 습업적으로 이분법(二分法)에 끌려가 의욕하거나 저항하는 집착을 가져 취사선택함으로 번뇌망상과 인생고의 원인이 된다.

그러므로 동토 초조 달마 대사와 혜가 대사를 이은 동토 3대 승찬 대사의 신심명(信心銘)에는 "지도무난 유혐간택 단막증애 통연명백(至道無難 有嫌揀擇 但莫憎愛 洞然明白)"이라 하였다. 지극한 도는 어렵지 않으나, 오직 간택(선택, 2분법에서 하나를 선택하여 업장을 낳음)이 문제이다. 다만 애증이 없으면 훤히 안다는 뜻이다.

제8 알라야식은 함장식으로 항이비심(恒而非審)이어서, 항상성은 있으나, 분별성이 없고, 제9식인 아말라식에 의존한다.

사람이 유위행을 하면(신구의 3업) 현행(現行)이 되어 한 종자(種子)로서 함장식에 들어가고(현행 '훈'종자라 함), 그 종자는 인연을 만나면 현행이 된다(종자생 현행이라 함).

알라야식은 또 여래장(如來藏)이라고도 하는데, 이는 알라야식에 근본 마음인 아말라식(자성청정심 즉 如來)이 함께 하고, 알라야식이 근본 자리에 의존하고 있기 때문이다.

제9식은 아말라식으로 순수의식이며, 청정심이고, 또 무분별지이며 법계체성지(法界體性智)이고 여래이다. 이는 사실 말로 표현하기도 어렵고, 그릴 수도 없으며, 있다고도 없다고도 할 수 없는 것이다.

근본 마음은 모두 식(識)으로 표현되는데, 그 식(앎)이 고락(苦樂)의 원인이 되므로 이 식을 굴려 지혜로 바꾸는 것을 전식득지라고 한다.

식(識)을 굴려 지혜(智慧)로 바꾼다는 것은 그 식에 집착하지 않고 버리어 머물지 않는 것이다.

그래서 전5식은 성소작지(成所作智)로, 제6식은 묘관찰지(妙觀察智)로, 제7식은 평등성지(平等性智)로, 제 8식은 대원경지(大圓鏡智, 텅빈 우주거울 같은 지혜)로 바뀌고, 제9식인 아말라식은 바뀌는 게 아니어서 여여하게 진여자성이며 법계체성지이고, 무분별지(無分別智)이며, 여래(如來)이고, 부처이다.

금강경 제29분 위의적정을 보면, 여래자 무소종래 역무소거 고명여래(如來者 無所從來 亦無所去 故名如來)라 했다.

여래는 어디로부터 온 바도 없고, 또 가는 바도 없으므로 그 이름이 여래이다. 부처님의 본명이 여래(Tathagata)이다.

여래는 10호(별명)가 있으니, 응공(應供, 공양에 응함)·정변지(正遍知, 바른 보편적 깨달음)·명행족(明行足, 밝고 구족한 행)·선서(善逝, 착하게 입멸)·세간해(世間解, 세상 모두를 이해함)·무상사(無上士, 최고의 스승)·조어장부(調御丈夫, 심기신식면心氣身食眠을 조복받은 장부)·천인사(天人師, 인천의 스승)·불(佛, 깨달은 분)·세존(世尊, 세상에 가장 존귀함) 등이다.

일체가 마음먹기에 달렸다는 것은 신라 원효 도인의 해골바가지 교훈이 확실히 일러준다.

원효 스님은 화쟁사상을 중심으로 3국 통일을 하는데 크게 기여했으며, 금강경과 법화경을 이어주는 본각이행의 금강삼매경론 등을 저술했고, 뒷날 환속하여 소성거사로서 요석공주와의 사이에 이두의 창설자 설총을 낳았다.

신라 문무왕 1년인 서기 661년, 원효 스님과 의상 스님은 함께 불교가 번성하던 당나라로 화엄경을 배우러 가기로 했다.

그리하여 당나라와 신라의 교역항인 당항포(지금 경기도 남양만)의 구봉산 근처에 이르렀는데, 날은 저물고, 비가 퍼부어 댔다.

바로 그때 의상이 건너편 숲속에 있는 움막을 가리키면서, 하룻밤 묵어가자고 했다.

원효가 의상을 가리키는 쪽을 바라보니, 과연 허름한 움막이 눈에 띄었다.

"부처님의 돌보심이니, 어서 들어갑시다" 라고 하였다.

원효와 의상은 손을 잡고 컴컴한 움막 안으로 들어갔다. 그러나 그들은 하루 종일 먼 길을 걸어왔기 때문에, 바랑을 베고 눕자마자 그대로 잠에 곯아 떨어지고 말았다. 얼마나 지났을까? 원효는 참을 수 없을 정도로 목이 말라 번쩍 눈을 떴다. 다시 잠을 청해도 갈증이 하도 심해 잠조차 오지 않았다.

"단 한 모금이라도 물을 마셨으면… 정말, 목이 마르네."

원효는 주위를 더듬거려 보니 뭔가 손에 잡히는 게 있었다. 영락없이 바가지처럼 생긴 그릇으로, 속에는 물이 가득 들어 있었다.

"허, 이거 참, 이렇게 고마울데가… 비가 들이쳐서 바가지에 물이 괸 모양이로군!"

원효는 기쁜 마음으로 바가지에 입을 대고 벌컥벌컥 물을 들이켰다.

"정말 달디단 물이야! 이렇게 맛있는 물은 처음이야. 온몸이 다 시원해지네!"

원효는 마시고 난 물바가지를 머리맡에 내려놓고, 다시 깊은 잠에 빠져 들었다.

아침이 되자, 의상이 먼저 일어나 원효를 흔들어 깨웠다.

"원효 스님, 일어나십시오. 큰일 났어요! 지금 보니 우리가 무덤 속에서 잠을 잤어요." 간밤에 움막인 줄 알고 들어와 잔 곳이 바로 한쪽이 무너진 무덤 속이었다.

"그럼 우리가 무덤 속에서 잤단 말인가?"

그러다가 다시 바로 옆자리를 쳐다본 원효가 "앗!" 하고 외마디 비명을 내질렀다. "아니, 이건…, 이건, 물바가지가 아니라, 해골, 해골 바가지구나!"

원효의 말에 놀란 의상도 원효가 가리키는 곳을 바라보았다. 그곳엔 꼭 바가지같이 생긴 사람의 해골이 놓여 있었고, 해골 썩은 물이 그 속에 조금 담겨 있었다.

"그럼, 내가 자다가 마신 물이 바로 이 해골 물이란 말인가!"

원효는 멋 모르고 해골 썩은 물을 마셨다는 사실을 아는 순간, 와락 구역질이 일어났다. 두 손을 입에 넣고 속엣것을 토하려 했으나, 아무것도 나오지 않았다.

"내가 해골 썩은 물을 마시다니! 그토록 달고 시원하던 물이 바로 해골 썩은 물이라니….."

원효 스님은 무덤 속을 비추는 아침 햇살을 물끄러미 바라보았다. 그때 어떤 한 생각이 퍼뜩 원효의 머리를 스치고 지나갔다.

'밤중에 자다가 일어나, 빗물이 바가지에 괸 것인 줄 알고 마셨을 때는 그야말로 감로수처럼 시원했는데, 이제 그것이 해골의 물이라고 생각하니 왜 구역질이 나는 것일까? 도대체 그 차이는 어디에서 오는 것일까? 그렇다! 그것은 내 마음에서 오는 것이다. 내 마음에 따라 구별이 생긴 것이다. 생각을 없애면 더러운 물과 맑은 물의 구별도 없어진다. 모든 것은 다 마음가짐 하나에 달려 있다. 이 마음 외에 또 무슨 진리가 있겠는가. 진리는 어떤 특별한 장소나 시간 속에 있는 게 아니라, 내 마음 속에 있는 것이다.'

원효는 심생고 종종법생(心生故 種種法生: 마음이 생기니 종종법이 생기고) 심멸고 감분불이(心滅故 龕墳不二: 마음이 멸하니, 해골바가지 둘이 아니네) 라고 읊었다.

이러한 진리를 깨달은 원효는 자신의 마음을 곧 의상에게 털어 놓고 당나라행을 멈추었다. 나중에 해동화엄 종조가 된 의상은 당나라로 혼자 떠났다.

인연과보

因緣果報, 연기론

　존재의 실상은 본래 생멸이 없고, 모양만 변하는 것이다. 에너지 불멸의 법칙도 그 궤를 같이한다. 모든 존재는 인연따라 변화하기에 공(空)이다. 텅 빈 충만의 소소영령한 것이 우주이다. 공을 보는 것이 깨달음이다.

　우주인 3천대천세계가 변하는 현상의 이치는 인연과보(因緣果報)의 원리라고 할 수 있다. 분별의 원인인 연(緣)과 분별 후의 인과보는 현상계의 펼침이다.

　인연과보 가운데, 기본 개념은 연(緣)이다. 분별의 원인인 '연'은 연기(緣起, 인연생기)로 능연(能緣)과 소연(所緣)으로 나누기도 하는데, 인(因)은 연 가운데, 중심기능을 하는 것이라 할 수 있다.

　여기서 인은 중심적 · 직접적 · 능동적 원인이요, 연은 간접적 · 수동적 원인이나 조건이고, 과는 인과 연들이 맺은 결과이며, 보는 인연과 관계에서 충격이나 단락을 넘음 등으로 다른 것으로 변화해 얻은 결과라고 할 수 있다.

이는 불교학의 변증법이라고 할 수 있다. 콩 심은 데 콩 나고, 팥 심은 데 팥 난다. 세상 만법이 인연소생소멸이며, 인연 생기이다.

하나의 보리알을 땅에 심어 가꾸고 길러 새 보리 이삭을 거뒀다고 할 때, 보리알은 인이요, 연은 과가 될 때까지 보리알이 관계 맺은 모든 것 즉 땅·물·비바람·병충해·태양·사람·호미 등이다.

과는 새보리 이삭이요, 보는 전기충격이나 생의 단락을 넘거나 돌연변이 장구한 세월 또는 차원이동 등으로 보리이삭이 밀이삭이 되었을 경우 등을 예로 말할 수 있다.

사람도 살다가(生有) 죽으면(死有) 사람의 몸은 지수화풍공 5대로 흩어지고, 중유(中有, 中陰身)는 자기가 지은 업보(業報)에 따라 갈 길을 간다. 인연과보와 업보의 원리에 따른다. 극락에도 가고 지옥에도 가며, 6도 윤회를 하기도 하는 바, 보통의 경우는 중음신인 알라야식이 인이 되고, 자기 칼마(업)와 맞는 새로운 부모가 연이 되어 잉태되며 (아기가 들어선다고 한다), 잉태 후 약 10개월만에 출산되며, 고고의 성을 울린 다음 수많은 인연을 맺으면서 하나의 인간으로 성장해 간다.

인과응보라든지 선인선과(善因善果)·악인악과(惡因惡果)가 있다. 착한 원인이 있으면, 착한 결과가 있고, 악한 원인에는 악한 결과가 있다는 철칙이다.

자업자득(自業自得)·정업불면(定業不免)이다. 자기가 저질러 정해진 자기의 업은 피할 수가 없는 것이다. 음덕(陰德)이 있으면, 양보(陽報)가 있다.

인연과보의 원리에서 중심개념은 연(緣, pratity)이다.

불교학에서는 연기론(pratitya-samutpada causality)이라고 한다.

우주나 마음은 둘이 아닌 절대 하나인데(不二), 분별심(bhavanga)인 생각이 일어나면, 둘인 상대(相对)의 분별세계(二分法, duality)가 된다. 연은 분별의 원인이다.

연(緣)은 「…에 연유하여」「…에 관계하여」「…연고로」「…의 이유로」, 인(因, 원인), 의인(依因), 탁(託), 연기(緣起), 인연생기(因緣生起), 연생(緣生)의 뜻이며, 양쪽 가운데 한쪽이 다른 쪽과의 의존생기하며, 원인과 결과의 연쇄관계를 나타내는 조건을 말하기도 한다.

연(緣)은 주객으로 나눠볼 때는 능연(能緣, 주체성 연)과 소연(所緣, 객체성 연)으로 나뉜다. 인(因)과 연(緣)으로 나누기도 한다.

한 생각 일어나면, 연기법(緣起法)이 생기고, 한 생각 사라지면, 연기법이 멸한다.

연기는 상호의존관계이고, 혼자는 성립이 안되며, 둘이 동시에 성립이 되고, 또 동시에 멸한다.

불본행집경 49권에 「제법종인생 피종인멸(諸法從因生 彼從因滅)」이나, 능가경 2권에 「일체법 종인연생(一切法 從因緣生)」은 모든 존재가 인연생기함을 말한다.

이것이 있으므로, 저것이 있고,

저것이 있으므로, 이것이 있고,

이것이 멸하므로, 저것이 멸하고,

저것이 멸하므로, 이것이 멸한다.

이것과 저것이 혼자는 있을 수 없고, 서로 의지하여 존재할 수 있다.

연은 이것과 저것이 동시에 있거나, 동시에 없는 것이다. 연은 서로 반연하여 생기는 것이다. 인연생기한 것이 모두 사라지면(空), 이것도 저것도 아닌 중도(中道)가 된다. 이것은 경계의 문제가 아니고 마음의 문제이고, 개념인 이름(名)의 문제이다.

삼라만상이 분별에서 떠나면 머물지 않아 해탈이다. 한 생각 일어나도 한 생각을 쉬어 생각이 없으면 연기법은 공이요, 중도이다.

연기법은 둘이 동시에 성립하거나, 소멸하는 이름으로 서로 연기하되 이름은 둘이 다르지만 실제는 둘이 따로 없다. 짝으로 생겨나고 짝으로 소멸한다. 연생연멸이다. 독자적 존재성인 자성이 없다.

두 개의 이름을 동시에 잊으면 불이중도(不二中道)이다.

개념과 모순개념이 동시에 생멸하니, 이것(A)은 이것 아닌 것(비A)이 아니다.

「A는 비A가 아니다」는 것은 사유논리학에서 분별사량의 기본원리로 모순률이라 하며, 동전의 양면처럼 본래 상호의존적으로 연기되어, 연생연멸(緣生緣滅) 한다. "A는 A"다는 동일률, "A는 비A도 아닌 것이 아니다"라는 배중률과 모순률을 논리학의 3률이라고 한다.

밝음(明)과 어둠(暗)은 서로 원인이 되고 상대법(相対法)이 되니, 밝음은 「어둠이 아닌 것」이고, 어둠은 「밝음이 아닌 것」으로 드러내고, 이를 통째로 사라지게 하면 중도인 것이다.

모든 분별은 「찰라생 찰라멸」이고, 홀로는 주재자도 자성도 없이 「연생연멸」이고, 환생환멸이니 결국 생긴 것도 멸한 것도 없어 불생불멸(不生不滅)의 불이중도 뿐인 것이다.

법신은 상이 아닌 것이다(금강경 法身非相分).

그래서 금강경 제5 여리실견분에는 범소유상 개시허망 약견제상비상 즉견여래(凡所有相 皆是虛妄 若見諸相非相 即見如來)라 하였다. 「인연가화합의 모든 형상은 헛되고 거짓이니, 만약 형상(모양)이 형상 아님을 보면, 바로 여래를 본다」고 하였다.

모든 분별상(분별심)을 떠나 머물지 않으면 여래를 보는 것이다. 그래서 여래는 상을 취하지 않고 여여하여 움직이지 않는다(不取於相 如如不動).

인연과보의 원리와 관련하여 업(業, Khrma)이란 개념이 있다. 직업·농업·학력·업인업보 습업·업장 등으로 많이 쓰인다.

업이란 우리들의 행위가 반복되어 세력화한 것을 말한다(대비바사론).

사람의 업은 보통 신구의 3업(三業)으로 나누는데, 이는 의업(意業), 구업(口業, 말로 짓는 업)과 신업(身業, 몸으로 짓는 업)인데, 구업과 신업을 합쳐 사이업(思已業)이라고 한다(중아함경 5경).

일체유정의 생사고해에 관한 연쇄적 관계를 나타내는 것이 12연기

(緣起)이다.

이는 무명(無明, 어둠이나 어리석음, 분별심), 행(行, 무명에 반연한 업), 식(識), 명색(名色, 이름과 물질), 육입(六入, 안이비설신의 6근 갖춤), 촉(觸, 접촉), 수(受, 느낌), 애(愛, 애착), 취(取, 취함), 유(有, 미래가 가져오는 업), 생(生, 미래생 받는 첫 찰나), 노사(老死, 미래세에 늙어 죽음) 등이다.

무명은 행에 반연하고, 행은 식에 식은 명색에 반연하고….

무명이 멸즉(멸한즉) 행멸하고, 행멸즉 식멸하고, 식멸즉 명색이 멸하고… 생멸즉 노사가 멸한다.

여기서 무명과 행은 과거세 조업 현과이인(現果二因), 식, 명색, 육입, 촉, 수는 과거2인에 따른 현재5과(現在五果)며, 애·취·유는 현세 조업으로 미래과를 가져올 현재3인(現在三因)이며, 생노사는 현인에 가져올 미래2과(未來二果)라고 할 수 있다.

연기가 일어나는 시초를 보면, 절대불변의 진여가 움직여 불멸의 진(眞)과 생멸의 망(妄)이 화합한 알라야식(함장식, 여래장식)에는 각(覺, 如來)과 불각(不覺)이 있고, 일체제법은 불각으로부터 연기하게 된다.

이 불각은 진여가 자체를 여실히 알지 못하는 무명(無明, Avidya)이며, 이 무명의 동요로 현상 존재가 연기하는 것이다. 즉 무명행(無明行)의 반연으로 식(識)이 생기고, 8식으로 나뉘어 인연과보가 전개되는 것이다.

무명행의 불각에는 근본불각(진여를 대상으로 하는 무명)과 지말불각(알라야식을 대상으로 하는 무명)이 있다.

지말불각의 연기과정은 3세 6추(三細六麤: 행상行相이 미세한 3개와 행상이 거칠게 드러나 알기쉬운 6가지)라고 한다.

3세는 무명업상(無明業相), 전상(轉相 즉 能見相), 현상(現相 즉 境界相)이며, 6추는 분별지상(分別智相), 상속상(相續相), 집취상(執取相, 집착하여 취한 상), 계명자상(計名字相, 이름붙이고 헤아림 상), 기업상(起業相, 업이 일어나는 상), 업계고상(業繫苦相, 얽히고 섥힌 업덩어리를 괴로운 상) 등이다. 인간의 4번뇌는 아애 · 아진 · 아치 · 아만 등이다. 인간은 과거의 업이라는 필연을 지고, 미래를 향하여 자유를 위한 선택을 할 수 있는 존재이다.

연기론에는 업감연기나 알라야연기나 진여연기 외에도 6대연기(地水火風空識大緣起), 본래 자리에서 연기한다는 법계(法界)연기, 불계(佛界)연기와 성기(性起, 자성이 연기함) 등 제설이 있다.

많은 사람들이 죽음에 임박하여 인연과보 원리에 관해 특히 사후문제를 질문하는 경우가 많다. 특히 종교를 액세서리로 생각하고 살아온 사람 중에 이런 질문자가 많다. 그것은 "윤회가 정말 있느냐?"는 것이다.

그것은 본각(本覺)의 자리에서 보면, 윤회는 없는 것이고, 인연가화합의 가유의 자리에서는 인과윤회가 있는 것이다. 일체유위법은 꿈이고, 헛것이고, 그림자이다.

인과윤회(Samsara)는 불교 뿐 아니라, 유대 탈무드 · 신지학파 · 영지파 · 힌두교에서도 우주현상의 원리로 알려져 있다.

기독교에도 "뿌린대로 거두리라"고 했고, 예수가 속했던 에세네파에서는 인과응보의 원리인 칼마(業)가 있었으며, 구약성서 말라기 4장 5절은 선지자 엘리야의 재생을 여호와가 예언하여 세례요한으로 환생하고(누가복음 1:13~17) 기독 예수는 "…다시 오기로 된 엘리야가 바로 그 요한임을 알 것이다. 들을 귀가 있는 사람은 알아들어라(마태복음 11장 11절~14절). 엘리야가 먼저 와서 모든 준비를 갖추어 놓았다"고 하였다.

기독교 성경 창세기에는 최초 인류로서 아담과 이브가 에덴동산에서 살 때 뱀의 유혹으로 이브가 선악과(善惡果)를 따서 나눠 먹은 것이 하느님 명령을 어긴 원죄라고 한다. 이는 불이법(不二法)에서 분별심으로 한 생각 일으켜 2분법적인 차별세계 즉 선악 · 진위 · 미추 · 성속 · 유무 등을 만들고 거기에 집착하여 취사 선택함으로서 고락의 바다에 빠져 들어간 것을 뜻한다.

조선왕조 후기에 백성들의 삶을 위해 애쓴 청백리 중 정조시대에 어사 박문수가 있다. 어사 박문수의 출생과 순조대왕의 전생 얘기를 통도사 극락암에 주석하셨던 경봉 선사로부터 들어보자.

경봉 선사께서는 친구인 선재 법사(박준수 변호사)의 권유로 1980년대에 화두를 나에게 결택해 주셨으며, 다음 얘기를 "야반 3경에 문빗장을 만져보거라"(밀알)에 남기셨다.

여러분들은 소소영영(昭昭靈靈)한 이 자리가 죽으면 영영 어디로 가는지, 없어지는지, 불생불멸(不生不滅)하는지 잘 모른다. 이것에 대하여 역사적인 사실을 하나 증거를 대어서 말하려 한다.

이렇게 해야 의문이 풀린다. 어사 박문수와 순조대왕의 전생 이야기다.

모든 것이 성의가 지극하면 이루어지게 되는데, 후일의 어사 박문수(朴文秀) 부모가 자식을 낳지 못하여 삼년을 두고 닷새마다 돌아오는 장날에 음식을 잘 치켜 놓고 하인을 시켜 시장에서 어떤 스님네든지 한 분씩 청하여 대접하였다. 이 뜻은 승려는 불·법·승(佛·法·僧) 삼보(三寶) 가운데 든 사람이니 부처님과 같이 생각하고 대접하고자 한 것이다. 이렇게 삼년이란 세월을 보내도록 성심 성의를 다 하는 것은 오직 자식을 얻으려는 생각 때문인 것이다.

이렇게 하여 만 삼년이 되는 장날, 시장에 스님을 청하러 하인이 가니 그날은 한 분도 없어서 날이 저물도록 기다리자 얼굴이 부어 터지고 손과 발에서 고름과 피가 흐르는 문둥병 걸린 스님 한 분과 만났다. 데리고 갈까 말까 망설이다가 다른 스님이 없으니 할 수 없이 데리고 가서 대문 밖에서 기다리게 하고 주인을 보고 그 사정을 말하니 상전이 흔쾌한 모습으로 사랑에 영접하라 한다.

사랑에 들어가는 발자국마다 마루에나 방바닥에 피 고름이 흘러 묻는다. 그래도 마음으로 불쾌하게 여기지 않고 흔연히 음식을 주어서 먹게 하였다. 음식을 먹는데도 숟가락이나 젓가락에 피 고름이 묻고 음식에도 흘러 보기 흉측할 지경이었지만 주인은 변색이 없었다. 밥을 다 먹고 갈

때 주인이 하는 말이

"다른 데 가서 우리집 사랑에서 얻어 먹었다고 이야기하지 말게."하니 그 문둥이 스님이 말하기를 "당신은 다른 데 가서 문수보살을 친견했다고 말하지 말라." 하고는 홀연히 사라졌다.

그로부터 부인이 잉태가 되어 아들을 낳았는데, 문수보살을 친견해서 아이를 낳았다고 이름을 문수(文殊)라 하였으나 성인의 이름을 바로 쓸 수가 없어서 한 자 고쳐 빼어날 수(秀)자로 한 것이다.

문수보살을 친견하여 아들을 낳은 까닭으로 그 아이가 재주와 정신이 보통 사람보다 초월하였다.

그후에 나라에서 암행어사직에 봉하여 팔도에 과객같이 다니며 벼슬아치들의 선악을 다 조사하여 백성이 억울함이 없도록 하고 상 줄 사람은 상을 주어 선정을 베풀었다.

그 당시 박 어사가 오대산에 가서 산세도 구경하고 수양을 겸해서 석 달을 머물렀다. 박 어사의 행색이 과객 차림이니 당시 다른 사람들은 일개 과객으로 알고 박 영감에게 불도 담아 오라 하고 물도 길어 오라 하여 존칭도 없이 함부로 푸대접을 하였다.

그때 대구 팔공산 파계사(把溪寺)도 다른 절과 같이 역사가 많아서 용파(龍坡) 대사가 "내가 서울 가서 어떤 권력 있는 대신에게 말을 하여 이 역사를 혁파 시키리라." 하는 서원을 세워서 산중 스님네들에게 발표하고 정조대왕이 즉위한 9년 을사년 가을에 죽장망혜로 칠백여리를 걸어 한양성에 도달하였다.

유력한 대신을 알아서 사찰의 역사를 혁파하기로 원력은 세웠지만 우선 먹어야 할 터이니 부득이 한강물을 져다가 민간에 주고 이것으로 우선 생활 계책을 하였다. 이러한 일을 하고 있으니 대신을 친할 겨를이 없었다.

어느덧 삼년이란 세월이 지났다.

원을 이루지 못한 채 삼년이 마지막 가는 날 밤을 그럭저럭 지새우는데 그 날 밤 정조대왕이 꿈을 꾸는데 남대문 이층에 올라가 보니 숭례문 밖 셋째 집 위에 청·황룡(靑·黃龍)이 백도 광명을 놓아서 하늘에 사무치는 것을 보았다.

그 이튿날 아침 새벽에 어전별감을 불러서 명령하기를 숭례문 밖 셋째 집에 가서 낯선 사람이 있거든 데리고 오라고 명령하였다.

어전별감이 그 집에 가 보니 다른 사람은 없고 파계사 용파 대사가 있었다.

"웬 사람이 이곳에 와 있느냐?" 하니 용파 대사가 자기의 소원을 일장 설명하였다. 어전별감이 말하기를, 조정의 대신을 친하려고 하였지만 대신보다 나라 어전(御前)에서 오라고 하니, 가서 무슨 말을 하든지 하라고 권하고 데리고 어전에 이르렀다.

임금이 묻기를

"이름이 무엇이냐?"

"용파입니다."

"이름에 용 룡(龍)자가 들어서 내가 지난 밤 꿈에 용을 보았구나, 어째서 이 한양 장안에 왔느냐?"

용파 대사가 세세한 정곡과 원하는 바를 주달하였다.

임금이 그 말을 다 듣고

"내가 사찰에 폐가 되는 것을 폐지하여 줄 것이나 내가 하늘에 사무치는 원이 있다. 첫째는 선왕께서 억울하게 세상을 떠나 정토에 인연을 맺어주기 위해 명년 봄에는 수원 현륭원 부근에 사찰(現 수원 용주사)을 건축하고 부모은중경을 조성하여 부모의 은혜를 만분의 일이라고 보답하기 위해 대신에게 명령하였으니 이것은 용파 대사의 힘을 빌지 않아도 되는 것이요, 둘째는 내가 나이가 많으나 세자가 없으니 원컨대 용파 대사가 명산 성지에 백일을 치성하되 한양 백 리 이내에 기도처소를 정하면 궁인과 예관이 참배토록 칙령하겠다."

용파 대사가 말하기를

"금강산 만회암(萬灰庵)에서 공부하던 농산(聾山) 스님이 근일에 한양 근처에 와 있으니 그 사람과 둘이 기도를 하겠습니다."

"그것은 누구를 데리고 하든지 알아서 하게."

그래서 북한산하 금선암(金仙庵)에는 농산(聾山) 스님이 기도하고 흥인문 밖 사십 리 수락산(水落山) 내원암(內院庵)에는 용파 대사가 기도를 하였다.

그래서 이렇게 기도하기를 칠십여 일 지난 뒤에 용파 대사가 선정중(禪定中)에 관하여 보니 작은 나라지만 임금의 지위에 오를 사람이 없고, 모두 망상과 진뇌심과 남을 해롭게 할 생각이 차 있어서 나라 세자 될 만한 사람이 없었다. 나라 임금 원을 성취하게 하려면 내가 죽든지 그렇지 않으면 농산이 죽든지 해야 되겠다는 것을 알고 그 해 기유년 이월 이십 일에 농산에게 편지를 하였다.

편지 서두에 안부와 수고한다는 위로를 하고

"내가 기도하는 중 선정에 들어 관하여 보니 사람들이 모두 육종범태(肉種凡胎)에 망상진뇌만 가득하여 세자 될 사람이 없으니 내가 죽든지 스님이 가든지 하여야 되겠는데, 나는 본사(本寺)에 일이 있어서 가지 못하나 화상(和尙)은 자비심으로써 임금의 지위에 올라 임금의 원을 만족하게 하여 주고 만 백성을 위하여 불교를 위하여 그 자리에 나아가시기를 원하는 바입니다."

이렇게 농산 스님에게 서신을 보냈다.

농산 스님이 나라를 위하여 기도하다가 수락산 내원암에서 온 편지를 보니, 자기를 보고 이 세상에 살지 말고 죽으라는 권고였다.

농산 스님이 스스로 생각하기를 "내가 나라의 위축(爲祝) 기도를 맡은 것으로 인(因)을 심었는데, 이 기도가 마치기 전에 과(果)가 벌써 돌아왔구나."

하고는 회답하기를

"내가 출가 수도하는 것은 대도를 성취하여 인천에 안목(眼目)이 되어 모든 중생을 교화할 생각뿐이지, 이 몸이 나라의 임금이 되어서 부귀영화를 받으려고 하는 것은 꿈에도 없는 일 입니다. 하지만 인을 따라서 과가 당도하였으니 어쩔 수 없는 일이니 기도 회향일(廻向日)에 봅시다." 라는 내용을 써서 보냈다.

이 편지를 받은 용파 대사가 자기가 보낸 편지 내용과 이 회답 편지 두

장을 잘 싸서 두었다.

회향하는 날 저녁에 농산 스님은 자기 방에서 혼자 중얼거리기를 "사십 년을 어찌 망건을 쓰고 있단 말인가"라고 하였다. 이 말은 자기 몸이 죽어서 사십 년 동안 임금 노릇할 것을 미리 알고 예언한 것이다. 이 말은 상좌가 곁에서 들은 말이다. 그날 밤 농산 스님께서는 고요히 입적하였다.

그리고 정조대왕과 그 왕비의 꿈에 태어나는 것을 미리 선몽하였다.

그 이튿날 아침에 기도처에서 농산 대사가 입적하였다는 소식이 임금에게 전하여졌다. 임금이, 이 일은 용파 대사가 사유를 잘 알 터이니 불러들이라 하였다.

임금이 용파 대사에게 하는 말이

"오늘은 나라의 위축기도 회향하는 날인데 농산 대사가 입적하였다 하니 어찌 이런 불상사가 있을 수 있겠소?"

용파는 전에 농산에게 편지한 사본과 농산에게서 온 회답 편지 두 장을 임금에게 올리며

"이 두 편지만 보시면 그 사유를 알 것입니다." 하였다.

임금이 그 편지를 보니 하나는 죽으라 하고, 하나는 회향날에 보자고 한 것을 알 수 있었다. 또 임금의 꿈과 왕비의 꿈에 명확히 선몽한 것이니 의심할 바가 없었다. 그 이듬해 경술년에 세자가 탄생하였는데 이름은 공(玜)이요, 자는 공보(公寶)인데 이 분이 커서 왕위에 올라 순조대왕(純祖大

王)이 되었다.

이 사실을 법문하게 되는 것은 사람이 죽으면 어디로 가는지, 또 영 없어지는지, 환생(還生)을 하는지, 사람이 모두 이 문제가 예와 이제에 일대 의혹에 걸리고 있으므로 과거에도 그런 환생하는 일이 역사적으로 많이 있지만, 이조 때 있었던 일을 한 귀절 이용하여 여러 사람이 의혹을 풀어 주기 위한 것이다.

相逢誰問還家路 상봉수문환가로
山自高兮水自深 산자고혜수자심

서로 만나서 누가 집으로 돌아가는 길을 묻는가
산은 절로 높고 물도 절로 깊네

경봉대사께서,
할(喝)! 일할 하고 법좌에서 내려오시다.

불이중도

不二中道, 진공묘유중도

석가여래께서 깨달으신 진리 실상의 내용은 무엇일까? 말로 표현할 수는 없지만 굳이 표현하면 불이중도(不二中道)라고 할 수 있다.

이는 분별상(二分, duality)을 벗어나 구하는 바가 없는 마음으로 둘이 아닌 절대하나이다.

이를 사람들은 마음이니, 여래니, 도니, 진아(얼나)니, 무아연기(無我緣起)니, 순수의식이니, 하느님이니, 진여니, 절대자니, 초월자니 하고 부른다.

이변중도(離辺中道)라고도 한다. 이분법의 양변을 떠난 가운데 길이다.

유무·생사·고락·좌우·남녀·밤낮·명암 등 양변을 여의고, 늘 적중(的中)자리에 있는 것이라고 할 수 있다. 분별이 끊어진 자리이다.

실례를 벽시계의 시계추로 들어보자.

시계추(시계불알)가 길게 드리운 벽시계를 보면, 태엽이 감겨 있을 때는 시계가 살아서 시계불알이 왔다갔다 한다. 그러나 시계불알이 벽시계의 양변에 닿으면 벽시계는 죽은 것이고, 시계불알이 중앙에 늘 서 있는 것도 죽은 것이다.

살아있는 벽시계의 시계불알은 양변을 여읜 채 그때 그때 맞춰서 오가는 것의 적중(的中)이 중도라 할 것이다. 고장 나지 않은 살아있는 벽시계이다.

현성공안(現成公案)과 같다.

석가여래 뒤 최대의 보살인 나가르쥬나(용수보살)는 8불중도를 얘기했다.

8불중도는 아닐 불(不)이 8개 들어 있는 것으로 불생불멸(不生不滅), 불거불래(不去不來), 불일불이(不一不異), 불상부단(不常不斷)이다. 생하거나 멸함이 없고, 오감이 없으며, 하나도 아니고 다른 것도 아니고, 늘 쌍도 아니고 끊어지는 것도 아닌 것이 중도라는 것이다.

우리가 한 생각 내기 전 자리가 중도의 자리이며, 생각을 내어 2분법 세계를 만들고 분별식으로 분별상에 집착하고 취사선택하면, 애증·호오 등으로 번뇌망상이 죽 끓듯 하게 된다.

그러므로 2분법이나 대법(対法, A와 非A, 空色, 明暗, 有無)을 통째로 버리면, 생각을 쉬면, 중도에 이르게 된다. 손바닥이나 손등이 아니라, 통째로 손전체이다.

중도실상을 진공묘유중도(眞空妙有中道)라고도 한다.

공은 비었으나 비존재가 아니며(非非存在) 허공에 불가사의로 묘한 것이 있는 바, 이는 허공에 불가사의로 묘한 것이 있으며, 이는 찰라생·찰라멸하고, 주재자 없이 인연따라 연생연멸(緣生緣滅)하고 환생환멸하나 상속이 있으니, 결국 불생불멸의 중도인 것이다.

진공묘유중도에서 진공은 하늘처럼 텅빈 허공이다. 그런데 진공(眞空)은 만공(滿空)으로서 하늘처럼 텅빈 충만을 뜻하기도 하며, 활공(活空)으로서 활발발한 공을 말하기도 한다. 이는 곧 활불(活佛)이라고도 할 수 있다.

불교에서는 공을 18(空)으로 설명하는데, 그 실상인 공에 대하여 대품반야경과 대집경에 자세히 나와 있어 살펴본다. 수보리가 질문한 것에 부처님께서 답하신 것이다.

1) 내공(內空) : 6근의 공함.

2) 외공(外空) : 6경의 공함.

3) 내외공(內外空) : 인아도 법아도 공함.

4) 공공(空空) : 18계가 공한데 그 공도 또한 공함.

5) 대공(大空) : 10방과 지수화풍 4대가 공함.

6) 제일의공(第一義空) : 열반은 중도실상의 공임.

7) 유위공(有爲空) : 3계는 인연소생이며 공함.

8) 무위공(無爲空) : 무생·무주·무멸의 무위법도 공함.

9) 필경공(畢竟空) : 자성이 4구백비적 필경 공함.

10) 무시공(無始空) : 온 곳을 알 수 없는 시작 없음도 공함.

11) 산공(散空) : 일체 만물이 생멸하여 단상이 없고 미진으로 산재함.

12) 성공(性空) : 일체 만물은 인연가화합에 의하므로, 그 실성이 공함.

13) 자상공(自相空) : 오온의 모든 법의 생멸상이 스스로 공함.

14) 제법공(諸法空) : 18처 모든 법이 항존성 없고, 모두 공적으로 돌아감.

15) 불가득공(不可得空) : '공'은 불가사의 하여 소유할 수 없는 것임.

16) 무법공(無法空) : 법이 없는 것도 공하여, 자성이 단상이 없음.

17) 유법공(有法空) : 성상이 있는 유법이 공한데, 단상이 없이 그 자성이 공함.

18) 무법유법공(無法有法空) : 있는 생긴 법과 없는 소멸법이 함께 공하고, 과거 · 미래 · 현재의 법이 공함.

묘유(妙有)는 말로 표현할 수 없는 존재인데, 모든 존재는 찰라생 찰라멸이고, 연생연멸이며, 환생환멸(幻生幻滅)이며, 결국 불생불멸이라고 할 수 있다.

결국 적멸이요, 적광이며, 열반이다. 성성적적, 적적성성, 휴식충만 깨어 있음이다.

그러므로 진공이 묘유고, 묘유가 중도라고 할 수 있다.

진공묘유중도를 간략히 잘 표현한 불교경전의 심장부가 심경(心經, 마음경)이다. 흔히 반야심경이라 불린다. 이를 살펴보자.

심경(心經)

거룩한 관세음보살이, 깊은 도항지혜(渡航智慧)를 행할 때, 다섯 쌓임(구성요소)이 모두 빈(空) 것을 비추어 보고, 온갖 고액을 멸하라.

사리자여, 물질(色)이 공과 다르지 않고, 공이 물질과 다르지 않으며, 물질이 곧 공이요, 공이 곧 물질이니, 느낌·생각함과 행동 의식도 그러하니라.

사리자여, 이 모든 존재의 공한 모양(실체없음)은 나지도 없어지지도 않으며, 더럽지도 깨끗하지도 않으며, 늘지도 줄지도 않느니라.

그러므로, 공 가운데는 물질도 없고, 느낌·생각함과 행동 의식도 없으며, 눈·귀·코·혀·몸과 뜻도 없으며, 모습(色)·소리·냄새·맛 닿임과 법도 없으며, 눈에서 의식의 경계까지도 없으며, 무영에서 무명의 다함도 없으며, 늙고 죽음도 없고, 또 늙고 죽음의 다함까지도 없으며, 고집멸도(苦集滅道)가 없으며, 지혜도 얻음도 없느니라.

얻을 것이 없는 까닭에, 보살은, 도항지혜를 의지하므로, 마음에 걸림이 없고, 걸림이 없으므로, 두려움이 없어서, 뒤바뀐 헛된 생각을 아주 떠나, 완전한 열반에 들어가며, 과거 현재 미래의 모든 부처님도, 도항지혜를 의지하므로, 최고의 깨달음을 얻느니라.

그러므로 알아라, 도항지혜는 가장 신비한 주문이며, 가장 밝은 주문이며, 가장 높은 주문이며, 무엇과도 견줄 수 없는 주문이니, 온갖 괴로움을 없애고 열반은 진실하여 허망하지 않다.

그러므로 도항지혜의 주문을 말하니, 곧 이러하니라.

가세 가세 바라가세 바라승(화합중 모두)가세 보기(깨달음) 스바하(원만성
취·해조음·스바하 = 쓰와하 = 쌰 = suaha 3회)」

왕사성 기사굴산에서 관세음보살이 말이 끝나자 석가세존께서는 광
대심심삼매에서 나오시어 관세음보살을 찬탄하셨다.

우리가 세상을 살아가는 데, 견성을 했다 하더라도(석가모니 같이 돈
오돈수의 경우는 제외) 성불하기 전에는 우리는 중생불(衆生佛)이다. 보
디사트바(Bodhi-Sattva, 보살)이다.

실제로 우리는 본각의 자리에 있을 때도 있으나, 분별심이 작동하여
분별식으로 세상살이 염법훈습(染法薰習)도 하고, 무분별지(無分別智)
로 정법훈습(淨法薰習)의 길도 가야 한다.

여기에 이이불이(二而不二, 둘이 되 둘이 아닌 길)의 길이 있다. 분별식
에 집착하지 않으면, 번뇌 즉 보리이니 둘이되 둘이 아닌 불이(不二)인
것이다.

이것이 조화(調和, harmony)의 길이요, 평화(peace, 자유·평등이 조화된
平和)의 길이기도 하다.

고려말의 나옹 화상(BCE 1320~1376, 인도인 지공 화상의 제자요, 무학
대사의 스승)은 후학들을 위해 다음과 같은 선시를 남겼다.

"청산은 나를 보고 말없이 살라 하고

창공은 나를 보고 티없이 살라 하네

탐욕도 벗어놓고, 성냄도 벗어놓고

물같이 바람같이 살다가 가라 하네…"

부처님 법은 단순하고 명백하며 깊다고 할 수 있다.

불이법문(不二法門)

불이법문(不二法門)으로 유명한 분이며, 전생의 금속(金粟)여래로 알려진 석가여래 당시에 사셨던 유마거사는 중국의 방거사와 한국의 부설거사와 함께 세계 3대거사로 불리는데, 『유마힐 소설경』을 남기셨다.

석가여래께서 유마힐거사가 병이 들자 문수보살을 비롯한 제보살과 상수제자로 문병을 가라고 했는데, 아무도 감당할 이가 없어 부처님 명으로 최종적으로 문수보살이 8천 보살과 5백 성문, 백천 천인들에 둘러싸여 바이샬리성으로 가서 유마힐 거사를 문병하고 나눈 불이법문을 보기로 하자.

불이(不二)법문의 핵심이다.

문수사리보살과 유마힐거사는 무상, 무주, 열반과 대각을 위한 37조도품에 대해 법거량하고 생사문제로 넘어갔다.

문수보살은 유마힐거사에게 물었다.

「보살이 생사에 두려움이 있으면 무엇을 의지하여야 합니까?」

「보살이 생사에 두려움이 있으면, 마땅히 '여래'의 공덕의 힘을 의지해야 합니다.」

「보살이 '여래'의 공덕의 힘을 의지하려면 어디에 머물러야 합니까?」

「보살이 '여래'의 공덕의 힘에 머물고자 하면 마땅히 일체 중생을 도탈시키는 데에 머물러야 합니다.」

「중생을 도탈시키려면 무엇을 없애야 합니까?」

「중생을 도탈시키려면 번뇌를 없애야 합니다.」

「번뇌를 없애려면 무엇을 행해야 합니까?」

「바른 생각을 행해야 합니다.」

「어떻게 바른 생각을 합니까?」

「불생불멸을 행해야 합니다.」

「어느 법을 불생하게 하며, 어느 법을 불멸하게 합니까?」

「불선법(不善法)을 나지 않게 하고, 선법(善法)을 멸하지 않게 해야 합니다.」

「선과 불선에 어떤 것으로 근본을 삼습니까?」

「몸으로 근본을 삼습니다.」

「몸은 무엇으로 근본을 삼습니까?」

「욕심 · 탐심으로 근본을 삼습니다.」

「욕심 · 탐심은 무엇으로 근본을 삼습니까?」

「허망 분별로 근본을 삼습니다.」

「허망 분별은 무엇으로 근본을 삼습니까?」

「거꾸로 된 생각으로 근본을 삼습니다.」

「거꾸로 된 생각은 무엇으로 근본을 삼습니까?」

「주착(住着)이 없는 것으로 근본을 삼습니다.」

「주착이 없는 것은 무엇으로 근본을 삼습니까?」

「주착이 없는 것은 근본이 없습니다. '문수사리'여, 주착이 없는 근본으로부터 일체 법을 세우는 것입니다.」

그때에 '유마힐'은 불이법으로 넘어가 여러 보살들에게 말했다.

「어진이들이여, 어떤 것을 보살이 둘 아닌 법문(不二)에 들어가는 것이라 하는지, 각각 생각한 대로 말씀해 보시요.」

그래서 회중에 있는 보살들은 각각 자기의 뜻에 있는 대로 말하였다.

- 법자재보살

「나고 없어지는 것은 두 가지인데 법은 본래에도 나지 않고 지금에도 멸하지 않으니, 이 무생법인(無生法忍)을 얻으면 그것이 불이법문에 들어가는 것입니다.」

- 덕수보살

「나와 내 것이 두 가지인데 나가 있으므로 내 것이 있습니다. 만일 나가 없으면 내것이 없으리니, 그것이 불이법문에 들어가는 것입니다.」

- 불순보살

「받는 것과 받지 않는 것이 두 가지인데, 만일 법을 받지 않으면 얻을 것이 없을 것이요, 얻을 것이 없으면 취할 것도 없고 버릴 것도 없으며, 지을 것도 없고 행할 것도 없으리니, 그것이 불이법문에 들어가는 것입니다.」

- 덕정보살

「때 끼임과 조촐한 것이 두 가지인데, 만일 때의 참다운 성질을 보면 조촐한 상(相)이 없어 멸한 상(滅相)에 순(順)할 것이니, 그것이 불이법문에 들어가는 것입니다.」

- 선숙보살

「움직임(動)과 생각(念)이 두 가지인데, 움직이지 않으면 생각이 없고, 생각이 없으면 분별이 없으리니, 이것을 통달하는 것이 불이법문에 들어가는 것입니다.」

- 선안보살

「한 상(相)과 상 없음이 두 가지인데, 한 상을 알면 곧 상이 없음이요, 또한 상 없음도 취하지 않는 것이 불이법문에 들어가는 것입니다.」

- 묘비보살

「보살 마음과 '성문' 마음이 두 가지인데, 마음 상(相)이 공하여 환화(幻

化)와 같은 줄로 관하면, 보살 마음도 없고 '성문' 마음도 없으리니, 그것이 불이법문에 들어가는 것입니다.」

• 불사보살

「선(善)과 불선이 두 가지인데, 만일 선과 불선을 일으키지 아니하면, 상이 없는 지경에 들어갈 것이니, 그것이 불이법문에 들어가는 것입니다.」

• 사자보살

「죄와 복이 두 가지인데, 만일 죄의 성(性)을 밝게 알면 복과 더불어 다를 것이 없으니, 금강혜(金剛慧)로써 이 상을 결정하여, 묶임도 없고 풀림도 없으면, 그것이 불이법문에 들어가는 것입니다.」

• 사자의보살

「유루와 무루가 두 가지인데, 만일 모든 법의 평등을 얻으면, 유루와 무루의 상(相)이 일어나지 아니하여, 상에도 착하지 않고 또 무상에도 머물지 않을 것이니, 그것이 불이법문에 들어가는 것입니다.」

• 정해보살

「유위와 무위가 두 가지인데, 만일 일체 수(數)를 여의면 마음이 허공과 같을 것이니, 청정한 지혜로써 걸리는 것이 없으면, 그것이 불이법문에 들어가는 것입니다.」

- 나라연보살

「세간과 출세간이 두 가지인데, 세간성(性)이 공하면 곧 이 출세간이라, 그 중에서 들어가지도 않고 나오지도 않으며, 넘치지도 않고 흩어지지도 않으면, 그것이 불이법문에 들어가는 것입니다.」

- 선의보살

「생사와 열반이 두 가지인데, 만일 생사의 성(性)을 보면 곧 생사가 없습니다. 묶임도 없고 풀림도 없으며, 생도 없고 멸도 없으면, 그것이 불이법문에 들어가는 것입니다.」

- 현견보살

「다함과 다하지 않음이 두 가지인데, 법이 구경(究竟)에 다하면 다하지 않음과 같아서, 모두가 다함이 없는 상(相)이라 다함이 없는 상은 곧 공이요, 공하면 다함과 다함이 없는 상이 없으니, 그것이 불이법문에 들어가는 것입니다.」

- 보수보살

「'나'와 '나없음'은 두 가지인데 '나'도 오히려 얻을 수 없거든 '나없음'을 어떻게 얻을 것인가? '나'의 실성을 보면 두 가지가 다 나지 않을 것이니, 그것이 불이법문에 들어가는 것입니다.」

- 전천보살

「명(明)과 무명(無明)이 두 가지인데, 무명의 실성(實性)은 곧 명이요, 명도 또한 취할 수 없어서 일체 수(數)를 여의었으니, 그 중에서 평등하여 두 가지가 없는 것이 불이법문에 들어가는 것입니다.」

- 희견보살

「색(色)과 색의 공한 것이 두 가지인데, 색은 곧 공이라, 색을 멸해서 공이 된 것이 아니요, 색의 성(性)이 스스로 공한 것이다. 이와 같이 수(受) · 상(相) · 행(行)과 및 식(識)과 식의 공한 것이 두 가지인데, 식은 곧 공이라 통달하면 그것이 불이법문에 들어가는 것입니다.」

- 명상보살

「4종의 다름(異)과 공(空)종의 다름이 두 가지인데, '4종'의 성은 곧 공의 성이라 전제(前際) · 후제(後際)가 공하므로 중제(中際)도 또한 공이라, 만일 이렇게 모든 종성(種性)을 알면, 그것이 불이법문에 들어가는 것입니다.」

- 묘의보살

「눈과 빛깔이 두 가지인데, 만일 눈의 성(性)을 알아서, 색에 탐하지도 않고 성내지도 않으며 어리석지도 않으면 그것이 '적멸'입니다. 이와 같이 귀와 소리, 코와 향기, 혀와 맛, 몸과 촉(觸), 뜻과 법이 두 가지인데, 만일 뜻의 성을 알아서, 법에 탐하지도 않고 성내지도 않으며 어리석지도 않으면, 그것도 적멸이니, 이 둘 가운데에 편안히 머물면 그것이 불이법문에 들어가는 것입니다.」

• 무진의보살

「보시와 일체지로 회향(廻向)하는 것이 두 가지인데, '보시'의 성은 곧 일체지로 회향하는 성(性)입니다. 이와 같이 지계 · 인욕 · 정진 · 선정 · 지혜가 모두 일체지로 회향함과 두 가지인데, 지혜의 성은 곧 일체지로 회향하는 성이라, 그 중에서 한 상(相)으로 들어가면 그것이 불이법문에 들어가는 것입니다.」

• 심혜보살

「공(空)과 무상(無相)과 무작(無作)이 두 가지인데, 공이 곧 무상이요, 곧 무작이라, 만일 공 · 무상 · 무작이면 심(心) · 의(意) · 식(識)이 없어서 1 해탈문은 곧 3 해탈문이니, 이것이 불이법문에 들어가는 것입니다.」

• 적근보살

「불과 법과 승이 세 가지인데, 불이 곧 법이요 법이 곧 승이라, 이 3보는 모두 무위의 상(相)이어서 허공과 같으며, 일체 법도 또한 그러하니, 능히 이 행(行)을 따르면, 그것이 불이법문에 들어가는 것입니다.」

• 심무애보살

「몸의 멸(滅)이 두 가지인데, 몸이 곧 몸의 멸입니다. 왜냐하면, 몸의 실상을 보는 자는 몸과 및 몸의 멸에 소견을 일으키지 아니하여, 몸과 몸의 멸이 둘이 없고 분별이 없으리니, 그 중에서 놀라지도 않고 두려워하지도 아니하면, 그것이 불이법문에 들어가는 것입니다.」

• 상선보살

「몸과 말과 뜻과 선(善)이 두 가지인데, 이 3업은 모두 무작의 상이라, 몸의 무작상은 곧 말의 무작상이요, 말의 무작상은 곧 뜻의 무작상이니, 이 3업의 무작상은 곧 일체 법의 무작상입니다. 능히 이렇게 무작의 혜(慧)를 따르면, 그것이 불이법문에 들어가는 것입니다.」

• 복전보살

「복의 행(行)과 죄의 행과 부동(不動)의 행이 두 가지인데, 3행의 실성(實性)은 즉시 공이라, 공하면 복의 행도 없고 죄의 행도 없으며, 부동의 행도 없으니, 이 3행이 일어나지 않으면, 그것이 불이법문에 들어가는 것입니다.」

• 화엄보살

「나로부터 두 법이 일어나는 것이 두 가지인데, ‘나’의 실상을 보면 두 법이 일어나지 않을 것이요, 만일 두 법에 머물지 아니하면 식(識)도 없고 식의 대상(所識)도 없으니, 그것이 불이법문에 들어가는 것입니다.」

- 덕장보살

「얻는 바의 상(相)이 있으면 두 가지가 된다. 만일 얻는 바가 없으면 취함(取)도 버림(捨)도 없고, 취함과 버림이 없으면, 그것이 불이법문에 들어가는 것입니다.」

- 월상보살

「어둠과 밝은 것이 두 가지인데, 어두움이 없으면 밝은 것도 없어서 두 가지가 다 없습니다. 왜냐 하면, 만일 멸수상정(滅受想定)에 들어가면 어둠도 없고 밝음도 없으니, 일체 상이 모두 그러합니다. 그 가운데 평등하게 들어가면, 그것이 불이법문에 들어가는 것입니다.」

- 보인수보살

「열반을 즐기는 것과 세간을 즐기지 않는 것이 두 가지인데, 만일 열반도 즐기지 않고, 세간도 싫어하지 아니하면, 두 가지가 다 없습니다. 무슨 까닭인가 하면, 만일 묶음이 있으면 끄름이 있지마는, 본래 묶음이 없으면 끄름을 구할 것도 없습니다. 묶음도 없고 끄름도 없으면 즐거움도 싫음도 없을 것이니, 그것이 불이법문에 들어가는 것입니다.」

- 주정왕보살

「정도(正道)와 사도(邪道)가 두 가지인데, 정도에 머무는 자는 사도·정도를 분별하지 아니합니다. 이 두 가지를 여의면, 그것이 불이법문에 들어가는 것입니다.」

• 낙실보살

「실(實)과 불실(不實)이 두 가지인데, 실답게 보는 자는 실도 오히려 보지 않거니 하물며 불실이랴. 무슨 까닭인가? 그것은 육안(肉眼)으로 보는 것이 아니요, 혜안(慧眼)으로야 보는 것이니, 이 혜안은 보는 것도 없고 보지 않는 것도 없습니다. 그것이 불이법문에 들어가는 것입니다.」

이렇게 모든 보살이 각각 말한 다음에, '문수보살'에게 어떤 것이 보살의 불이법문에 들어가는 것이냐고 물었다.

'문수사리'는 대답했다.
「내 생각으로는, 일체 법에는 언설도 없고 보일 것도 없고 알 것도 없어서, 모든 문답을 여읜 것이 불이법문에 들아가는 겁입니다.」
그리고 '문수사리'는 '유마힐'에게 물었다.
「우리들은 각각 스스로 말했거니와, 인자(仁者)도 말하시오. 어떤 것이 불이법문에 들어가는 것입니까?」

그때에 '유마힐'은 잠자코 말이 없었다.(良久)

'문수사리'는 칭찬했다.
「장하고 장하다! 여기는 문자도 언어도 없으니, 이것이 참으로 불이법문에 들어가는 것이다!」
이 둘 아닌 법문을 설할 때에, 대중 중에 5천 보살이 모두 불이법문에 들어가 무생법인(無生法忍)을 얻었다.

유마힐경과 함께 거사(남녀)불교 2대 경전은 승만(부인)경이다. 본 이름은 승만사자후 일승 대방편방광경이다.

석가세존 당시에 승만(Srimala)은 사위국 파사익 왕과 말리카 왕비사이의 딸로, 아유타국 우칭왕의 왕비가 된 재가불자이다.

최고 여성 불자의 모델인 그녀는 석가세존으로부터 부처가 될 것이라는 수기를 받았다.

승만경은 석가세존께 자기 사상을 여쭙고, 세존께서 기쁘게 받아들인 것이 경의 내용이다.

그 근본은 여래장(如來藏) 사상이다. 모든 현상계의 사물은 진여에 섭수돼 있으므로 여래장이라 한다.

진여가 미혹계의 사물로 바뀌어 표현될 때는 그 상(相)이 성(性)이 나왔으므로, 그 본성인 여래의 덕이 번뇌망상에 덮이게 됨으로 여래장이라고 하고, 현상계의 진여는 그 덕이 감춰져 있더라도 없어진 것이 아니고, 중생이 여래성덕을 함장했으므로 여래장이라 하며, 이것은 또 어머니가 자식을 잉태한 것처럼 불자의 씨를 함장하고 있으므로 여래장이라 한다.

또 유식론에서는 제8알라야식이 제9식인 아말라식(청정무구식)을 함장하고 있으므로 여래장이라 불리운다. 여기의 함장에는 능섭·소섭·음부의 세 뜻이 포함된다.

승만부인은 견성성불제중을 위하여 10대원을 발하는데, 적극적인 자세를 지니고서, 깨달음에 이를 때까지 재물을 모으지 않고, 자신의 생명과 전 재산을 바쳐 정법을 지키면서 중생을 위하겠다는 맹세 등으로 채워졌다.

우리는 어떻게 살다 가나?

행복한 생사

우리의 본체는 절대 불이(不二)의 한마음이고, 제 현상은 그것의 표현인 앎(識)의 작용인바, 이 식(識)은 무명행(無明行)의 반연으로 생겨난 것임을 알아 보았다.

식 가운데 분별식(分別識)으로 인해 이름과 물체가 생겨났으며, 우리는 연기에 따른 2분법(二分法)인 분별상에 끌려가 집착하고 취사선택하여, 인연가화합으로 된 습업적(習業的)인 '나'가 대립 갈등으로 고해에서 헤매고 있는 것이다.

우리의 본체는 여여한 부처(佛)이며(無分別智) 분별식이 작용하여 거기 따라가면서, 세간생활을 하는 우리는 중생(衆生)이므로, 결국 우리는 중생불(衆生佛, 보살)인 것이다.

그러므로 우리는 분별식 생각을 멈춰보면 깨닫고, 마음을 비우면 부처자리가 된다.

그러면 견성이 되기 전에는 보통사람들은 어떻게 살다가 가야 되는가?

중국의 병법대가 손무(孫武)는 진정한 장수는 싸움을 시작하고 이기려 하는 게 아니고, 마음속으로 이겨 놓고 싸운다고 한다. 그것은 전쟁승리의 필요충분조건을 갖춰 이길 수 밖에 없게 하고, 전쟁을 시작한다는 것이다(손자병법).

살기 다툼에서 우선 이기게 하면서 견성성불의 길로 가야한다고 본다.

사람은 우리가 다 아는 바와 같이 공수래 공수거(空手來 空手去)라고 한다. 빈손으로 왔다가 복잡살이 하고 죽을 때는 빈손으로 간다는 것이다. 그럼에도 인간은 행복하게 살다가 행복하게 가기를 바란다(Well being–dying). 그럴려면 심기신(心氣身)이 건강하고 현실적 삶의 고통을 극복하는 일이 필요하다고 생각한다. 존재성상(存在性相)을 따로 나눠볼 때, 성으로는 일체가 부처이나, 상으로는 만중원적이니, 조고각하(照顧脚下,다리 밑을 비추어봄) 하고, 지금여기 보보경심(步步驚心,한발한발 경계하며 걸음)해야 한다.

행복에 이르는 생활의 지혜와 고통 극복 방법을 알아보자.

세계 3대 영웅(알렉산더, 징기스칸, 나폴레옹) 중의 한명인 알렉산더 대왕은 희랍을 비롯한 유럽 · 에집트를 비롯한 아프리카에 이어 아시아의 페르샤·터키·인도까지 정복하고, 인더스강을 건넜다.

그때 알렉산더는 피비린내 나는 전쟁의 소란 속에서, 고요히 나무 밑에 앉아 평안함을 누리는 수행승을 보고, 신하에게 명했다. "저 나무 밑에 앉아 있는 이가 누구인지를 알아보아라."

그 신하가 달려가서 무엇 하는 사람인지를 물었고, 수행승은 반문했다.

"왜 묻는 거요?"

"알렉산더 대왕께서 알아오라고 하였다."

"궁금하면, 직접 와서 물어볼 일이요."

그 수행승은 다시 고요함 속으로 젖어들었다.

알렉산더 대왕은 신하의 보고를 받고 묘한 매력을 느껴 그 수행승 곁으로 다가갔다.

"이 소란한 전쟁터에서 무엇을 하기에 그리 평안해 보이십니까?"

"당신은 누구십니까?"

"그리스 왕 알렉산더입니다"

"그건 이름이고, 그렇게 물을 줄 아는 자는 누구입니까?"

그 질문에 알렉산더 대왕은 말이 막혔고, 말로 표현할 수 없는 충격과 감동을 받았다.

알렉산더 대왕은 그후에 스승인 그리스의 아리스토텔레스의 부탁을 받고, 인도에서 최고의 선사를 모시고 가려 했으나, 그 고승의 거부로 실패하기도 했다.

알렉산더는 나무 밑 수행자를 보고 수년 후 임종을 맞아 그때 그 일을 돌아보며 유언을 남겼다.

"그때 나는 참으로 큰 어떤 것을 보았다. 권력과 돈과 명예가 별것이냐! 내가 가져갈 수 있는 것은 아무것도 없다. 내가 죽거든 두 손을 관 밖으로 내어놓아라, 천하를 정복했던 나 알렉산더도 죽을 때는 빈손으로 간다는 것을 보여주어라"

알렉산더 대왕의 공수래 공수거요, 한바탕 본 꿈인 일장춘몽이었다.

우리는 고해 속에서 행복하게 살고 행복하게 죽기를 바란다. 그러나 알렉산더 대왕도 그렇듯이 우리도 일체가 일장춘몽인 것이다.

그런데 우리 현실은 어떠한가?

인생을 기쁨과 만족으로 행복하게 살다가 행복하게 죽은 사람도 있겠지만, 인류 약 70억 중 많은 분의 인간살이가 현실적 고통과 질병, 번뇌망상, 싸움, 대립갈등의 문제로 행복하지 않거나, 불행하다고 생각하는 분이 많으리라 생각된다.

인생살이가 행복하지 못한 그 원인은 도대체 어디에 있을까?

첫째는 "나는 누구인가? (난 누구? 이 뭐꼬? 是甚麽시심마, Who am I? What is this?)를 모르기 때문이요, 둘째는 습업화된 분별지(分別知)로 이분법(二分法)에 빠져 분별 · 판단 · 선택 · 집착 · 애증에서 허우적거리기 때문이다.

셋째는 타고난 성질 · 장애 · 사고도 있지만, 후천적으로 지나친 욕망 · 잘못된 습관 · 고정관념 등이다. 적절한 욕망이나 욕심은 생명력의 표현으로 힘찬 삶을 누리는 데 요긴하나, 지나친 욕망은 패가망신을 가져온다. 지나친 욕심을 버리고 소욕지족(少欲知足)해야 한다. 욕심을 줄여 만족한 삶을 살아야 한다. 잘못된 나쁜 습관은 인생을 망가뜨리는데, 지나친 술·담배를 포함하여, 습관적 마약·도박·도적질·살인 등이 그런 예라 할 수 있다. 나쁜 습관은 크게 결심하여 단박 버려야 한다.

고정관념은 착각에 기초한 이분법(duality)적 관념이 굳어져 생각의 유연성이 없어지고 대립갈등과 분쟁을 가져온다. 특히 고정관념이 종교를 내세우고 맹신이나 광신을 바탕으로 형성되었을 때는 사람이 배타성이 생겨 스스로 생각하고 판단할 수 있는 인격의 자주성이 없어져, 사실상 노예의 삶을 살고, 사회를 어둡게 한다.

그러한 여러 원인을 압축해 보면, 근본적인 원인은 생사(生死)의 문제라고 할 수 있다.

특히 죽음의 문제가 인류역사상 불안과 공포의 바탕으로 사람을 편안치 않고 고통스럽게 해왔다. 죽지 않는 사람은 없었다. 사람은 생노병사의 과정을 거치기에 인류는 그런 공포의 근원이 되어온 죽음을 면하고자, 불노초를 구하거나, 선단약 등 불사약을 만들거나, 불노장생술을 연마하기도 했고, 최근에는 생명과학의 발달로 인간복제에 나서기도 한다.

인간은 또 생사문제를 벗어나고자, 착하고 전지전능한 절대 신(神)을 개념적으로 만들어내고, 그것을 종교화하며 거기에 의존하여 해결하고자 하기도 한다.

그것은 결국 우주와 내가 하나인 것을 계합, 체험하는 견성성불의 길만이 해탈의 길이 될 것이다.

보통사람들의 고해에서의 해탈길을 법화경 '약왕보살 본사품'은 난행고행, 낙습고행, 이신공양으로 제시하고 있다.

난행고행(難行苦行)은 하기 어려운 고행을 하는 것이다. 어떤 기원을 세우고 철야기도를 한다던지, 하기 어려운 원망을 용서하여 해원하던지 깊은 자기 참회를 하며 은혜를 철저히 갚는 보은을 하여 상생의 길을 가는 것이다.

낙습고행(樂習苦行)은 하기 어려운 고행을 자꾸 하고 즐겨 하면, 이는 괴로움을 극복한 낙습(樂習)이 되어 해탈의 나루터에 도착한 것이다.

이신공양(以身供養)은 낙습고행을 통해 온 해탈의 나루터에서 배에 온몸을 싣고 저쪽 강 언덕으로 가게 모든 걸 님에게 맡기는 것이다.

세상을 살다보면 고통이나 좌절·공황장애·자폐증 등으로 절망에 이를 수 있다. 인생에 최악은 없다. 행복의 문이 닫히면, 다른 문이 열린다. 그런데 대부분은 닫힌 문만 본다. 다른 문을 돌아보라. 어느 경우에나 인간에겐 견성성불이라는 희망이 있다.

우리들이 실제 생활에서 큰 기준이 되는 것이 보왕삼매론(원말 명초 선승 묘협 지음. 보왕삼매염불직지서문)인 바, 다음을 깊이 새겨 보아야 한다.

보왕삼매론(寶王三昧論)

① 몸에 병 없기를 바라지 말라. 몸에 병이 없으면 탐욕이 생기기 쉽다. 그래서 성인이 말씀하시기를 「병고로써 양약을 삼으라」하셨느니라.

② 세상살이에 곤란 없기를 바라지 말라. 세상살이에 곤란이 없으면 제 잘난 체하는 마음과 사치한 마음이 일어난다. 그래서 성인이 말씀하시기를 「근심과 곤란으로써 세상을 살아가라」하셨느니라.

③ 공부하는 데 마음에 장애 없기를 바라지 말라. 마음에 장애가 없으면 배우는 것이 넘치게 된다. 그래서 성인이 말씀하시기를 「장애 속에서 해탈을 얻으라」하셨느니라.

④ 수행하는 데에 마(魔) 없기를 바라지 말라. 수행하는 데에 마가 없으면 서원이 굳건해지지 못한다. 그래서 성인이 말씀하시기를 「모든 마군으로써 수행을 도와주는 벗을 삼으라」고 하셨느니라.

⑤ 일을 계획하되 쉽게 되기를 바라지 말라. 일이 쉽게 풀리면 뜻이 경솔해지기 쉽다. 그래서 성인이 말씀하시기를 「많은 세월을 두고 성취하라」하셨느니라.

⑥ 친구를 사귀되 내가 이롭기를 바라지 말라. 내가 이롭고자 한다면 의리를 상하게 된다. 그래서 성인이 말씀하시기를 「순결로써 사귐을 깊게 하라」하셨느니라.

⑦ 남이 내 뜻대로 순종해주기를 바라지 말라. 남이 내 뜻대로 순종해주면 마음이 스스로 교만해진다. 그래서 성인이 말씀하시기를 「내 뜻에 맞지 않는 사람들로 무리를 이루라」하셨느니라.

⑧ 공덕을 베풀 때에는 과보를 바라지 말라. 과보를 바라게 되면 불순한 생각이 움트게 된다. 그래서 성인이 말씀하시기를 「덕 베푼 것을 헌신처럼 버리라」하셨느니라.

⑨ 이익을 분에 넘치게 바라지 말라. 이익이 분에 넘치면 어리석은 마음이 생기기 쉽다. 그래서 성인이 말씀하시기를 「적은 이익으로써 부자가 되라」하셨느니라.

⑩ 억울함을 당할지라도 굳이 변명하려고 하지 말라. 억울함을 변명하다 보면 원망하는 마음을 돕게 된다. 그래서 성인이 말씀하시기를 「억울함을 당하는 것으로 수행의 문으로 삼으라」하셨느니라.

이와 같이 막히는 데서 도리어 트이는 것이요, 트임을 구하는 것이 도리어 막히는 결과를 낳는다. 그러므로 부처님께서는 많은 장애 가운데서 바른 깨달음을 이루셨다. 요즘 세상에 도를 배우는 사람들이 먼저 역경에서 견디어내지 못한다면, 어떤 장애에 부딪쳤을 때 그것을 이겨낼 수 없다. 그래서 마침내는 법왕의 큰 보배까지도 잃게 될 것이니 어찌 슬픈 일이 아니겠는가. 마음에 깊이 새겨 생활의 지혜로 삼아야 할 것이다.

구도자가 우선 할 일

사람이 우선 할 일은 생명체로서 심기신(心氣身)이 건강한 것이다. 사람에겐 심기신 건강법 즉, 완전한 건강법이 중요하다. 마음과 기운과 몸이 건강하여 우선 생각이 자유롭고 막히는 데가 없고, 마음이 새털처럼 경안(輕安, 가볍고 평안)한 것이다.

기운이 활발발하여 생명력이 약동하고 심신안팎으로 활기가 넘치는 것이다. 몸은 아픈 데가 없고 혈정(血精)이 심기(心氣)와 함께 원만하게 돌아가야 한다. 심기신이 건강한 것을 명심화기건강체(明心和氣健康躰)라고 부른다. 전인적 건강법이다. 출입식 참선이나, 단전호흡·기체조 등 여러 가지 방법을 채택하여 꾸준히 실천해야 한다. 한생명 상생에 이르는 기본인 것이다.

조오법(調五法)도 있다. 마음·기운·몸·식사·수면의 5가지를 조복 받아 조화롭게 되는 것을 말한다. 심기신이 조화로운 것이 조삼법이다.

부처님의 10호중에 조어장부(調御丈夫)가 있는데, 바로 완전한 조5법을 실천하는 분을 말한다.

심기신 수련 가운데, 기수련은 기운 공부로서 흔히 단전호흡이라 하는데, 단전에 의식을 두고 하는(意守丹田) 복식 호흡이다. 단전 중심부 위는 엄지손가락을 배꼽에 대고 수직으로 손바닥을 배에 댈 때 장심혈(掌心穴)이 닿는 곳이라고 할 수 있다. 기수련을 하면 단전에 열기가 생기고, 입에 단침이 고여 소화가 잘 된다.

기(氣)는 생명력(生命力)이고 생체에너지이며, 생명정보(生命情報, bioinformation)이고, 공(空)이며 장(場)이고 열전자파적(熱電磁波的) 생명력이라 할 수 있다. 그것은 프라나, 에텔, 플라즈마, 천지기운이라고도 한다.

우리나라 신선도 삼대 경전의 하나인 「삼일신고」에는 "기의명(氣依命), 유청탁(有淸濁), 청수탁요(淸壽濁妖)"라고 되어 있는데, 기는 생명에 의한 것인 바 청기와 탁기가 있고, 맑은 기운은 사람을 건강하고 오래 살게 하며 흐린 기운은 불건강하고 수명을 짧게 한다는 뜻이다. 우리는 단전호흡을 통하여 뱃심·뒷심·허리심을 강화시킬 수 있다.

어렸을 때 우리의 할머니나 어머니는 우리 배가 아프면 우리 배를 맷돌 돌리듯 쓰다듬으면서 "아기 배는 똥배, 엄마 손은 약손" 하면서 축기하고 치료해 주던 것이 기억난다.

마음 수련은 혼자 있을 때 하는 대표적 명상법으로 수식선(數息禪)이 있다.

사회생활에서는 역지사지 애인여기(愛人如己)이니, 역지사상생(易地思相生)이다. 그것은 가정생활이나 직장생활이나 어떤 사회생활을 할 때, 상대방 입장이 되어 그 사람을 자기처럼 사랑하는 한생명(一生命) 입장에 서는 것이다. 서로 살리는(相生) 것이다. 너도 살고, 나도 사는 사랑의 원리이다.

몸 공부는 기체조, 즉 기를 느끼며 하는 도인(導引) 체조다. 마사지를 하여 스트레스를 풀고, 기운을 축적하고 운용하는 운동이며, 아기 재롱을 휘한 신선도 10행, 즉 부라부라 · 도리도리 · 곤지곤지 · 섬마섬마 · 짝짝궁 · 지암지암 · 어비어비 · 질라래비 훨훨 · 아함아함 · 시상시상 등이 그것이다.

우리나라에는 단군조선 이래 전해 내려오는 신선도 10행을 비롯하여 축기, 운기를 하는 약 1,700가지의 체조방법이 있다 한다.

다음은 조식(調食)이다.

사람의 생활은 대개 '마음먹기' 와 '음식먹기' 에 달렸다고 한다. 그만큼 사람의 식생활은 중요한데, 이는 식품(대개 땅에서 나므로, 地氣가 많음)을 통해서 지기(地氣)를 흡수하여 하늘에서 폐를 통해 들어오는 천기와 합쳐 화기를 이루기 때문이다. 조식은 식사를 조절하여 심신이 조화롭게 하는 것으로, 신선의 식사라 하여 선식(仙食)이라고도 한다.

일반적으로 식사를 할 때는 "이 밥이 올 때까지의 공덕을 생각하면,

먹기가 송구하다. 삼독(탐·진·치)을 멸하고 심기신 조화의 도업을 이루기 위하여 이 밥을 먹겠습니다"라는 감사기도를 하는 것이 좋다.

자연을 되찾고 자연을 회복하기 위한 전세계적인 운동은 자연생명에서 태어난 생명체의 본능적 욕구임에 당연하고도 필요한 당위적 행동이다. 가공식품을 즐겨 먹고 사는 현대문명사회에서는 병사나 사고사가 대부분이고, 노쇠한 나머지 죽음에 이르는 자연사는 보기 드물다. 자연에서 생하여 자연식을 하고 자연수(自然壽)를 향유하다가 자연사를 하는 것이 자연을 순종하는 건강자의 생활이다. 인류학자들의 조사에 의하면 동서고금을 통하여 세계적인 위인과 장수자들은 자연식을 주로 하고 있음이 밝혀졌다. 자연식은 생명식이다. 육식·다식이 아니고 곡식과 채소 위주의 소식이다.

자연식을 하는 사람은 통찰력이 청명하고 무병장수 한다는 것이다. 야생동물에는 질병이 없다. 그 이유는 자연의 법칙대로 자연수나 자연초를 자연식으로 생식하기 때문이다.

다음은 조면(調眠)이다.

잠이란 육체적·정신적 피로를 풀고 쉬는 무의식 상태라 할 수 있다.

잠은 인간의 세 가지 상태인 잠·꿈·깸 세 가지 상태 중 하나로 꿈과도 밀접히 연결돼 있다. 잠을 잘 조절하여 건강하고 활기 있으며, 더 나아가 깨달음을 얻는다면 금상첨화일 것이다

사람의 활동과 쉼에 따라 뇌파는 많은 변화를 한다. 깨어있을 때의

뇌파는 보통 초당 주파수가 14~21사이클로 β파(波)라 하고, 초당주파수가 7~14사이클을 α파라 하여 얕은 잠이나 꿈·명상 초기상태를 나타내며, 초당주파수가 4~7사이클을 θ파라 하여 중간 깊이 잠과 중간 정도 명상상태이고, 초당주파수가 3~0사이클을 δ파(波)라 하는데 깊은 잠과 같은 명상의 상태이다. 이 가운데, 뇌파가 O파인 경우는 죽음의 경우와 삼매(定, 無我)의 경우 두 가지가 있다. 삼매의 경우는 뇌파가 O파이지만 활짝 깨어 있는 것(restful alertness)이 죽은 상태와 다르다 하겠다.

잠은 알맞은 잠자리에서 편한 자세로 적정시간 α파 수준 이상의 깊은 수면이 충분하여야 한다. 잠자리는 장소·온도·습도·조도·수맥과 유해파 등이 없을 것, 고요한 주변환경 등 모든 면으로 자연스러우면서도 쾌적해야 하고, 베개를 베어 목뼈의 자연스런 상태를 유지하며, 자세는 머리를 밝은 쪽으로 두고, 큰대(大)자나, 모태에 있을 때 모양 등 너무 치우치지 않게 자기 편한대로 자세를 취하면 된다. 잠에 들기 전 누워서 잠이 오는 것을 관찰하고, 꿈이나 잠을 깰 때, 그 순간을 관찰하는 경우에 깨달음이 올 수도 있다.

속언에 재산과 권력을 잃는 것은 그것을 잃는 것으로 그치지만, 건강을 잃으면 모든 것을 잃는다고 한다. 건강을 잃으면, 생명을 잃게될 것이기 때문이다.

부처님께서는 이밖에 우선 구도자인 사람이 우선 할 일로 여러 가지

비유를 들어 방향을 제시해 주셨다.

사과의 비유, 독화살의 비유, 불난 집의 비유, 안수정등(岸樹井藤)의 비유 등이다.

사과의 비유는 사과를 알려면, 먹어보는 게 첩경이다. 사과의 의의·종류·모양·색깔·크기·생산지 등을 아무리 알아봐야 사과를 진실로 아는 게 아니다. 먹어봐야 확실히 안다. 밥도 먹어야 배가 부르다. 밥 소리를 수십 번·수백 번해도 배는 부르지 않는다. 물도 먹어봐야 찬지, 뜨거운지를 알지 먹어보지 않으면 모른다.

독화살의 비유는 우리의 삶이 무명의 독화살을 맞은 것과 같다는 전제 아래, 독화살을 맞았으면, 우선 독화살을 뽑아야 살 수 있다는 것이다.

독화살을 뽑지 않은 채, 독화살이란 무엇인가? 이 독화살은 어디서 날라왔나? 이 독화살은 누가 쏘았나? 화살에 묻은 독은 무엇인가? 독화살을 왜 쏘았나? 하고 차후 일을 생각하고 시간을 보내면 그 독으로 사람이 죽을 수가 있다.

부처님이 가르쳐준 비유의 또 하나는 불난 집의 비유(火宅喩, 화택유)로서 법화경 '비유품'에 나온다. 우리는 지금 불타는 집에 살고 있다는 비유이다.

법화경에는 구도자를 위하여 불난 집의 비유 등 7개의 비유가 있는데, 이를 법화칠유(法華七喩)라고 한다.

이를 보면 우선 장자궁자의 비유가 있다(신해품).

옛날 어느 곳에 잘사는 장자가 있었는데, 그 아들이 어쩌다가 멀리 떠나가서 궁하게 살았다. 그 궁자는 우연히 길을 가다가 그 장자를 보고, 훌륭해 보였으나, 겁을 먹고 멀리 달아 났다. 장자는 첫 눈에 그 궁자가 자기 아들임을 알아보고, 그 궁자의 실정에 맞춰 접근하고, 거름치는 일을 시키고 돈을 주다가 차음 집안일을 도맡아하게 하였다. 그 장자가 세상을 뜨기 전 관리와 부호 식구들, 하인들 모두 모인 자리에서 "이 궁자가 내 아들이니, 내 모든 재산을 물려주겠다"고 선언했다. 궁자가 아버지와 같은 장자가 된 것이다.

여기서 장자는 부처님, 궁자는 중생인 불자(佛子)를 가리킨다. 불자는 자라서 당연히 부처가 되는 것이다. 우리는 모두 불자이다.

다음엔 약초유(藥草喩 또는 3초2목의 비유)가 있다(약초유품).

이는 하늘에서 쪼이는 태양은 하나이고, 약초는 한 땅에서 나고, 내리는 비도 같이 내리지만, 나무나 풀은 자기 분수에 따라 물을 빨아들여 각기 생장하여 작은 약초·중 약초·큰 약초·작은 나무·큰 나무로 나뉜다.

사람은 부처의 자식이지만, 그 성장의 크기는 각자에 딸린 것이니, 지극한 정성으로 견성성불을 향해 끊임없이 정진할 일이다.

다음은 화성유(化城喩, 가짜성의 비유, 화성유품)이다.

이는 일단의 무리들이 아주 귀한 보물을 찾으러 진성(眞城)으로 향했는데, 도중에 힘이 들고 어려움이 많으니, 중간에 또 포기하자는 마음이 들기 시작했다. 이에 길라잡이가 방편으로 가짜로 화성을 만들어 푹 쉬게 하고, 배불리 먹이며 진성이 얼마 남지 않았으니, 다시 떠나자고 하여 결국 목적지에서 가장 귀한 보물을 얻게 한 것이다.

여기서 길라잡이는 부처님이나 선지식이요, 일단의 무리들은 중생인 불자들이다. 부처님을 믿고, 훌륭한 선지식이나 도반을 만나는 것이 중요하다.

다음은 의주유(衣珠喩, 옷 속의 보주, 5백 제자 수기품)이다.

이는 어떤 사람이 친구 집에 갔다가 술에 취해 누워 자는데, 주인 친구는 관청일로 떠나게 되는데, 그 전에 친구 옷 속에 무한한 가치의 보주를 옷 속에 꿰매어주고 갔다. 친구는 이를 알지 못하고 길을 떠나 갖은 고생을 하면서 변변치 못하게 군색한 살림을 살다가 옛 친구를 다시 만났다.

옛 친구는 "내가 편히 잘살게 하려고 무가보주를 옷 속에 매어주었는데, 이 어찌 가련하지 않으리요? 이제라도 보배주를 팔아서 살면 부족함이 없겠다"고 하였다. 이는 참된 진리는 인간의 내면에 있으니, 안으로 향하여 무상정등정각을 얻고 무여열반으로 나아가란 뜻이다.

다음은 계중명주유(髻中明珠喩, 상투에 꽂는 명월주 비유, 안락행품)이다.

큰 전쟁에 이긴 전륜성왕이 그 부하들의 공을 치하하려고 여러 가지

상을 주되, 가장 큰 공을 세운 장수에게는 상투 속에 꽂아두던 명월주를 상으로 주는 것이다.

여기서 전륜성왕은 여래로서, 그 동안 비밀 법장으로서 모든 경전의 왕인 법화경을 이제 인연이 성숙함에 설한다는 것이다.

다음은 양의독자유(良醫毒子喩, 좋은 의사 독 먹은 자식의 비유, 여래수량품)이다.

모든 병을 잘 치료하는 의사가 있었는데, 자식이 100명에 가까웠다. 의사가 볼일이 있어 다른 나라에 간 동안 자식들이 독약을 먹고 신음을 했다. 아버지가 돌아오니 자식들이 기뻐했으나 구원해 달라고 하였다. 아버지 의사는 병에 맞는 좋은 약을 주어 먹게 하였더니, 본심을 잃지 않은 자식들은 약을 먹어 다 나았으나, 본심을 잃은 자식들은 약을 먹지 않아 병이 낫지 않았다. 가엾이 여긴 아버지는 방편을 써서 본심 잃은 자식들에게 "내가 늙어 죽을 때가 가까웠다. 여기 좋은 약을 두고 가니 잘먹어 치료토록 하라"고 일러 두었다. 아버지는 다른 나라에 가서 마음을 통한 사람을 통해 "너희 아버지가 벌써 죽었다"고 통보했다. 이 말을 들은 자식들은 크게 비감해 하다가 본심을 회복하여 준비 됐던 약을 먹고 병이 아주 나았다. 여기서 양의는 부처, 독자는 중생을 상징한다.

부처님이 말씀하셨다. "나도 그 양의와 같아서 성불한 지가 무량무변 백천만억 나유타 아승지겁이지만, 중생을 위하여는 방편으로 열반한다 하지만, 생사를 뛰어넘어 늘 열반에 있는 것이다" 라고 말씀하셨다.

법화경 비유품의 「불난 집의 비유」는 잘사는 한 장자가 큰집을 가지고 사는데 크게 불이 나서 뛰어 나왔다. 그런데 아들들은 집에 불난 줄도 모르고 장난만 좋아하며 집 밖으로 나올 생각을 하지 않아 크게 걱정하였다. 이 장자는 지혜로 아이들에게 맞는 방편을 쓰기로 하였다. 그리하여 장자는 아이들에게 장난감으로 밖으로 나오면 집 밖에 있는 양 메운 수레 · 사슴 메운 수레 · 소 메운 수레를 주기로 약속하였다. 아이들이 집 밖으로 나오자 장자는 그 수레들을 주었다.

여기서 장자는 부처, 양 메운 수레를 받은 자식은 성문승, 사슴 메운 수레 받은 자식은 연각승, 소 메운 수레 받은 자는 보살승이다.

법화경은 회삼귀일(会三帰一)이라 하여 삼승이 하나의 일불승(一佛乘)으로 돌아가니, 모두 흰소 메운 수레를 타게 되는 것이다.

다음은 불설비유경의 안수정등(岸樹井藤)의 비유이다. 안수정등은 절벽 나무와 우물 위 등나무이다.

어떤 사람이 사바세계의 가없이 넓은 벌판 길을 걸어가고 있는데 사방에서 불길이 일어나 불 속에 포위가 되었다. 그곳에 미친 코끼리 한 마리가 잡아먹을 듯이 사납게 덤벼드는 바람에 도망을 치다가 마침 강 언덕 큰 나무 한 그루가 있어서 그 나무에 올라갔다. 코끼리는 나무 위에 올라갈 수가 없으니 쳐다보고만 있다.

사람이 나무에 얽혀있는 등나무 덩굴을 잡고 매달렸는데, 그 아래에는 크고 깊은 우물이 있고 우물 속에는 용이 되려다 못된 이무기 세 마리가 떨어지면 잡아먹으려고 입을 벌리고 있고, 우물가에는 큰 뱀 네 마리가 사람 냄새를 맡고 잔뜩 노려보고 있다.

등나무 덩굴을 오래 붙잡고 매달려 있으면 힘이 빠지고 손이 저려서 마침내 떨어질 것인데 그나마도 빨리 떨어지라고 흰 쥐와 검은 쥐가 교대로 등덩굴을 한 가닥씩 갉아먹고 있는 것이 아닌가. 이 형국이 어떠한가 한번 상상해 보자. 우리가 이 세상을 살면서 온갖 고생을 하는데 자식걱정 돈걱정 따위는 이것과 비교도 되지 못한다. 이렇게 겁이 나서 등덩굴에 매달려 있는데 덩굴이 얽혀 있는 나무에 구멍이 나서 그 구멍에 벌이 꿀을 쳐 그 꿀방울이 똑똑 떨어지니 말할 수 없이 두려운 가운데서도 달콤한 꿀 한두 방울 받아먹는 재미에 무서움도 잊어버리고 매달려 있는 것이다. 이것이 안수정등(岸樹井藤)의 이야기이다.

이것은 우리의 삶의 형태를 비유한 이야기이니 가없이 넓은 들녘은 태어나서 죽어가는 생사의 광야이니 그곳으로 사방에서 붙어오는 불길은 욕화(欲火)로서 생로병사의 불이요, 우물은 황천이며, 미친 코끼리는 무상한 살귀(殺鬼)요, 나무는 사람의 몸이며, 등덩굴은 사람의 목숨이며, 검은 쥐 흰 쥐는 해와 달이요, 세 마리의 이무기는 삼독이며, 네 마리의 뱀은 지수화풍(地水火風)이요, 꿀은 오욕락(五欲樂)이다.

우리는 이렇게 급박하고 위험한 절제절명 상황 속에 살면서도 세간의 오욕락에 취하고 생사고해에서 떼밀리고 헤매고 있는 것이다.

이를 어찌할 것인가?

기미년 3·1운동 때 민족대표 33인의 한 분이신 백용성 선사님이 일제강점기의 한때 대각사에서 만공·보월·혜월·혜봉·고봉·전강 스님 등과 선문답을 하고 있었다. 백용성 스님께서 이 '안수정등'의 비유를 들춰낸 뒤 "어떻게 하면 여기에서 뛰쳐나와 생사해탈을 할 수 있는가? 한 마디씩 일어보라"고 말씀했다.

만공 : 어젯밤 꿈속의 일이다.

혜봉 : 부처가 다시 부처가 되지 못하느니라.

혜월 : 알래야 알 수 없고, 모를래야 모를 수 없으니 잡아 얻음이 분명하다.

보월 : 누가 언제 우물에 들었던가?

고봉 : 아야, 아야!

전강 : 달다! (추후 질문에 엿장사 하다 던진 대답이다).

다 듣고 나서 용성 선사는 다음과 같이 자답했다.

"박꽃이 울타리를 뚫고 나와 삼밭에 누웠느니라."(包瓜花穿籬出 臥佐麻田上)

백용성 선사와 함께 기미년 3·1독립운동 민족대표 33인 중 불교계 대표인 만해(卍海) 한용운(韓龍雲) 선사는 두려움 없는 독립운동과 함께 「님의 침묵」등을 쓴 시인으로 유명하며, 두 선사는 평생 대쪽 같은 지조를 지키셨다.

만해 스님의 본명은 유천(裕天)이었다. 한때 만해 스님은 설악산 오세암에서 선정삼매에 몰입하곤 했는데, 화두는 "구름이 흐르거니 누군 나그네 아니며, 국화 이미 피었는데, 나는 누구인가?"였다.

만해 스님은 1917년 12월 3일 밤 10시경 좌선 중 갑자기 바람 불어 무슨 물건이 떨어지는 소리를 듣고, 모든 의심이 사라졌다. 드디어 깨달음에 이른 것이다.

만해의 오도송은 다음과 같다.

"남아란 어디메나 고향인 것을
몇 사람 객수 속에 깊이 갇혔나
한 마디 계송에 삼천계 부서지니
눈속에 복사꽃 붉게붉게 피누나."

믿음

信

깨달음에 이르는 것은 큰 고개 넘어 님을 찾는 것과 같다.

그리하여 어떤 소리에도 놀라지 않는 사자처럼, 그물에 걸리지 않는 바람처럼, 무소의 뿔처럼 쭉 정진해야 한다. 지성으로 하늘을 감동시키겠다는 각오가 전제돼야 한다. 깨달음에 이르려면 신해행증(信解行證)의 과정이 필요하다.

여기서 신은 믿음(信, faith, sraddha)인데, 깨달음과 성불에 가장 근본적인 것이다. 공자도 사회에 필요한 윤리가 인의예지신(仁義禮智信)이라 하면서, 그 중에서도 믿음을 제일로 쳐서 무신불립(無信不立) 즉, 믿음이 없으면 사회가 성립이 안된다고 했다.

믿음의 사전적 의미는 꼭 그렇다고 여기어 의심하지 않는 것을 말한다. 신뢰라고도 하고, 종교적으로는 신앙(信仰)으로 절대자인 신불을 믿고 따르면서 교리를 받들어 닦고 지키는 것이다. 신(信)은 부처님 공덕의 어머니라고 한다.

불교에서는 '명심견성 성불제중'을 목표로 하므로, 믿음의 대상은 진여일심인 3보(三宝, Triratina)이다. 부처님과 진리, 그리고 화합중인 교단에 대한 신심이 불자의 생명이라 할 수 있다.

대반열반경 35에는 무상정등정각은 신심이 그 원인이라 했고, 용수보살은 불법대행로는 믿음으로 능히 들어가고, 지혜로 능히 이른다 했다.

달마, 혜가대사를 이은 중국 선종의 3대 조사인 승찬대사는 신심명에서 "지극한 도는 어렵지 않은데, 오직 간택(揀擇)이 문제다. 차별 애증만 없다면, 명쾌히 알 수 있다"고 하면서, 결론적으로 "믿는 마음은 둘 아님이요(信心不二), 둘 아님은 믿는 마음이니(不二信心) 언어의 길이 끊어져서(言語道斷), 과거 미래 현재가 아니로다(非去來今)"라고 썼다.

삼보에 대한 믿음은 교주인 석가모니불과 그가 깨닫고 가르치신 진리(교리)와 그를 따르는 4대부중의 화합 중 교단을 믿는 것이다.

그런 신심을 불자들은 기본적으로 삼귀의(三歸依)와 오계(五戒) 즉, 삼귀오계로 표현한다. 삼귀의는 "지혜 · 복덕 갖추신 부처님께 귀의합니다(Buddham saranam gacchami) 욕망을 떠난 가르침에 귀의합니다(Dhammam saranam gacchami) 거룩한 화합중에 귀의합니다(Sangham saranam gacchami)"이다.

진리의 완전한 구현자요, 깨달아 일체종지의 바다에 이른 부처님께서는 이와 별도로 3신불설에 따라, 뜻마음 모아 지극한 귀명례를 하는데,

지심귀명례(志心歸命礼) 청정법신 비로자나불(大日如來)

지심귀명례 원만보신 아미타불(無量光佛)

지심귀명례 천백억화신 석가모니불이 그것이다.

열반증득을 위하여, 생사선악을 떠나 이고득락에 요구되는 신심이 중요하다고 할 수 있다.

불자의 5계는 꼭 지켜야 할 최소한 규범으로, 살생하지 말라 · 도둑질하지 말라 · 거짓말하지 말라 · 삿된 음행 말라 · 술을 들지 말라 등이다.

깨달음에 있어 흔히 염정혜(念定慧) 3학이나, 정혜쌍수(定慧双修)를 들지만, 여기에 계를 더하여 견성성불을 위한 계정혜 3학이라고도 한다. 염(念)은 Sati(생각, 의식집중, 지금마음, 마음챙김)이다.

제일 좋은 계는 자성계(自性戒)이다. 스스로 성품에 따라 살아도 걸림이 없게 사는 계가 자성계이다.

계에는 이밖에 신분에 따라 사미계 · 보살계 · 비구계(250계) · 비구니계(348계) 등 여러 가지가 있다. 계를 받으면, 철저히 지키는 것이 매우 중요하다. 계를 지키는 것은 신심의 표현이요, 3독을 멸하고 도업을 이루게 하기 때문이다.

21세기 시대 발전과 견성을 위하여 남·녀 거사불자들에게는 십선계(十善戒)를 수계함이 시절인연에 맞다고 생각한다. 십선계(십선도)는 인간생활이 습업에 관계하는 신구의 3업을 정화하는 힘이 있기 때문이다.

10선계는 불살생·불투도·불사음·불망어·불양설·불악구·불기어·불탐욕·불진에·불사견이다. 이를 적극적으로 펴려면, 방생·보시·청정행·진실어·일구일어·유연어·화합어·희사·자비·지혜로 나아감이 좋다 하겠다.

견성성불로 가는데, 3귀의나 10선계 같은 것도 중요하나, 더욱 중요한 것은 불자가 자기 자신을 믿는 것이다. 자기 자신이 부처님을 믿고 신해행의 과정을 거쳐 증득, 깨달음에 이를 것이라는 것을 확실히 믿는 것이 가장 긴요하다고 할 수 있다.

내가 본래 부처인 것을 믿고, 실제 견성성불의 과정에 가는데는 참된 선지식과 도반이 아주 중요하다. 아주 위대한 이는 부처님처럼 홀로 돈오돈수하고 인가 받을 필요도 없다 할 수 있겠으나, 그렇지 않은 중생들은 스승이나 멘토로서 선지식이 아주 중요하다.

세계의 종교판이나 도판에서 종교나 도의 지도자라고 하는 사람 중에 약 85%는 사기꾼이라고 라즈니쉬 선생이 일찍 설파한 바 있다. 신흥종교와 기존 종교계의 커다란 단체 중에도 돈벌이를 위한 사기꾼 집단이 믿을 수 없게 많이 있다.

세상에는 스님이든 거사이든 훌륭한 선지식도 있으나, 많은 경우 사기로 돈을 벌거나, 겁탈이나 재화를 빼앗는 경우도 있고, 주인정신 없이 맹신하는 심한 경우에는 패가망신으로 인생을 망치는 경우도 비일비재하다. 사기꾼 사회가 되어서 그런지 사회 저명인사를 상대로 하는 종교전문 사기꾼도 있다.

도인은 속지 않는 사람이다. 자기 생각과 말·다른 사람 말에 일체 속지 않는 사람이 도인이라고 할 수 있다. 그러므로 깨닫고 바른 스승의 중요성은 아무리 강조해도 지나치지 않는다. 깊이 생각하고 신중하게 열심히 돌다리도 두드려보고 선지식을 꼭 찾아야 한다. 일단 선지식으로 선정하였으면, 당연히 믿고 따라야 하며, 그후 그분이 선지식이 아니라고 종합 판단되면, 그분에게서 떠나야 한다.

자기 자신을 믿어 견성성불하려면, 삼보를 믿는 외에 자기가 본래 부처라는 불성(Buddhata, 佛性覚性)을 믿어야 한다. 자기가 불자이고 중생불이라는 것을 믿어야 한다.

대승기신론에는 4신(四信)으로, 3법인으로 표현되는 근본(진여일심)과 3보에 대한 믿음을 말한다.

불성에 대하여, 화엄경 '제35 성기품'은 믿음이 성불의 근본으로, 일체중생에게 여래의 구족지혜가 있다 했고, 법화경에는 모든 중생을 성불하게 하는 유일불승법으로 일체가 성불하지 않는 것은 없다 했으며, 대반열반경에는 성불과정은 다를 수 있으나, 대신심이 불성이며 여래장(Tathagatagarbha)이라 하였다.

초발심시 변성정각(初發心時 便成正覚)이라고도 한다. 처음 크게 발심할 때가 정각을 이루는 때라는 것이다.

모든 것은 찰라생 찰라멸이니, 시시(時時)마다, 깨달음이고 깨달음 (覚覚)인 것이다. 하늘을 바라볼 때 어두운 구름에 매이지 말고, 항상 거기 있는 푸른 하늘과 태양을 볼 일이다.

돌이켜 보면 저자는, 사람으로서 많이 부족하고, 근기가 얕으나, 훌륭한 선지식들을 만나 부처님의 지혜광명을 보게 되어 큰 복을 받은 바, 석가모니불께 무한한 찬탄을 보내고 있다.

제반서적을 통하여 세계 7대 성자들의 가르침에 접했고, 수많은 선지식을 만났으나, 간략히 제가 만난 선지식들을 살피면 다음과 같다.

이번 삶에 처음으로 불법을 접화한 것은 1961년 부처님오신날, 필자가 재학한 서울대학교 법과대학의 불교학생회(법불회)가 초청한 이청담 스님의 "마음 법문"이었다. 가장 많은 가르침을 주신 고승대덕은 김탄허 스님(화엄경)과 유설송 스님(법화경)이었다. 또 혜암 조계종 종정 스님(부모미생전 본래면목, 이뭣고 화두 결택) · 김경봉 스님(손바닥을 치시고, 소리를 잡아오너라, 화두 결택) · 행원스님(선법문) · 광덕 스님(선법문)께도 많이 배웠다.

거사 선지식으로는 서울법대 은사인 황산덕 · 서돈각 교수님과 백성욱(동국대총장 금강경) · 김동화(불교학개론) · 이종익(화엄경) · 이기영 · 서경수 교수님께도 좋은 법문을 들었다.

깨달은 거사선사님으로 백봉 · 대우 · 무사인 선생님들로부터는 잠을 깨는 계기가 마련됐다고 볼 수 있다.

이밖에 신선도(김태영 선생님) · 초월명상(TM: 마하리시 마헤시 요기님) · 아바타코스(해리 팔머님)를 지도 받아 삶에 큰 도움이 되었다. 진심으로 감사 드린다.

이해

理解, Understanding

부처님의 거룩한 진리를 경율론 3장이나 선어록 등을 통하여 공부하고 이해하는 것은, 지적생명체인 인간의 삶을 자세히 알아서 풍족하게 하고, 다른 사람들에게 풀어(解) 먹이는데 크게 도움이 된다.

그리고 불경을 열심히 공부하고 이해하여, 실천 가능하도록 해석하면, 불이계합체험인 증오(證悟)는 몰라도 해오(解悟)에 이를 수가 있다.

그런데 믿음(信)만 있고 이해(解)가 없다면, 그것은 미신이나 광신이 되기 쉽고, 이해만 있고 믿음이 없다면, 그것은 편견이나 착각이 되기 쉽다. 또 이해만 있고 수행이 없다면 알음알이에 그치기 쉽고, 수행만 있고 이해가 없다면 삿된 길이나 질병·낭떠러지로 갈 우려가 있다.

그래서 불가에서는 자고로 심불반조(心不返照)면 간경무익(看經無益)이라 했다. 거울처럼 마음에 되돌려 비추지 않으면, 경전을 읽어도 이익됨이 없다고 했다. 회광반조(廻光返照) 즉, 빛을 되돌려 비추어 보는 것이다.

경전이나 선어록을 읽을 때 항상 "지금 여기 내 마음"을 보라는 것이다.

부처님의 교리를 우리는 앞에서 자세히 살펴보았는데, 불이중도(진공묘유중도), 인연과보(연기론), 진여일심(유심유식)으로 나눠서 이해하였다.

여기서의 이해는 실천을 위한 교리이므로 단순 명쾌할 필요가 있다.

그래서 여기서는 3법인(三法印) 가운데 현상론인 제행무상 제법무아(모든 행위는 덧없고, 모든 존재엔 내가 없다)를 넘어 열반적정인 열반(涅槃, Nirvana) 즉, 적멸(寂滅)을 중심으로 보기로 한다.

그리하여 일승경전인 화엄경 · 금강경 · 법화열반경의 핵심으로서 금강경 4구게와 법화게 · 열반게 · 방등게 · 금강삼매게와 의상대사의 화엄일승법계도 등을 살펴, 그 핵심 맥을 잡기로 한다.

부처님이 21년간 가르치신 610부 반야부의 핵심이 금강경이고, 금강경의 핵심은 4구게인데, 일체유위법이 몽환포영노전운 같다는 것은 앞에서 다뤘으므로 나머지를 알아본다.

제5 여리실견분에는 "무릇 존재하는 모든 형상은 허망하니, 모든 형상이 형상이 아닌 줄 알면 곧 여래를 본다"고 하였다.

제10 장엄정토분에는 "어디에도 머물지 말고(차별 방하착) 마음을 내라(應無所住而生其心)"고 하였다.

제26 법신비상분(法身非常分)에는 "만일 형태(色)로 나를 보려 하거나, 음성으로 나를 찾으려 하면, 이는 삿된 도여서 여래를 볼 수가 없다"고 하였다.

법화경(묘법연화경)에는 법화게가 두 개가 있다.

그 하나인 법화경 방편품(적불)을 보면 "모든 존재가 본래부터 언제나 고요한 모양(常自寂滅相), 불자들이 이 도를 행하면, 오는 세상에 부처되리라"고 했다.

또 하나는 법화경 여래수량품(본불)에 있는데, "내가 참으로 성불한지가 한량없고 끝이 없는 백천만억 나유타 아승지겁이다"라고 하였다.

열반인 적멸에는 역사적으로 소승열반과 대승열반으로 나누어 설명했는데, 소승열반은 유여열반으로 지혜의 간택력으로 유루법상 속박 즉 번뇌장을 끊고 해탈증득함인 바, 무루지를 이루지 못한 불완전 열반이다.

대승열반은 무여열반으로 생사고를 떠나 상락아정 4덕의 여래법신인 열반에 이른 완전 열반이요, 무상정등정각이다. 이 무여열반은 무량공덕을 자내증한 자성청정열반과 소지장(所知障)을 끊고 생사에도 열반에도 머물지 않는 무주처(無住処)열반을 포함한다.

석가세존께서는 이를 현신득(現身得) 현법득(現法得) 하셨다. 돈오돈수다.

열반경의 열반게는 사구게로 다음과 같이 기록하고 있다.

제행무상(諸行無常) 시생멸법(是生滅法)

생멸멸이(生滅滅已) 적멸위락(寂滅爲樂)

제행은 덧없으니, 이것이 생멸법이요,

생멸이 이미 멸했으니, 적멸락이 된다.

방등게는 무량수불경에 있는 게송이다.

기불본원력(其佛本願力) 아미타불 본원력이

문명욕왕생(聞名欲往生) 극락 원왕생 소리 들으니

개실도피국(皆實到彼國) 모두 실제 그 나라에 가서

자치불퇴전(自治不退轉) 스스로 불퇴전 자리에 앉는다.

금강삼매경에는 금강삼매게가 있다.

약견여래자(若見如來者)면 여래자(如來者)는 심자재(心自在)하니 상주진

멸처(常住盡滅處)하되 불출역 불입(不出亦不入)하니 내외평등(內外平等)호니

인연소생의(因緣所生義)는 시의멸비생(是義滅非生)어니와 멸제생멸의(滅諸

生滅義)는 시의생비멸(是義生非滅)이니라.

만약 여래를 본 자는 마음이 자재하니

늘 적멸에 머물러 나고 들지 않아 안팎이 평등하고

인연으로 생긴 것은 생기지 않음을 멸한 것이요

모든 생멸을 없앤 뜻은 생기면 멸하지 않는 것이니라.

화엄경은 경전중에도 제일 방대한 「대방광불화엄경」으로 우주자체가 사실은 화엄경이다. 여기서는 해동화엄의 중조이신 신라 의상대사의 법성게(7언절귀 30줄, 210자, 화엄일승법계도라고도 한다)를 통하여 그 핵심을 파악해 보도록 한다.

의상조사 법성게(法性偈)

법성원융무이상(法性圓融 無二相)

원융한 법의성품 두모습이 아니로다

제법부동본래적(諸法不動 本來寂)

모든법은 변함없이 본래가 고요한데

무명무상절일체(無明無相 絶一切)

이름없고 모습없어 일체가 끊어지니

증지소지비여경(證智所知 非餘境)

깨닫는 지혜일뿐 지식으론 알 수 없네

진성심심극미묘(眞性甚深 極微妙)

참된 성품 깊고 깊어 지극하고 오묘하니

불수자성수연성(不守自性 隨緣成)

자기성품 못지키고 인연따라 이어지니

일중일체다중일(一中一切 多重一)

하나속에 모두있고 여럿속에 하나있어

일즉일체다즉일(一卽一切 多卽一)

하나가 모두이고 모두가 하나이네

일미진중함시방(一微塵中 含十方)

한티끌 가운데에 시방세계 담겨있고

일체진중역여시(一切塵中 亦如是)

일체의 티끌마다 시방세계 들어있네

무량원겁즉일념(無量遠劫 卽一念)

무량한 오랜세월 한 생각 찰나이고

일념즉시무량겁(一念卽是 無量劫)

한생각 순간속에 무량세월 들어있네

구세십세호상즉(九世十世 互相卽)

삼세속 또 삼세가 엉켜있는 모양이나

잉불잡란격별성(仍不雜亂 隔別成)

어지럽지 아니하여 서로가 뚜렷하네

초발심시변정각(初發心時 便正覺)

첫 발심했을 때가 부처님 자리이고

생사열반상공화(生死涅槃 相共和)

생사와 열반이 서로 같은 모양일세

이사명연무분별(理事冥然 無分別)

진리와 형상은 항상하여 분별없으니

십불보현대인경(十佛普現 大人境)

열분의 부처님과 보현보살 경지일세

능인해인삼매중(能仁海印 三昧中)

능히 사람들은 해인삼매 가운데에

번출여의부사의(繁出如意 不思議)

여의롭게 나타나니 불가사의 법이로다

우보익생만허공(宇寶益生 滿虛空)

중생위한 감로법은 허공에 가득하니,

중생수기득이익(衆生隨器 得利益)

중생은 근기따라 이익을 얻는구나.

시고행자환본제(是故行者 還本際)

우리가 이 도리를 얻고자 원한다면

파식망상필부득(叵息妄想 必不得)

망상을 쉬지않곤 아무것도 못얻으리

무연선교착여의(無緣善巧 捉如意)

조건없는 방편으로 여의주를 취할지니

귀가수분득자량(歸家隨分 得資量)

고향갈제 분수따라 여의주를 취할지니

이다라니무진보(以陀羅尼 無盡寶)

신묘한 다라니는 다함없는 보배이니

장엄법계실보전(莊嚴法界 實寶殿)

온 법계 장엄하면 참다운 보전일세

궁좌실제중도상(窮坐實際 中道床)

마침내 실다운 중도자리 앉게 되면

구래부동명위불(舊來不動 名爲佛)

옛부터 변함없는 그 이름이 부처로다.

불교를 따라 잡는 현대과학

불기 2557년(단군기원 4346년, 서기 2013년) 10월 8일 스웨덴 왕립과학원은 우주탄생의 비밀을 풀 열쇠라는 이른바 '힉스(Higgs)입자'의 이론적 토대를 마련한 피터힉스 영국 에린버러대 교수와 프랑스와 앙글레르 벨기에 브러셀자유대학 교수에게 노벨물리학상을 수여한다고 발표했다. 힉스입자는 최근 유럽입자 물리연구소의 거대강입자 가속기를 이용해 그 존재가 확인됐다는 보도가 있었다.

힉스입자의 발견은 우주만물의 존재형상을 설명하는 표준모형의 완성을 뜻한다. 표준모형은 우주형성 물질은 6개의 중입자와 6개의 경이자와 힉스 등 힘의 상호작용으로 구성된다는 이론인데 12개 입자의 존재는 확인됐으나, 질량을 부여하는 것으로 추정되는 힉스입자만이 발견되지 않았었다.

힉스입자 가설은 1964년 피터 힉스가 예견을 했으며, 세계적 핵물리학자로 한국인인 이휘소 박사가 1972년 한 논문에서 이 입자를 '힉스입자'라고 이름 붙였다.

현대과학은 신의 입자라고도 불리는 힉스입자 발견뿐 아니라 인간 게놈지도 완성, 동물과 인간의 맞춤형 줄기세포 복제, 인류의 우주여행, 컴퓨터로 소설 쓰기, 인기 모으는 아바타의 흥행, 인간 내면의 깊은 심리탐구 등 놀랄만한 발전을 눈부시게 계속하고 있다.

인류문명의 발전의 큰 두 축은 종교와 과학이라고 한다.

그런데 학문 발전에 있어서 예부터 동양과 서양은 기본적으로 차이가 있었다. 동양은 일원론적 불이법, 주객합일의 무분별지, 직관적 종합적 유기적 전체 조명식이라면 서양은 이원론적 이분법, 주객분리(subject, object spartung)의 분별지, 차별적 분석적 종합적 국부조명식이었다고 할 수 있다.

서양의 과학문명 발달은 서세동점으로 많은 문제도 낳았으나, 동서양의 만남으로 지금은 하나의 평화세계를 지향하고 있다. 우리는 우선 관점을 바꿔 다음에 유의해야 한다.

미국의 자동제어 이론의 창시자인 노버트위나 과학자가 인간 기술지(know how)만 존중하고 목적지(know what)을 망각하면, 인류는 파멸할 것이라고 말했다. 고통의 원인인 갈애는 육체적이나 물질적인 것에 대한 집착으로 분별되는 만능이라고 생각하거나 과학만능주의에 빠져 과학신이 되어서는 안된다는 것이다.

이제는 깨달음의 시대의 새벽을 앞당기는 과학과 불교를 어떻게 이해하는 것이 좋은지 검토할 때이다. 과학이 다 맞는 것은 아니었지만, 비과학적인 일부세계 종교는 과학과의 충돌이 잦아 쩔쩔매는 경우가 많았다. 그러나 불교는 다른 종교와 다르다. 불교는 과학적이며, 또 초과학적이므로 현대과학은 불교가 도달한 궁극적 결론을 따라 잡으려 나아가고 있다.

석가모니 부처님의 진리성으로, 현대과학이 불교에 따라붙으며, 그 진리성을 과학적으로 입증하면서 이제는 불교의 정상 가까이에 이르고 있다. 물론 과학은 불교의 유전문은 가능하나, 환별문은 접근이 어렵다.

현대과학의 사상은 불교를 이해하는데 도움이 되고 상보관을 갖춘 닐스 보아의 경우처럼 불교의 세계관은 동양의 태극 음양오행과 상생 상극 사상과 함께 과학에 큰 영향을 미치고, 그 한계성을 극복하는데 도움을 주고 있다.

진리를 이해하는데 학문사이에는 학제적 연구가 필요하고 특히 물리학, 천문학, 생명과학, 수학 등 광의의 과학은 불교를 이해하는데, 구체성과 현실성을 제공해주므로 그 탐구가 중요하다 하겠다.

먼저 물리학의 기본원칙을 보면, 열역학 제1법칙으로, 에너지보존의 법칙, 질량불변의 법칙은 불교의 반야심경에 나오는 "불생불멸 부증불감 불구부정"과 같은 처지이다. 우주의 물질과 에너지총량은 일정해서 생성, 소멸될 수 없고, 오직 형태만이 바뀌는 것이다.

열역학 제2법칙인 엔트로피 법칙은 물질과 에너지로 한 방향으로만 바뀔 수 있다. 무질서가 증가하는 쪽으로이다. 또 사용가능에서 사용불가능 형태로 얻을 수 있는 것에서 얻을 수 없는 것으로이다. 사용가능한 에너지가 사용할 수 없는 형태로 얼마나 변했는가 하는 척도가 엔트로피다.

우주의 엔토로피(entropy, 자유도 무질서도)는 증감이 없지만, 닫힌 세계의 물체 엔트로피는 그 차이가 없는 평형상태로 가지만, 엔토로피라는 말을 처음 사용한 R. 클라우시우스는 세상에서 엔트로피는 항상 최대가 되려하므로 엔트로피는 증가하여 생주이멸, 생로병사 성주괴공의 과정을 거치나, 열려있는 세계의 물질 엔트로피는 증가하지 않는다. 항상 열린 마음으로 살면, 늙지 않고 젊어질 가능성도 있다. 나이 거꾸로 먹기(reversal of aging, 또는 anti-aging)가 얘기되는 소이이다.

물리학의 발전을 돌이켜보면, 아리스토텔레스의 2분법으로부터 시작하여 데카르트의 2원론 뉴턴의 만유인력의 법칙, 역학과 미적분학, 맥스웰의 전자기학 등으로 빛은 전자기파라는 고전물리학 시대가 열렸다.

양자론의 아버지라는 플랑크는 "빛은 불연속의 에너지 파동이라면서, 입자로서도 존재한다"고 고전물리학 시대를 넘어 현대물리학 시대를 열었다.

여기에 천동설을 뒤집고 지동설을 발표한 갈릴레오와 코페르니쿠스처럼 물리학의 코페르니쿠스적 전환을 맞이하게 된 것이다.

브로이도 빛이나 전자, 양성자도 입자와 파동의 성질을 갖는다고 주장했다.

현대물리학의 초기의 획기적 업적을 이룩한 알버드 아인슈타인 (1879~1955)은 광양자가설(빛은 에너지 알맹이인 광양자(光量子)가 집단을 이루어 전해진다)을 발표했다. 상대성이론은 처음 주장한 사람은 갈릴레오였다.

아인슈타인은 1905년 특수상대성이론, 1915년 일반상대성이론을 발표하여 절대적 시간과 절대적 공간을 부정하여 상대성의 세계를 이론화했고, 아인슈타인은 또 통일장(unified field)이론의 시대를 열었다.

아인슈타인의 통일장이론에서 장(場)개념은 공(空) 개념과 유사한데 물리학자들의 다양한 모든 물리적 현상들을 통합할 수 있는 근본적인 하나의 장(場)으로 통일시키려는 이론이었다. 아인슈타인은 통일장 연구에 그 여생을 보냈으나 그는 이를 완성하지 못했다.

이 개념은 불교의 법, 힌두교의 브라만 도교의 도와 같은 개념인데, 불교의 본체로의 불(佛)과 한 대상을 사건(event happening)으로 파악하는 것을 아인슈타인이 알고, 불자가 되어 신해행했다면 통일장 이론을 완성했을지도 모른다.

상대성 이론은 물리적 현상의 무대로서 절대적 공간, 절대적 시간이 부정되고, 절대좌표계가 부정되므로 시공간은 관찰자의 운동상황에 따라 다르게 인식된다는 것이다. 또 공간과 시간은 상대적 개념으로 분리시켜 생각하기 어렵게 서로 밀접한 관계가 있는 특정한 관찰자의 주관적 표현에 불과하므로, 이른바 4차원(시공)세계로 다루어야 된다고 했다.

특수상대성이론은 상대성 원리를 오로지 관성계에만 적용한다. 관성계란 정지해 있거나 등속도 운동을 하는 공간을 말한다. 즉 등속운동을 한다는 절대조건하에서 '특수한' 조건에서만 성립한다는 뜻이므로 특수 '상대성 이론'이라는 이름이 붙었다. 속도가 일정하게 증가하는 관성계가 아니다.

이에 비해 일반상대성이론은 관성계뿐만 아니라 속도가 일정하게 증가하는 가속계 등의 비관성계에 모두 일반적으로 적용할 수 있는 중력에 관한 이론이다.

두 이론은 그 바탕이 되는 이론에도 차이가 있다. 특수상대성이론은 모든 관성계에서는 동일한 물리법칙이 성립한다는 '상대성 원리'와 빛의 속도는 어떤 조건에서 누가 관측해도 일정하다는 '광속도 불변의 원리'를 바탕으로 한다.

일반상대성이론은 관성계뿐만 아니라 모든 가속계에서도 같은 물리법칙이 성립한다는 확장된 '상대성 원리'와 중력과 관성력이 같다는 '등가(等價)원리'를 바탕으로 한다. 특히 중력과 관성력이 동등하다는 등가 원리는 일반상대성이론의 핵심이라고 할 수 있다.

특수상대성이론에서는 '동시성의 불일치'가 나타난다. 이것은 관측자에 따라 '동시(同時)'가 다르게 관측되는 현상이다. 예컨대 광속에 가까운 속도로 날아가는 우주선에서 발광탄을 발사한다고 가정하면 이

때 우주선 안에 있는 관측자 A와, 달 표면에 서서 우주선 안을 바라보는 관측자 B에게는, 발광탄이 발사되는 시점이 다르게 관측된다. 이것은 관측자 A와 관측자 B가 각각 '다른 시간'을 가지고 있음을 의미한다.

두번째 결론은 '시간이 느리게 흐른다'는 것이다. 즉 광속에 가까운 속도로 운동하는 물체에서는 시간이 느리게 흐른다는 것이다.

세 번째 결론은 '공간의 길이가 줄어든다'이다. 우주의 행성 부근을 항해하는 모선(母船)과 모선에서 발사된 작은 우주선이 있다고 하면 이때 광속에 가까운 속도로 날아가는 우주선에서 보면, 모선과 행성 사이의 거리 등 우주공간 전체의 길이가 줄어들지만 반대로 모선에서 보면, 우주선의 길이가 줄어든다.

네 번째 광속으로 달리면, 시간이 멈추고 광속으로 달리면 질량은 무한대가 된다. 결론은 '질량이 커진다'이다. 광속에 가까운 속도로 날아가는 물체의 질량은 커지며 질량이 커진다는 것은 물체가 움직이기 어려워진다는 뜻이다. 광속에 가까워지면 질량이 커지므로, 아무리 에너지를 가해도 물체는 광속을 넘어설 수 없다. 이것은 투입한 에너지가 질량으로 '바뀌기' 때문이다. 에너지는 질량으로 변하고, 반대로 질량은 에너지로 변한다. 결국 에너지는 질량과 같다는 결론에 이르게 되고 이것을 수식으로 나타낸 것이 유명한 $E=mc2$다. (E=energy 에너지, m=material 물질, C=광속도 30만km/초, 에너지와 물체의 전환공식)

일반 상대성 이론에서 나온 결론을 살펴보면 첫째는 '중력에 의해

빛이 휘어진다'이다. 광속이 너무 빠르기 때문에 지구상에서는 실감할 수 없지만, 빛도 중력에 의해 진로가 휘어진다.

두 번째는 '중력에 의해 공간이 휘어진다' 이다. 질량을 가진 물체는 주위 공간을

휘어지게 한다. 큰 질량을 가진 천체 근처에서 빛이 휘어지는 것은 공간이 휘어져 있기 때문이다.

세 번째는 '중력에 의해 시간이 느려진다' 이다. 이 시간의 느려짐은 질량이 큰 천체 부근처럼 중력이 강한 곳일수록 더 많이 나타나며, 따라서 중력이 엄청나게 강한 블랙홀에 가까워질수록 시간이 많이 느려진다.

독일 물리학자 W.K 하이젠베르그(1901~1976)는 전자의 운동량을 결정하면 위치가 불확실하고, 위치를 결정하면 위치가 불확실하고 위치를 결정하면 운동량이 불확실하다는 불확정성 원리를 발표하였다. 이것은 양자약학의 기본원리이다.

불확정성(unscharfe relationheit : 불명확한 관계성)은 원자와 같은 미시세계에 이르면, 우리 인식능력의 관계로 주관과 객관이 서로 흐리멍텅하게 되어 뭐가 뭔지 알 수 없게 된다는 것이다.

의상조사 법성게에는 이사명연 무분별(理事冥然 無分別)로 이른바 프랑크의 상수 'h'나 Kant의 물자체는 인식할 수 없다는 것과 상통한다.

독일 물리학자 닐스 보어(Niels Bohr, 1885~1962)는 전자가 파동과 입자의 이중성을 갖고 있으며, 실험장치인 슬릿(slit, 細隔)으로 전자를

'통과시켜 볼 때' 스크린에 부딪치기 전에는 파동이었다가 스크린에 부딪치면 입자의 모양을 나타내는 것도 관찰하였다.

그리고 슬릿을 통한 전자가 스크린에 나타날 때, 여러 가지 공존상태가 있는데 관찰자의 주관(마음)에 따라 입자로 나타나기도 하고, 파동으로 나타나기도 함을 보고, 물리학 자체의 대상이 모호해졌다.

전자가 스크린의 어디에 나타날지도 예측 불능이어서 확률적으로 예측할 수 밖에 없게 되었다. 이러한 파동과 입자의 2중성, 확률적 해석, 불확정성 원리 등으로 푼 것은 닐스보어의 코펜하겐 해석이라고 하는데, 아인슈타인은 이 해석에 반대했으나, 닐스보어와 1930년 솔베이 물리학회에서 논쟁을 벌인 바, 닐스 보어의 판정승으로 끝났다.

현대물리학에서는 관찰자는 그가 보는 대상을 관찰할 때 반드시 그 대상을 변화시킨다고 말하고 있다. 관찰하는 주체와 관찰되는 대상은 현실적이고 근본적인 뜻에서 서로 관계하고 있다. 관찰의 주체와 대상은 결코 별개의 것으로 구분할 수 없다고 한다.

우리는 경험을 통해서 물리세계에 접근하는데, 우리들이 경험하는 것은 객관적인 현실이 아니라 그것과 우리와의 상호작용(interaction)인 것이다. 이것이 상보성(相補性, complementarity)이라고 하는 개념의 기본적인 토대이다. 상보성이라고 하는 개념은 닐스 보아가 하이젠베르크의 불확정성 원리에 입각하여 양자현상에서 보이는 이면성을 통합적으로 파악하기 위하여 제창한 것이다.

닐스 보아는 상보성으로써 빛의 파동, 입자라고 하는 이면성을 논리에 적용하면 빛의 파동과 입자의 두 가지 성격은 서로 배타적인 것으로서, 동시에 파동이면서 입자일 수는 없다. 같은 빛의 공동성질일 수 있는 것은 빛과 인간의 상호작용의 결과로 나타난 성질이다. 우리들이 선택하는 실험방법에 따라 빛이 입자적 성질과 파동적 성질의 어느 한쪽을 나타나게 된다. 그러므로 입자적 성질과 파동적 성질은 모든 빛의 고유한 성질이 아니라 빛과 관찰자의 상호작용에서 나온 성질이라는 것이다.

그후 아직 미완성이나, 대통일이론과 초끈이론이 나왔다.

하워드 조지아이가 주장한 대통일이론은 자연계에 있는 4력인 전자기력 · 약핵력 · 강핵력 · 중력을 통합하여 한 힘으로 설명했으나, 아직 중력까지는 융합설명이 되지 못했다.

마이클 그린이 모든 입자는 길이를 가진 초끈(sring)으로 이루어졌다.(초끈입자 = 10-33m, 원자핵=10-14m원자=10-10m)고 주장했으나, 아직 완성되지 못했다.

끈의 이론과 M이론 그리고 동양의 5행을 잘 통합한 것은 벽운공과 구름타운을 이끄는 이경숙 여사다. 이경숙씨는 동양학의 대가로 알려진 도올 김용옥 교수의 도덕경 해석을 「강아지 풀 뜯어 먹는 소리」라고 비판하는 「노자를 웃긴 남자」라는 책을 쓰고, 도덕경 해설서를 써서 한국 도학판에 혜성처럼 나타난 바 있다.

레너드 서스킨드, 슈바르츠와 그린은 1984년 끈이론의 방정식을 완성했다. 물질의 궁극적 모습은 질량도 에너지도 아닌 정보 즉, 기(氣)라는 것이다. 그래서 끈이론은 우선 물질을 이루는 궁극적 요소인 끈은 질량이 없는 정보라는 것이다.

두 번째 끈이론의 핵심은 정보가 질량과 에너지로 변환된다는 것이다. 끈이 가진 정보는 진동이며, 무량수의 끈은 모두 각기 다른 진동을 하고 있다.

그리고 전자기력, 핵강력, 핵약력, 중력 4력이 끈이론 한 가지 공식으로 풀릴려면, 질량 없는 입자인 중력자로서 질량이 (+)인 입자나 에너지도 0인 것이 있어야 했다.

끈이론은 또 신축성을 가진 어떤 존재가 늘거나 줄지도 않고 좌우로 춤추듯이 요동할 수 있는 길이를 가진 존재로서 끈이 있다는 것이다. 또 모든 입자의 커크들은 똑같은 존재로, 자신만의 고유한 정보를 갖지 않으나, 모든 끈은 진동하는 형태 진동수와 진동하는 힘이 다르다 한다.

그후 끈이론이 많이 나왔으나, 물리학적으로 검증된 이론이 5개였다.

그런 후 1995년 미국 남가주대학 끈이론학회 강당에서 에드워드 위튼은 "5가지 끈 이론은 한 가지에 대한 5가지 설명일뿐, 같은 것이라고 하여, 5행 설명을 하고 5점 연결이론을 M이론이라 했다.

끈의 형태가 진동을 결정하고, 끈은 크기가 없으며 우주는 오행의 합주곡이며 오행으로 춤추는 화려하고 장엄한 화엄의 세계이다.

닫힌 끈은 동그란 고리형이고, 열린 끝은 일직선 끈(양쪽 끝있는 끈)

이다.

끈이론에서 중요한 것은 끈의 형태인데 끈에 불연속적인 매듭이 있는 지하는 어떻게 생겼느냐가 중요하다.

5개의 끈이론 형태는 직사각형(ㅁ, 목木) 역삼각형(▽, 금金), 원(○, 토土), 삼각형(△, 수水)의 5가지이다. 이것은 동양의 5행인 목화토금수가 서로 상생상극하여 생명이 펼쳐감이 끈의 형태에서 만들어지고 서로 다른 5가지 유형의 진동과 상호작용이라는 것이다. 태극음양의 음과 양이 각기 5문이 있으니 모두 10문이 있는 셈이다.

결론은 삼라만상의 존재를 이루는 궁극적인 요소인 끈은 5가지 형태로 나누어지며 그 5행에 따라 울림도 달라진다는 것이다. M이론이 완성되지는 못했다.

물리학의 발전은 수학의 발전과 함께 해왔다. 그래서 물리수학이라는 말이 생겨났다.

수학은 인간의 살림살이로 분별지를 사용하는데 필수적인 것이었으며, 서양의 피타고라스 알키메데스나 유클리드, 그리고 동양의 하도낙서, 이후 수많은 발전을 이룩하였다.

수학사에서 획기적인 것은 석가세존 당시에 없던 ○이나 ∞를 숫자로 표시하는 것이고, 또 하나는 유한수학의 시대가 이어오다가 20세기에 칸토르(Cantor)등에 의하여 집합 등(수열 : 무한급수) 무한수학의 세계가 열린 것이다. 현대수학이 자유성을 갖는 주요계기가 되었다.

○이 발견된 것이 언제인지 정확하게 아는 사람은 없다. 서력 기원

전 2세기경 바빌로니아 사람들이 O에 해당하는 자리기호(▽▽)를 썼으나 인도의 수학자 브라마굽타가 7세기 초반 한 책에서 O을 표시하면서, 어떤 수에다 O을 곱하거나 더하거나 빼도 그 값에는 변화가 없다는 O의 성질을 기록하였다.

n×0 = 0, n+0 = n, n−0 = n 이라고 쓸 수 있다.

이러한 숫자 0의 발견은 새로운 아주 작고, 아주 큰 계산법이 생기는 역사적인 대사업이 되었다.

0의 인도이름은 공(空)을 뜻하는 수냐(sunya)가 아랍으로 건너가 시프트(sift)가 되었고, 라틴어 발음으로 제피루스(zephirus)라고 했으며, 이것이 변하여 제로(zero)가 되었다.

우리가 지금 사용하고 있는 수자와 인도의 기수법은 수자기호 10개만으로 모든 자연수를 자유로이 표현할 수 있다. 무한대를 나타내는 오늘날 기호 ∞를 처음 도입한 사람은 존 월리스(John Wallis, 1616~1703) 교수다. 영국 옥스퍼드대 기하학 새빌리아 교수로 54년간 봉직한 월리스는 1656년 출간한 무한수론(arithmetica infinitoum)에서 ∞를 사용했으며 0 음수, 분수지수의 의미를 완벽하게 설명했다.

현대수학에 큰 영향을 끼친 두 수학자는 칸토르와 앙리 푸앵카레였다.(Henri Poincarel 1854~1912) 푸앵카레는 확률론 분야와 수열적 위상수학에 큰 공적을 남겼다.

칸토르(Georg Ferdinando Ludwig Plumlet Cantor 1845~1918)는 무리수와 집합론 특히 무한이론에 관한 혁명적 연구를 시작하여 무한의 수학적

취급, 초한수이론과 그 계산법을 만들었다.

두 집합은 일대일 대응이 존재할 수 있으면 상등(equivalent)이고, 상등인 두 집합은 같은 기수(cardinal number)를 가진다고 한다.

유한집합의 기수는 자연수이며, 무한집합의 기수는 초한수(transfinite number)로 불렀다.

칸토르 이전의 수학자들은 기호 ∞로 표기하는 유일한 무한대로 받아들였으나 이 기호는 모든 자연수의 집합이나 실수 전체의 집합같은 집합 원소수를 나타내는데 사용되었다.

예하면 0과 1 사이에는 무한의 점이 있다고 말할 수 있다.

무한집합의 기수를 고찰할 때는 전체는 부분보다 크다고 한 유클리드의 공리는 통하지 않는다.

데디킨트는 1888년경에 무한집합을 자신의 어떤 진부분 집합과 상등인 집합으로 정리하였다. 이에 관련된 것이 홀로그래피 사진기술이다. 그것은 어떤 한 대상물을 찍은 홀로그래피 한 조각 잘라내어 그 영상을 재생시켜도 원래의 전체대상을 전체모습을 드러내준다. 전체는 부분에 내재하고, 부분은 전체에 내재하며, 부분이 곧 전체임을 드러낸다.

미국의 뇌신경과학자 칼 프리브랭은 사람 뇌의 심층구조가 홀로그래피와 흡사하다고 생각하고, 뇌에 기억된 정보는 모든 뇌세포 속에 공유돼 있음을 밝혀내었다. 이는 사사물물이 상호관통하고 상즉상입하는 사사무애경계와 화엄일승법계도의 일미진중 함시방(한 티끌 속에 시방이 다 포함돼 있음)과 뜻이 같다.

현대과학에서는 똑같은 이론으로 프랙탈(fractal)이론을 제시한다.

혼돈으로 보인 대상에 혼돈(카오스) 이론을 적용해보니, 자연, 인간, 사회가 모두 부분으로 갈라져도 자기전체를 닮은 운동을 전개한다. 온갖 현상들이 모두 자기상사운동(自己相似運動)으로 전개되고 있다는 것이 프랙탈이론이다.

아무리 작은 공간에도 부처가 있다는 것이 "만다라"이고, 범아일여(Brahman과 Atman이 같다) 사상이다. 법화경의 '종지용출품'처럼 부처님이 법화경을 설하는 곳이면 어디나 다보탑이 솟아오르고 3천대천세계의 땅이 모두 진동하면서 그 속에서 무량백천만억 보살이 함께 솟아나오는 것이다.

현대수학에 있어 기하학, 대수학, 해석학과 더불어 고유한 영역이 위상수학이다.

도형의 위상변화에서 불변인 성질을 위상적 성질이라 부르고, 서로가 위상적으로 변환될 수 있는 두 도형을 위상적으로 동치(같은 값)이다 라고 한다.

1865년경 뫼비우스(A.F. Mobius)는 다면체를 단순히 연결된 다각형의 모임으로 관찰한 논문을 썼다. 그는 그 복체의 개념을 정하고 체계적으로 발전시켜 한 면과 한 모서리의 곡면을 얻어 '뫼비우스 띠'를 만들었다. 뫼비우스의 띠란 기다란 직사각형 종이를 한번 비틀어 양쪽 끝을 붙였을때에 생기는 곡면(曲面), 이 면은 안팎의 구분이 없이 영원히 계속된다.

뫼비우스의 띠는 우리가 분별지로 살 때는 유무, 음양, 고락, 애증, 극락과 지옥, 중생과 부처로 나귀나, 부처님의 불이법(不二法)인 무분별지로 볼 때는 유무, 음양, 고락, 애증, 극락과 지옥, 중생과 부처가 같은 것임을 나타낸다.

이이불이(二而不二) 즉 2분법이 불이법이라는 것이다.

우주에는 많은 존재의 차원과 다양한 존재가 존재한다. 불이법(不二法)에서는 무한차원뿐이므로 모든 문제가 소화되고 아무 문제가 없다.

또 $0=\infty$으로 같으며, 있음과 없음이 둘이 아니다. 영원한 지금이며 여기이다.

숫자로 절대세계(0 또는 ∞)와 상대세계를 표현하면 $N/0$, N/∞ 또는 $0/N$, ∞/N로 표현할 수 있을 것이다.

$N/0$에서 N을 아무리 크게 해도 무한대이고

N/∞에서 N을 아무리 크게 해도 그것은 0이나

0에 가깝다 할 수 있다. $0/N \fallingdotseq 0$ $\infty/N \fallingdotseq \infty$ 이다.

$N/0$은 우리의 일상이 위대하건, 시시하건 늘 우주전체이고, 부처이다.

부처도 탐진치도 티끌도 ∞이므로 우리는 찰라찰라 전체로서, 부처로 사는 것이다.

N/∞은 분자가 아무리 커도 0에 가깝다.

본체에서 살면, 새털처럼 가볍게 살 수 있다. 경안한 마음으로 살아갈 수 있다.

1이면 어떻고, 1억이면 어떻고 1조면 어떤가?

분자가 어떤가에 마음 쓰기보다 분모를 중득하는 것이, 깨달음에 이르러 일을 끝낼 일이다.

또 차원이동(paradigm shift, dimension shift 패러다임은 토마스쿤이 사용한 개념, 사고의 틀)을 활용하여 생각을 바꾸고 관점을 바꿔 집착을 버리는 방법이 있다.

존재의 차원은 0차원, 1차원, 선, 2차원 면, 3차원 입체, 4차원, 5차원 …… 10차원 ……100차원…… 10000차원 …… 무한차원 등으로 나눠볼 수 있다.

그런데 우리가 현실생활에서 집착을 가져 번뇌망상에 고생할 때, 생각을 바꿔 한 차원 올리면 문제가 해소된다. 두 사람이 1차원 선을 놓고, 서로 많이 가질려고 싸운다면, 한 사람이 생각을 바꿔 2차원으로 차원이동을 하면, 문제가 해소된다. 왜냐하면 면에는 선이 무한으로 있기 때문에 서로 많이 소유할려고 싸울 필요가 없기 때문이다. 2차원의 면을 가지고 서로 많이 가지려고 싸운다면 한 사람이 1차원 놀이, 3차원으로 생각의 차원이동을 하면, 문제가 해소된다. 왜냐하면 3차원에는 면이 무한으로 있기 때문이다. 3차원에서 다툼이 있으면 4차원으로 차원이동이고, 4차원이면 5차원으로, 5차원이면 6차원으로 계속한 차원씩 올려 이동하면 모든 문제가 해소될 수 있다.

더 나아가 늘 무한차원에서 사는 것이 제일 좋다고 할 수 있다. 왜냐하면, 무한 차원인 우주나 부처는 본래 문제가 없기 때문이다.

다음엔 우주란 무엇인지? 별들의 세계는? 생명은 무엇이며, 빛이란 무엇인지 하는 거시세계로 주의를 돌려보자.

우주는 한생명의 빛이며 영계의 태양인 대일여래이며, 아미타불(無量光佛) 한생명 상생법의 세계이다. 참나인 우주는 한생명이고 한마음이며, 한 생명력이고 생명정보요, 생체에너지인 기(氣)이다.

한 생명세계는 청정하고 무한한 광명 그물을 놓아 인드라망과 여의주 보배로 장엄하여 사사무애 중중무진의 해탈법계여서, 아무것도 걸림없이 무한히 나아가는 자유자재의 세계이다. (대방광불화엄경)

현대과학은 모든 사물이 안팎을 서로 감싸는 여러 에너지층으로 구성된 상대세계가 있으며 그 가운데 안정된 가장 섬세한 부분이 중심을 이루고 있다고 한다. 그 진동으로 상대적 세계가 일어나고, 이것이 형상을 나타낼 때 생각을 비롯한 모든 물질적 에너지 형태가 되게 하는 물질과 에너지의 근원이 바로 존재(있음, being)이다. 이는 드러나지 않는 대생명이고 절대실존이다.

이것이 절대자, 초월자, 순수의식, 기쁨의식, 무한의식, 꿈꾸는 자, 광명본원, 하느님, 부처님, 생각의 근원자리 또는 한생명으로서 상대적 생명의 본질인 것이며 모든 생명의 뿌리이다.

'한'의 뜻은 하나, 큼, 바름, 전체, 중심, 등급, 조화, 하늘, 지금 여기, 구경자리, 밝음(光明)을 뜻하며, 한민족의 '한'이기도 하다. 한에서 둘이 나와 합하여 셋은 천지 만물을 만들고 천지만물은 다시 한으로 돌아간다. 이는 한알, 한얼, 한울의 바탕이다.

한생명은 대생명이나 개체생명이 대생명과 합일될 때를 포함한다. 대생명인 한 면은 절대면으로 영원히 불변하는 허공, 침묵의 세계이며, 다른 면은 상대면으로 항상 음양 상대가 있어 변하고 움직이는 세계이다. 상대 세계는 하나의 꿈이고 그림자이며, 환영이고 파도이다.

우리 생명은 숨쉬기와 생각의 활동으로부터 출발한다. 활동은 생각에서 나온다. 활동의 기반은 생각이고, 생각의 기반은 생각의 근원자리인 존재, 즉 대생명이다. 우주의 생명은 창조, 유지, 진화, 해체라는 창조의 순환과정에 맞추어 흐름을 이어간다. 대생명으로서의 절대자는 처음엔 스스로 창조를 통해서 자신을 상대화해보고 싶어 '자기 안'에 '자기 바깥'을 창조한 것이다. 그것은 절대자의 성격이다. 절대자는 여러 가지 모양의 상대세계를 즐기고 싶어하기 때문이다.

존재에 관하여 극히 큰 것은 극히 작은 것과 같이 가장 자리가 안보이고, 극히 작은 것은 극히 큰 것과 같이 경계선을 잊는다.(極大同小 不見邊表 極小同大 忘絶境界) 극히 큰 것은 밖이 없고 극히 작은 것은 안이 없다(極大無外 極小無內)고도 한다.

우주는 진공으로부터 왔다. 그러므로 텅 빈 진공이라는 개념을 생체에너지인 기(氣)로 가득 차 있는 공간이라는 새로운 패러다임으로 전환해야 한다. 우주공간에는 현대과학이 밝혀낸 네 가지 힘, 즉 중력, 전자기력, 강력, 약력 외에도 확인되지 않은 형태의 에너지가 가득 차

있다. 이 모든 에너지에 대한 새로운 개념으로 기를 제시한 것이다. 이들 미지의 에너지에 대한 용어로는 공간에너지(space energy), 진공 에너지(vaccum energy), 영점 에너지(zero-point energy), 자유 에너지(free energy), 그리고 청정 에너지(clean energy) 등이 있다. 이러한 에너지를 측정할 수 있다면 현대 열역학법칙으로는 설명이 불가능한 하나의 영구기관 개발도 가능해지리라고 생각한다. 그렇지만 자연계에서는 영구운동을 하고 있는 것들이 있다. 그것은 원자 내부에서 끊임없이 일어나고 있는 전자의 회전운동, 지구, 달, 및 은하계의 자전과 공전 같은 운동이다.

시간과 공간은 상대적인 것이지 절대적으로 존재할 수가 없다. 나아가서 절대시간, 절대공간의 전체 위에 있는 절대물질도 있지 않으며 내 몸 역시 절대적 존재라고 할 수가 없다. 어떠한 한계도 없는 순수의식의 차원에 있을 때는 시간도 공간도 물질도 내 몸도 나라는 생각까지도 없지만, 내가 따로 있다는 한계의식, 즉 자아의식의 차원에 있을 때는 시간, 공간, 물질, 내 몸, 나라는 생각 등 한계 있는 창조가 꼭 실제처럼 있어 보인다. 이 허공 같은 순수의식이 내 생명의 근원이자 본성이다. 여기로부터 양과 질로 측정할 수 있는 물질과 물리적 에너지가 흘러나온다. 이 순수의식으로부터 문득 나라는 생각, 내가 있다는 생각이 떠오른다. 마치 허공 중에 한 개의 비누방울이나 거품이 떠오르듯이, 이 생각이 나와 객관세계가 분리되어 따로 있다는 신념이 일어나는 최초의 계기이다.

생명의 실상의 전개는 절대자인 대생명이 자기를 상대화해보고 싶은 생각으로, 형태가 변하는 생명장(life field)으로서 상대세계가 펼쳐지게 되었다.

　우주는 생체에너지장, 생명장(生命場)이고, 생명정보장이며 기장(氣場)이다. 대생명인 한마음에서 기가 생겼고(心生氣), 기에서 기파(氣波), 광파(光波), 음파(音波), 영파(靈波) 등 파동(波動)과 입자(粒子)가 생겨 개체생명 등 만유생명이 생멸하게 되었다.(心氣波)

　상대세계인 우주현상계는 어떤 하나의 원리에 의해서 움직이는 것일까?

　그것은 인연과보(因緣果報)의 원리이다. 인과 연들이 만나서 서로 영향을 주어 '과'가 되고, 또 '보'도 된다는 원리이다. 넓게는 인과윤회라고도 하는 바, 생멸의 연속이요, 나타남의 연속이다.

　윤회는 현대에 이르러 심층심리학(Depth psychology)이나, 최면술(催眠術, Hyponotism)기법을 통하여 과학적으로 입증된다. 사람의 경우를 예로 들면, 사람이 죽는 경우에 해탈하거나 갈 곳을 잘못 찾아 헤매일 수도 있으나 일반적으로 몸은 지수화풍으로 나뉘어 흩어지고, 인인 중음신(中陰身 또는 中有)은 업식(業識)이나 식심(識心)으로서 자기와 파장이 맞는 부모를 연으로 하여 정자와 난자가 합친 모태에 들어가 거기서 점점 자라고 새 생명으로 탄생하게 된다. 이 신생아가 '과'이고 '보'이다.

　여기에 좋은 인연을 쌓아가야 할 시초로서 태교(胎敎)의 중요성이 있다. 현상계의 모든 사물은 인연과보의 원리에 따른다고 할 수 있다.

이것이 있으므로 저것이 있고, 저것이 있으므로 이것이 있다. 이것이 생기므로 저것이 생기고, 저것이 멸하므로 이것이 멸하는 것이다.

석가모니는 이것을 인연생기(因緣生起)라 하여, 연기(緣起, pratitiyasamutpada)라 했다. 부다가야 보리수 밑에서 길상초를 깔고 앉아 새벽별을 보고 6년 고행 끝에 깨친 진리의 하나다.

생명엔 절대면과 상대면이 있으며, 절대생명 즉 우주생명인 대생명이 상대세계에 표현된 것이 개체생명으로, 개체생명들은 대생명의 바다에서 서로 연결된 채 영향을 주고 받는 연속적이고 균일한 하나의 관계망(關係網 : network)을 이루는 것이라고 할 수 있다.

대생명망을 인드라(Indra)망(帝網)이라고 한다. 개체생명 속에 대생명이 투영되고 대생명에는 개체생명이 투영되므로, 우리의 개체의식(consciousnes) 속에는 우주의식(cosmic consciousness)인 순수의식이 들어있다.

유한자인 사람 속에는 무한자가 들어있다. 유한자인 사람의 생각 속도(思速)는 무한하며, 무한을 오갈 수 있다. 기는 무한하다. 사람의 사랑은 무한하다. 사람의 욕망도 무한하다. 유한 속에 무한이 있고, 무한 속에 유한이 있다. 개체생명이 가지고 있는 부분성과 유한성을 극복하고 무한한 전체성으로 나아가 그것을 확인하는 것이 깨달음이라 할 수 있고 그에 따라 만유의 생명인 자유를 위하여 개체 생명을 완성해 나가는 길이 대생명에의 길인 것이다. 나를 바꿔 참나가 되는 길이다. 즉 반망즉진(返妄卽眞)이 인생의 목적으로 거짓 생명을 반납하고 참생명이 됨이다.

그러므로 인생은 길(道)로 와서 길 위에서 살다가 길로 돌아간다. 생명의 목적은 순수의식인 환희의식(bliss consciousness)을 확대하여(대생명의 성질은 satchitananda: 실재하는 환희의식)감에 있으며, 이 과정이 우주적 진화로서 창조지성(creative intelligence)도 발전된다.

전지전능한 대생명의 기쁨과 풍요가 개체생명을 통하여 확대되는 것이다. 그것은 개체생명이 탈바꿈(變態)하여 대생명이 되는 것이 마치 나방이 나비가 되고 굼벵이가 매미가 되는 것과 같다. 해탈(解脫)이라고도 한다. 사람의 해탈도 같다. 내가 없이(無我) 모든 것을 포기한 뒤 큰 사랑으로 살아가는 것이다.

현대과학에서 보는 우주적 사건의 발자취를 보면 다음과 같다.

138억년 전 대폭발(big bang)으로 우주가 탄생했다.

50억년 전 태양이 그 존재를 드러냈고 46억년 전 지구가 탄생했다.

36억년 전 식물이 생명활동을 시작하고, 6억5천만년 전 다세포생물이 출현했다.

4억4천만년 전 육상생물이 출현했다.

400만년 전 원시인류가 나타나고, 10만년 전 현대인류와 호모사피엔스가 나타나 생명계통수의 최고위자가 되었다.

생명체의 특징을 보면, 모든 살아있는 것들 즉 생물은 생명이 없는 분자들로 구성이 되어 있다. 그 분자들은 따로따로 떨어져있을 때는 무생물에 적용되는 물리 · 화학적 법칙을 그대로 따른다. 그러나 이들이 모여 하나의 생명체를 이룰 때 이 생물은 생명이 없는 분자들을 그저 단순히 모아놓은 상태에서는 볼 수 없는 특이한 성질들을 보여주게 된다. 그중 첫째는 복잡성과 고도의 조직성이다.

둘째는 생물의 각 구성요소들은 그들 나름대로의 독특한 목적 또는 기능을 가지고 있으며 의미 없이 존재하는 구성요소는 없다는 사실이다.

셋째로 생물은 주위환경(유기영양원 또는 태양에너지 등)으로부터 에너지를 끌어들여 새로운 형태로 전환하고 이용하는 능력을 가지는데 이 에너지를 사용하여 자신의 몸체를 만들고 유지하며 운동을 하고 물질을 몸 밖으로 내보내거나 안으로 끌어들인다. 이러한 성질 때문에 생명체는 주위환경에 비해 엔트로피(entropy)가 낮은 상태 즉, 질서있는 상태로 존재할 수가 있는 것이다. 넷째는 생물의 가장 특이한 성질인데 바로 자기 자신을 정확하게 복제하는 능력이며 이 특성이야말로 살아있다는 것의 정수가 되는 것이다.

생명체의 특성들을 나타낼 수 있도록 하는 근본물질—(정보를 간직하여 필요할 때 제공하는 물질)—이 바로 유전자(DNA)이다. 즉 갖가지 기능을 갖는 단백질을 만들어내며 이들을 정교하게 조직하고 에너지나 물질대사를 하며 체내의 제어시스템을 갖게하는 등 개체가 만들어지고 유지되는데 필요한 모든 정보가 이중나선형인 DNA라는 물질에 기록되어 있다고 보는 것이 현재의 해석인 것이다.

생물 또는 생명의 신비를 연구하고 밝히기 위하여 학자들이 연구대상으로 삼아왔던 것의 흐름을 크게 나누어보면 개체→기관→조직→세포→분자라고 말할 수 있다. 즉 고대로부터 동식물을 분류하고 이들을 해부하여 기관의 구조와 기능을 알아내며 나아가 조직과 생명체의 기본단위라 할 수 있는 세포를 관찰하는 차원을 넘어서서 이제는 세포를 이루는 기본구성물, 즉 분자의 차원에서 생명현상을 이해하고 규명하려는 시점에 와 있는 것이다. 생명체의 기본구성물 중 중요한 것을 들면 단백질, 핵산, 다당류, 지질을 들 수 있겠는데 이들은 다시 더 작은 구성요소인 소위 빌딩블럭(Building-block)으로 나누어진다.

우주와 인간에 있어 핵심은 빛이며, 불교의 법신불인 비로자나불도 빛으로 광명변조이며, 인간의 문화도 빛의 문화라고 할만큼 빛에 의존하고 있다. 불교는 영원한 생명을 지혜광명으로 보는데, 이는 불성광명이며, 여래장광명이다.

그런데 자연에 존재하는 개체가 식성이 다르고, 성질이 다르듯이 개개의 만물은 특정의 광파(光波)만을 선택적으로 이용하여 특유의 형태와 성질을 가지는 물질을 만들어 이것이 독특한 성질을 가진 개체를 생성한다(森羅萬象之光波 卽是宇宙萬象觀).

부처인 본체가 광원이고 개체는 불성인 광파와 광자라고 할 수 있다.

빛은 파동운동과 관련된 성질 즉 파동성을 가진 에너지의 한 형태이다. 파동이란 주기적으로 증가와 감소를 수반하는 매질의 범위 또는 교란을 말한다. 파동의 성질은 파장(λ)과 일정한 점을 매초당 지나가는 파동의 수로 정의되는 진동수(ν), 그리고 진폭(A)에 의하여 결정되지만 물질파와는 달리 광파는 전파를 위한 매질을 필요로 하지 않는 것이 그의 특징이다. 광파는 사실상 진동하는 전기장과 자기장이기 때문에 빛은 전자기복사파(電磁氣輻射波)의 한 형태인 것이다. 빛은 진공 속을 직진하며 그 속도(C)는 1초당 $2.9979 \times 1010cm$(30만km)이며, 빛의 진동수와 파장과의 관계는

$$\nu = \frac{C}{\lambda}$$ 로 표시된다.

빛의 세기(밝기)는 광파에 있어서 진폭의 척도인 것이다. 전자기복사파(電磁氣輻射波)의 파장은 1cm의 수십억분의 1(1/109cm=0.1A°)에서 큰 것은 수 km에 이르는 것까지 있어서 그 파장을 분광기(分光器)로 분광(分光)함에 따라 헤아릴 수 없을 만큼 많은 수의 파장으로 나눌 수 있다. 그러므로 빛은 무수한 파장의 복합파(複合波)인 것이다.

또한 빛은 어떤 물질과의 상호작용에 있어서는 아주 작은 알맹이의 흐름과 같은 성질, 즉 입자성을 나타내므로, 빛에너지는 입자와 비슷한 에너지와 운동량을 가지는 광자(光子)로 구성되어 있다.

그러므로 빛의 본성은 완전한 파동도 아니며, 완전한 입자도 아닌 파동성(波動性)과 입자성(粒子性)을 함께 지니고 있는 이원성을 가진 것으로 정의된다.

광자의 에너지와 진동수와의 관계는

C

E=mC²=hν = 로 표시된다.

λ

m은 광자의 질량, h는 프랭크의 비례상수로 $6.63 \times 10-27erg \cdot sec$이다.

눈으로 볼 수 있는 가시광선의 파장은 400mm~700mm 범위의 전자기복사선의 복합파(複合波)이며, 이를 백색광(白色光)이라고도 한다.

그러면 태양빛의 근원은 무엇이냐 하면, 빛은 반응비로서 4개의 수소원자가 1개의 헬륨(helium)으로 융합되는 과정에서 발사되는 1개의 빛에너지의 형태인 것이다. 태양에서 방출된 전자파(電磁波)가 지구표면에 도달되는 광선 중에는 자외선이 전체의 5%, 가시광선이 43%, 그리고 적외선이 52%로 분포되어 있다.

우리는 맑은 날 밤하늘을 쳐다보며, 수많은 별들이 명멸하는 광대무변한 우주를 신비롭게 바라볼 수 있다. 삼천대천의 별세계이다. 이 세계는 부처님이 연화장 사좌좌에 앉으사 자비광명으로 우주를 비추시고, 모든 중생들이 윤회와 생사고해를 넘게 하시는 대자대비의 광명각 세계이다. 옛날에는 달에 있는 계수나무 밑에서 옥토끼가 노는 것을 상상 속에 그려봤으나, 이제는 허블망원경의 발명과 함께 천문학과 우주항공학의 발전으로 지구별 차원의 새로운 우주시대를 열었다.

특히 1969년 7월 우주항공 과학이 발달된 미국 우주비행사 닐 암스트롱이 아폴로 11호를 타고 달 궤도에 진입하고 인류최초로 달 표면을 밟음으로써 새로운 우주시대를 열었다.

그후 미국, 러시아, 유럽, 중국, 인도, 북조선, 남한국(2007년 스페이스 클럽 가입)등이 치열한 우주경쟁을 벌이고 있다.

최근에 138억년 전 우주를 탄생시킨, 빅뱅 직후 우주가 급격히 팽창했다는 인플레이션 이론을 뒷받침하는 결정적 증거가 발견됐다.미국 하바드 스미소니안 천체물리센터는 인터넷(2014.3.17)으로 전세계에 인플레이션 이론의 직접적 증거를 찾았다고 발표했다. 이는 대폭발 직후 $10^{-37} \sim 10^{-32}$ 초 사이에 우주가 100경 배로 급팽창했다는 것인데, 이를 처음 발표한 학자는 1980년 미 MIT의 앨린구스 교수였다. 이번 발표팀은 남극에서 3년간 바이셉2 전파망원경으로 추적 끝에, 우주 배경복사에서 빅뱅을 입증하는 중력파 흔적을 처음 찾아낸 것이다.

"나는 연결돼 있다. 그러므로 나는 존재한다"고 말한 서울대학교 이시우 천문학 교수는 『천문학자와 붓다의 대화』란 책을 써서 간략히 설명한 바, 별들의 세계도 연기론이 타당하고 우주법계도 화엄경의 세계와 다르지 않다고 말했다.

동양천문학에는 북극성 주변에 자미원, 태미원, 천불원이 있고 퍼져 있는 별로는 크게 동방의 각 · 항 · 저 · 방 · 심 · 미 · 기성 등 4방 28수로 설명하면서, 수많은 별세계의 전설을 남겼다.

별들도 생명체처럼 생성소멸하고 무엇을 먹고 살며, 별도 병을 앓고 죽기도 하여 블랙홀을 만들어 낸다고 했다. 별도 조직을 관리하며 사회생활을 하고 있다고 했다.

우주는 시공간에 대해 우주의 물질은 균일하며, 이러한 정상(定常)

우주는 시작도 끝도 없이 영원하며, 늙지도 젊어지지도 않는다고 했다. 그리고 우리가 관찰하는 은하단은 인드라망의 그물코보석 같은 분포를 이루고 있으며 그물 가운데 물길이 없는 빈 공간을 빈터라고 한다.

우주전체에서 보면 물질이 분포하는 공간은 10%도 안되며 나머지 90% 이상이 빈터라는 것이다.

진공은 입자와 반입자가 결합한 에너지가 0인 상태를 말한다. 지금 지구인의 우주생활은 2000년부터 국제우주정거장(ISS) 중심으로 이루어지고 있다. 이같은 우주항공학의 발달과 함께, 앞으로는 양자역학의 발전으로 양자 컴퓨터가 나오고, 치유에 활용할 양자의학의 발전이 눈부실 것이라 한다. 특히 사람의 신경회로를 켜고 끄는 광유전학이 과학자들의 초미의 관심사가 되고 있다.

동국대의 화학과 민태진 교수는 한국교수불자연합회가 펴낸 불교의 현대적 조명에서 불성을 광파로 보고 뇌파와 참선의 관계를 잘 탐구한 글을 썼다.

사람의 정신활동을 영위하는 신경세포는 대뇌피질 속에 층으로 배열되어 있으며, 그 수는 무려 140억 개 정도이다. 이들 세포들도 따지고 보면 광합성산물인 화학에너지를 섭취하여 체내대사를 거쳐 생합성된 복잡한 유기물질들이 모여 형성된 것이기 때문에 결국은 빛에너지가 변환된 거대분자 형태라 할 수 있다.

이 대뇌피질은 다시 신피질, 괴피질 그리고 구피질의 세 부분으로 구성되어 있다. 그중 고피질과 구피질을 합하여 변연피질이라고도 한다.

신피질 신경세포는 오관, 즉 안(眼), 이(耳), 비(鼻), 설(舌), 신(身)의 적응행동과 창조행동을 구현하며 교묘하게 잘 살게 하는 일을 담당한 세포이다. 여기서 적응행동이란 시각, 청각, 미각, 후각, 촉각 그리고 운동감각을 말한다.

변연피질 신경세포는 개체유지와 종족보존의 동적인 생명활동을 추진하는 본능적 행동과 정동행동을 구현하는 일을 담당하고 있으며, 뇌간척추계 신경세포는 생명의 자리(場)로서 정적인 생명현상을 관장하고 있다.

그리고 이들 세포는 항상 진동과 같은 정상적인 분자운동을 하고 있지만, 오관을 통하여 들어온 번뇌망상이나, 정신적인 큰 충격을 받으면 140억 개나 되는 세포들의 비정상적인 진동에너지가 증가하게 된다. 이에 따라 혈액순환이 빨라져 혈압이 올라가고, 숨이 가빠지며, 최후에는 체온까지 올라가 정신이 혼미하여져서 오류까지 범하게 되는 현상을 느낄 수 있다. 그래서 우리 인간의 행불행은 마음가짐에 있고, 이루고 못 이루는 것은 잠 덜 자면서 노력하는데 있는 것으로 안다.

그러면 마음가짐을 어떻게 다스릴 것인가?

이는 140억 개나 되는 신경세포를 어떻게 다스릴 것인가에 달려있는 것으로 사료된다.

우선 삼매(三昧 : Samadhi)의 현상을 빛으로 설명코자 한다. 삼매란

화경(火鏡)이라고 하는 볼록렌즈로 140억개나 되는 번뇌망상의 빛을
다스려 자기가 목표로 하는 한 개의 광파만을 한 곳으로 모아 초점을
맞추는 것과 같은 현상으로 비유하고 싶다.

그러므로 천재와 백치와의 차이는 이와 같은 정신집중과 집중시간
의 척도이며, 그의 함수관계라 할 수 있다. 그 예로서 정상인의 뇌파
를 측정하면 알파(α)波는 11cps(cycle per second)~14cps이지만, 흥분, 긴
장, 불안상태에서는 베타(β)파가 발현되어, 그 파수는 14cps~17cps이
지만, 그 정도에 따라 30cps까지 올라가는 것이다.

그러나 삼매경지가 깊어갈수록 알파(α)의 파수는 11cps에서 7cps로
감소하게 되며 초능력이 발현되고, 수면상태와 비슷하여 진다. 또한
경지가 더 깊어가면 세타(θ)파가 출현하면서, 그 파수는 7cps에서 4cps
정도로서 감각이 없어지며 무통분만이나 무통수술을 할 수 있는 경지
이다. 또 한단계 더 깊어지면 델타(δ)파가 출현하고, 그 파수가 4cps에
서 0.5cps로 감소되면 무의식상태이며 초능력이 발현되고, 머리 주위
에 오로라(Aurora)를 방출한다. 델타파가 0.5cps에서 0cps로 되면 몸 전
체가 오로라 상태의 빛을 방출하면서 140억 개의 신경세포와 진동에
너지는 깨달음의 경지, 즉 해탈에 필요로 하는 에너지로 전환되고 비
로자나의 경지로 된다.

이와 관련하여 현정선원장인 대우 거사님은 『그곳엔 부처도 갈수 없
다』라는 책에서 30만km/초의 절대속도와 정지상태(뇌파 정지상태 포함)
가 다르지 않다고 했다.

그것은 광속불변의 원칙과 속도변환법칙이라는 대립적 요소뿐 아니

라 광속이니 광년이니, 나니, 너니, 별, 거리, 운동, 속도, 빠름과 느림 같은 것은 사람들이 멋대로 이름붙이고, 범주화하여 만들어 낸 개념의 그물이고, 실다운 것이 없는 분별지의 망상이므로 심경불이(心境不二)의 참뜻을 사무치면, 초속 30만km의 광속과 정지상태가 둘이 아닌 것이다.

수행

修行

'부뚜막의 소금도 집어넣어야 짜다'는 말이 있다. 실천이 제일이라는 뜻이다. 신해가 있어도 수행이 없으면 깨닫기 어렵다는 것이다. 지목 행족(智目行足, Prajnaparamita)이나 해행일치(解行一致)라야 견성성불 할 수 있다는 말씀이다.

부처님은 출가수행, 난행고행 6년만에 새벽별을 보고 깨달으셨고, 그 뒤를 이어 깨달은 조사나, 거사 등 선지식들은 각기 새벽 닭의 홰 치는 소리를 듣거나, 북소리를 듣거나, 나무에 돌을 던진 후 부딪히는 소리를 듣거나, 선지식으로부터 몽둥이를 맞거나, 할을 듣거나, 선지 식의 선법문을 듣자마자 깨닫는 경우 등 깨달음에는 정해진 것이 없 고, 각인각색이다.

그래서 부처님의 깨닫는 방법에는 정해진 방법이 따로 있는 것은 아니다(無有定法, 무유정법). 구도자가 우선 자기한테 맞는 방법을 찾고, 그에 맞춰 깨달은 선지식을 만나 간절한 마음으로 정진하는 것이 긴요하다.

일반적으로는 계정혜 3학이라 하고, 심기신수련이라고도 하지만 신구의(身口意)에 맞춰 수행하기도 한다.

신(몸)에 맞춘 방법으로는 4념처관처럼 몸이나 호흡을 관찰하거나, 절수련을 하거나, 경행을 하면서 관찰하거나, 알아차리거나, 사경을 하는 것이다.

구(입, 바르고 참되며 착하고 착실하며 부드러운 말 등)에 맞춘 방법으로는 염불염법진언(다라니 주문) 독경, 기원을 하는 것등이 있다.

의(맘)에 맞춘 방법으로는 부처님의 3처전심을 이은 참선, 출입식선, 참회(참회에는 사참과 이참이 있는데 사참은 자기 잘못을 인정하고 뉘우치는 것이고, 이참은 본래 모든 일이 잘잘못을 떠나 비었음을 깨닫는 것), 정념(sati, 선입견 없이 보고 알아챔), 기도(부처님 진여공덕을 받아 자기가 바뀌어 목적 성취함), 수계소지생활 등이 있다. 화엄경 '보현행원품'의 참회게는 "내 모든 악업은 비롯 없는 탐진치로, 신구의로 지었으며, 지금 모두 참회합니다"이다.

본래 4성제 8정도의 8정도, 4념처, 4정근, 4신족, 5근, 5력, 7각지, 8정도의 37조도품이 모두 그런 방법이다. 이러한 것들이 서로 접합되어 생겨난 방법들도 있는데, 염불선, 염법선, 수식선, 화엄선 등 여러 가지가 있다. 참선을 하건, 염불이나 염법을 하거나, 독경이나, 사경을 하는 경우 모두 일심으로 정진하여 생각이 끼어들지 않는 삼매 (Samadhi, 무아경)에 이르는 것이 기본요체가 된다.

부처님의 여래선을 이어 전등한 조사들의 참선인 조사선이 불교전통에서 방법으로서는 가장 중요한 자리를 차지하고 있다. 참선은 부처님 마음이라, 마음에서 마음으로 전하는 이심전심(以心傳心) 또는 직지인심(直指人心)에 핵심이 있느니, 오직 스스로 보고 체험하여 깨달을 뿐이다.

생각하는 길과 말길이 끊어진 자리가 선정(禪定)이다. 선을 통해서 정(삼매)에 드는 것이 중요하다. 절학도인(絕學道人)이라는 말이 있다. 생각하는 차원의 학문을 끊어야 도인이 된다는 말이다. 무학(無學)이라고도 한다. 그래서 경전공부가 어느 정도 되면 사교입선(捨敎入禪, 교를 버리고 선에 든다)이란 말도 한다. 그래야 내가 누구인지 주인공인지 무분별지로 깨닫는 것이다.

참선은 언제 어디서나 할 수 있기 때문에 행주좌와 어묵동정이 다 관계된다.

본래 선(禪)은 산스크리트어로 dhyana(禪那)인데, 원래 뜻은 사유수(思惟修), 정려(靜慮), 명상, 공덕총림 등이다.

선을 방법론적으로 보면 지관(止觀, Samatha Vipassana)이다. 남방 불교에서는 Vipassana에 중점을 두어 비파사나 선을 주로 내세운다.

지는 모든 망상을 멈춘다(止息)는 것으로 중요한 것은 생각을 멈추어야 하는데, 분별지가 일어나 세간생활을 하는 것인 바, 2분법적으로 그때 집착으로 애증이 있거나, 욕망·저항이 일어나, 차별이 생길 때마다 그것을 내려놓는 것이다. 「차별방하착(差別放下着)」이다. 불이법의 이(二)는 차별을 뜻하니, 차별을 내려놓아 이이불이(二而不二)의 평등자리로 돌아가야 한다. 불이수순(不二隨順)이라고도 한다.

정(定)의 뜻이 불변의 자리이며, 관(觀)은 대상을 마음으로 관조하는 것으로, 혜(慧)의 뜻이 있다. 지관을 나눌 수 없기에 지관겸수, 정혜쌍수라는 말이 여기서 생겨났다.

불교가 석가세존으로부터 전해 내려오는 동안 수많은 선정 방법이 제시되었다.

관법으로는 유식종의 유식관, 능엄종의 반문문성 이근원통관, 화엄종의 일심법계관, 법화종 일심삼관, 일념삼천관 칭명념경관(나무묘법연화경 등), 정토종의 염불관, 능가종의 좌선관(불립문자 교외별전 직지인심 견성성불), 자비관, 백골관, 부정관(양귀비나 클레오파트라를 떠올리며 똥·오줌 가죽부대로 봄) 등 많다.

또 소리선(해조음을 듣는 선, 문종성 번뇌단, 지혜장 보리생), 촛불선(촛불을 방안에 켜놓고 정좌하여 관찰함), 점관법(벽에 점을 찍은 백지를 붙이고 점을 계속 주시함), 아(阿) 자관 등도 있다.

참선에는 가고 서고 앉고 눕는데 따라 행선, 주선, 좌선, 와선 등이 있으나, 흔히 참선을 좌선이라 한다. 좌선을 하려면, 가부좌를 하고 앉아 두 손을 법계정인(法界定印) 하고(위에 왼손 바닥, 아래에 바른손 바닥을 놓고 양쪽 엄지손가락 끝을 둥글게 맞댐), 온몸을 단정히 대나무처럼 꼿꼿이 세우고 몸과 호흡을 자유스럽게 한다. 눈을 반개하고 턱을 앞당기고 단전호흡을 하며(하단전에 몸과 마음의 중심을 둠), 마음을 경안(經安)하게 가진다.

옛 선사들은 참선하면서 음난한 것은 모래를 쪄서 밥지으려는 것과 같고, 도둑질하는 것은 깨진 독에 물 붓기요, 살생하는 것은 제 귀 막고 소리지르는 것 같고, 거짓말하면서 참선하는 것은 똥으로 향을 만들려는 것과 같다고 했다.

수많은 선종의 각 종파들은 각기 중점과 방법론에 미묘한 차이들이 있다.

선화자가 깨친 정도를 감변하는데는 황룡(黃竜) 선사의 3관(세관문)이 있다. 그것은 ① 그대의 생연처(출생지 · 출생가)는 어떠한가? ② 내 손은 어찌 부처손을 닮았는가? ③ 내 다리는 어찌 나귀다리를 닮았는가? 등이다.

그러나 제일 중요한 것은 불법을 전승한 조사선이 제일 중심인 바(조사선과 깨달음은 다음장에서 따로 다룸), 그 선맥 가운데 대체로 묵조선(默照禪)과 간화선(看話禪)이 두드러진다고 할 수 있다.

묵조선과 간화선

묵조선은 조용히 마음으로 관조하는 선으로, 적묵영조(寂默靈照)이니, 고요히 말을 잊고 관조하면 본래면목이, 소소현전(昭昭現前)으로 밝고 밝은 본래 자기 얼굴이 앞에 나타나는 것이다. 동산양개 스님이 창종한 조동종이 대표적인 묵조선 선종이다.

간화선은 조사선 가운데 임제종산하에서 대혜종고가 나와 중국 도교를 참고하여 만든 신 방편의 종풍으로 화두(話頭)를 보는 것이다. 화두는 말머리나 공안(公案)이라 하여 문제, 숙제, 공부의 안건, 도를 깨치는 법어 또는 수수께끼로 구도자에게 화두를 제시하여 스스로 참구해결하거나 문제 자체를 해소시키는 것이다.

화두참구에는 3요건이 있으니 대신근·대의단·대분지이다.

대신근은 이 공부를 통하여 나에게 불성이 있으니 견성한다는 큰 믿음이요, 대의단은 대의정이라고도 하는 바, 화두에 대한 공부인의 마음으로 생각할 수 없는 것을 생각하고, 아는 것으로도 모르는 것으로도 얻을 수 없으니, 이 답답한 마음상태를 크게 의심하는 것이다.

내가 나인데, 어찌 들이댄 나를 모른다 말인가?

대분지는 자기 본래 면목을 들이댔는데도 어찌 그것을 모르니, 큰 분통이 터지지 않을 수 없는 바, 대용기가 필요하다. 그리하여 예로부터 선 지도자는 제자에게 너무 친절한 노파선을 경계했다. 지나친 친절이 제자를 버릴 수도 있기 때문이다. 그리하여 이 용기가 무명을 뚫고 분별지를 깨뜨려 증득하는 원동력이 된다. 어쩌면 지극한 정성이 선일지도 모른다.

고광덕 스님은 묵조선과 간화선의 예로서 대원(大原) 선사(제자에게 배워 깨달음)와 방 거사(마조 스님 제자. 유마힐 거사, 부설 거사와 함께 3대 거사)의 경우를 들어 다음과 같이 설법하신 것을 들은 적이 있다.

대원 선사가 법문을 하고 있을 때, 널리 법신의 이치를 설명하고 있는데, 마침 자리에 있던 선화자가 방긋이 웃으므로 물었다.

"내가 경에 의지해 뜻을 풀어 말하고 있는데 왜 웃으시오? 잘못 되었거든 당신의 견해를 말씀해 주시오."

"참으로 우스운 것은 스님은 아직 법신을 모르고 있습니다."

"어떤 점이 잘못되었다는 말입니까?

"스님이 다시 한번 법신에 대해 말씀해 보시오."

"법신의 도리는 마치 허공과 같아서 종으로 삼세를 다하고 횡으로 시방에 이르러 인연을 따라 감응해 두루하지 않는 것이 없는 것입니다."

이 말을 들은 선화자가 말했다.

"그런 말씀 마시오. 스님은 다만 법신을 헤아리고 있을 뿐, 참으로 법신을 모르고 있소."

"그러면 스님이 나를 위해 가르쳐 주십시오."

이에 선화자가 말했다.

"스님은 잠시 강(講)을 멈추고 밤중에 고요히 앉아서 생각하되, 옳든 그르든 모든 인연을 단번에 놓아버리도록 하십시오."

이 말을 들은 대원 스님은 선화자가 가르쳐 준 대로 모든 인연을 다 놓고 고요히 앉기를 초저녁에서 새벽에 이르렀는데 마침 북소리를 듣고 홀연히 깨쳤다.

당나라 때 마조 스님에게 방거사가 물었다.

"만법과 짝하지 않는 자가 누구입니까?"

이 말은 만법, 삼라만상 온갖 현상은 모두가 변화하고 바뀌고 없어진다. 그런데 이러한 변화무쌍한 만법과는 상관없는 것이 어떤 것이냐고 묻는 것이다. 다시 말하면 천지가 뒤덮이고 세간이 천만 번 바뀌어도 결코 그와는 상관이 없는 참 진리를 묻고 있는 것이다. 이에 대해 답하기를,

"네가 서강의 물을 단숨에 다 마시는 것을 보아 일러주마." 했다.

방 거사는 이 말 아래 단번에 자기 본성을 깨쳤던 것이다.

화두에는 흔히 1700 공안이 있다고 하는데, 사사물물이 다 화두가 될 수 있으며, 흔히 "이 뭣고", "무(無)", "뜰앞의 측백나무", "마삼근" 등이 많이 쓰인다.

양일아(養一鵝)화두도 있다. 이는 병 속에 거위를 넣었는데, 이 거위가 자라서 병을 꽉 채웠다. "병도 깨지 않고, 거위를 죽이지도 않고, 거위를 꺼내오너라"이다.

염불에는 속으로 불보살을 외는 염불 염보살도 있지만, 칭명염불(염보살포함)이라 하여 부처님 이름을 부르면서 하는 염불도 있다.

그 예를 들면,

"석가모니불", "나무석가모니불"

"아미타불", "나무아미타불"(무량광불, 무량수불)

"비로자나불", "나무청정법신 비로자나불"(대일여래)

"미륵존여래불", "나무미륵존여래불"(백성욱 박사님 창도)

"약사여래불", "나무역사여래불" 등이다.

염보살에는 "나무관세음보살", "나무보현보살", "나무지장보살", "나무약왕보살" 등을 예로 들 수 있다.

염법에도 속으로 외는 염법도 있고, 불경을 부르면서 하는 칭명염법도 있다.

"나무묘법연화경", "나무금강반야바라밀경"

"나무대방광불화엄경" 등이 그런 예이다.

진언은 본래 의미 없는 말소리로 만트라(mantia)이나, 다라니 · 주문 · 총지 · 능지 · 능화라고도 한다.

만트라와 수트라를 중심으로 인도 베다사상과 현대과학을 통합하여 만든 수도기법이 마하리시 마헤시 요기가 창도한 초월명상(TM: Transcendental Meditation)이다. 만트라를 통해 삼매에 이르고 수트라(경이라는 말, 파탄자리의 요가수트라 활용)를 통하여 자재로운 활동에 이르게 한다.

진언을 일심으로 외워 정진하면, 본래 자기 불성이 발현되어 무한능력이 발휘되고 밝음이 극치에 연결되어 광명장이 되고 지혜장, 자비장, 복덕장, 약왕장, 무의장, 여래장이 된다.

다라니 수지독송은 성불의 인을 심는 것이라 할 것이다.

대표적으로 보살대중에게 친근한 진언(다라니)을 살펴본다.

먼저, 태장계 법신 진언을 보고, 다음 천수천안관세음보살천수경에 나오는 것을 살피고, 대불정수능엄왕신주를 보기로 한다.

- 태장계법신진언

옴 아비라 훔캄 스바하(108번)

- 금강계법신진언

옴 바즈라 다트밤(108번)

- 정구업진언

수리수리 마하수리 수수리 스바하(세번)

- 오방내외 안위제신진언

나무 사만다 못다남 옴 도로도로 지미 스바하(세번)

- 파지옥 진언

옴 가라지야 스바하(세번)

- 개경게

무상심심미묘법 백천만겁난조우

아금문견득수지 원해여래진실의

- 개법장진언

옴 아라남 아라다(세번)

- 정법계 진언

옴 남(세번)

- 무구정광대다라니(청정광명불 진언)

무구정광대다라니경은 1966년 10월, 불국사 석가탑 복원 공사 중에 탑신부 2층 금동사리함에서 나온 것으로 국보 126호로 지정된 바(1967. 9. 16), 무구정광대다라니를 지송하면, 죄업을 소멸하고 장수를 하며 아미타불의 극락정토에 태어나 성불할 수 있다 한다.

이 경은 AD 704년 당나라 미타산 스님이 한역하고, 706년에 경주 황복사 삼층석탑 등에 그 사본을 봉납하였고, 그때 불국사 고금창기에도 석가탑 건조 이후 탑을 한번도 열지 않은 바, 이경이 전해지게 됐으며, 이 경은 세계사상 가장 오래된 목판인쇄물로, 지금까지 최고목판 인쇄물이라는 일본의 770년 제작 '백만탑 다라니경' 보다도 약 60여년이 앞선다고 할 수 있다.

이 다라니는 다음과 같다.

나마 삽타삽타티뱌 삼먁삼붇다 고티남.

파리슏다 카야박시따 프라티스티타남.

나모 바가바테 아미타유사야 타타가타야.

옴, 살바 타타가타 싣다 아유르바르나발라 숟데,

삼바라 삼바라 살바 타타가타 비리야바레나

프라티삼먀라.

스마라 스마라 살바 타타가타삼마얌 아누팔라야.

보디보디. 붇댜 붇댜. 보다야 보다야. 살바사트바남

차 살바 파파아바라나 비소다야.

살바 마라바얌 비가테.

수붇다 붇디 후루 후루 스바하.

Namah sapta—saptatibhyah samyak—sambuddha kotinam,

parisuddha kaya—vak—citta prati—sthitanam.

Namo bhagavate amitayusaya tathagataya.

Om, sarva tathagata siddha ayur—varnabala suddhe,

sam—bhara sam—bhara, sarva tathagata virya—balena

prati—samharya.

Smara smara sarva tathagata—samayam anupalaya.

Bodhi bodhi, budhya budhya, bodhaya bodhaya,

sarva sattvanam ca sarva papa—avarana vi—sodhaya.

Sarva marabhayam vi—ghate.

Su—buddha buddhi huru huru svaha.

(위덕대 불교문화학과 이태승교수 제공)

• 천수천안관세음보살광대원만무애대비심대다라니

천수다라니=대비심다라니=천수대비주=신묘장구대다라니=천수관음삼매(밀

종, 선종에서 많이 지송한다)

- 대비심다라니 계청

계수관음대비주 원력홍심상호신 천비장엄보호지 천안광명변관조

稽首觀音大悲呪 願力弘深相好身 千臂莊嚴普護持 千眼光明便觀照

진실어중선밀어 무위심내기비심 속령만족제희구 영사멸제제죄업

眞實語中宣密語 無爲心內起悲心 速令滿足諸希求 永使滅除諸罪業

천룡중성동자호 백천삼매돈훈수 수지신시광명당 수지심시신통장

天龍衆聖同慈護 百千三昧頓薰修 受持身是光明幢 受持心是神通藏

세척진로원제해 초증보리방편문 아금칭송서귀의 소원종심실원만

洗滌塵勞願濟海 超證菩提方便門 我今稱誦誓歸依 所願從心悉圓滿

나무대비관세음 원아속지일체법 나무대비관세음 원아조득지혜안

南無大悲觀世音 願我速知一切法 南無大悲觀世音 願我早得智慧眼

나무대비관세음 원아속도일체중 나무대비관세음 원아조득선방편

南無大悲觀世音 願我速度一切衆 南無大悲觀世音 願我早得善方便

나무대비관세음 원아속승반야선 나무대비관세음 원아조득월고해

南無大悲觀世音 願我速乘般若船 南無大悲觀世音 願我早得越苦海

나무대비관세음 원아속득계정도 나무대비관세음 원아조등원적산

南無大悲觀世音 願我速得戒定道 南無大悲觀世音 願我早登圓寂山

나무대비관세음 원아속회무위사 나무대비관세음 원아조동법성신

南無大悲觀世音 願我速會無爲舍 南無大悲觀世音 願我早同法性身

관음보살 대비주께 머리숙여 절합니다.

위대하신 원력으로 거룩한상 갖추시고

일천팔로 온누리를 보호하여 거두오며

일천눈의 광명으로 뭇중생을 살피오며

진실하온 말씀으로 비밀한뜻, 베푸옵고

하염없는 마음으로 자비심을 펴시나이다.

온갖소원 빨리빨리 모두 다 이루오며

저희들의 모든 죄업 깨끗하게 씻어이다.

청룡팔부 성중들도 저희들을 보살피어

백천가지 온갖삼매 한꺼번에 닦아이다.

대비주를 지닌 이 몸 큰 광명의 깃발이며

대비주를 지닌 마음 큰 신통의 곳집이니

세상 번뇌 씻어내고 생사고해 어서건너

보리지혜 뛰어 얻는 방편문을 얻어이다.

제가 이제 외우오며 귀의하기 원이오니

바라는 일 마음따라 모두모두 이뤄이다.

대자대비 관세음께 귀의하여 비옵니다.

깊고얕은 온갖진리 어서빨리 깨달아이다.

대자대비 관세음께 귀의하여 비옵니다.

진리의 밝은 눈을 빨리빨리 얻어이다.

대자대비 관세음께 귀의하여 비옵니다.

한량없는 고해중생 빨리빨리 건져이다.

대자대비 관세음께 귀의하여 비옵니다.

전지전능 묘한방편 빨리빨리 얻어이다.

대자대비 관세음께 귀의하여 비옵니다.

깨달음의 지혜 배에 빨리빨리 올라이다.

대자대비 관세음께 귀의하여 비옵니다.

생사세계 괴로움바다 빨리빨리 건너이다.

대자대비 관세음께 귀의하여 비옵니다.

계지키고 선정닦음 빨리빨리 이워이다.

대자대비 관세음께 귀의하여 비옵니다.

생사없는 열반산에 빨리빨리 올라이다.

대자대비 관세음께 귀의하여 비옵니다.

하염없는 진리의집 빨리빨리 드러이다.

대자대비 관세음께 귀의하여 비옵니다.

진리의몸 여래의몸 빨리빨리 얻어이다.

칼산지옥 제가 갈제 칼산 절로 무너지고

화탕지옥 제가 갈제 화탕지옥 말라지며

지옥세계 제가 갈제 지옥절로 소멸되고

아귀세계 제가 갈제 아귀 절로 배부르고

수라세계 제가 갈제 악한 마음 조복되며

축생세계 제가 갈제 슬기 절로 생겨이다.

• 신묘장구대다라니

나모 라다나 다라야야

삼보님께 귀의합니다.

나막 알야 바로기제새바라야 모지사다바야

거룩한 관세음보살님께 귀의합니다.

마하 사다바야 마하 가로니가야

위대한 존재이신 대비의 주님(大悲主)께.

옴 살바 바예수 다라나 가라야

모든 공포에서 피난처를 베푸시는 님께.

다사명 나막 까리다바

님에게 귀의하고 나서

이맘 알야 바로기제새바라 다바

이 관세음에 대한 찬가를

니라간타 나막 하리나야 마발다이사미

목에 푸른빛을 띈, 그 마음을 노래합니다.

살발타 사다남 수반 아예염

모든 요익을 성취하게 하고, 아름답고, 견줄 수 없는 그 마음을

살바 보다남 바바 말아 미수다감

모든 뭇 삶들의 윤회의 길을 청정하게 하는 그 마음을

다냐타

그것은 다음과 같습니다.

옴 아로게 아로가 마지 로가지가란제

옴~빛이여! 지혜의 빛을 지닌 님이여! 세상을 뛰어넘은 님이시여!

혜혜 하례 마하 모지사다바

오! 오! 님이시여! 위대한 깨달음의 존재(大菩薩)이시여!

사마라 사마라 하리나야

마음을 새기고 또 새기소서

구로 구로 갈마 사다야 사다야

일하고 또 일하시고, 이루어 주시고 또 이루어 주소서.

도로 도로 미연제 마하미연제

승리하고 승리하소서, 승리하는 님이시여! 위대한 승리의 님이시여!

다라 다라 다린나례새바라

수호하고 수호하소서, 번개를 수호하는 님이시여!

자라 자라 마라 미마라 아마라 몰제

운행하고 운행하소서, 티끌 속에서 티끌을 떠난 님이시여! 청정해탈의 님이시

여!

예혜혜 로게새바라

오소서, 오소서, 세계의 님이시여!

라아 미사미 나사야

탐욕의 독을 없애주소서

나베사 미사미 나사야

분노의 독을 없애주소서

모하 자라 미사미 나사야

어리석음으로 얽힌 독을 없애주소서

호로 호로 마라 호로 하례 바나마 나바

아! 아! 님이시여! 오! 오! 주님이시여! 단전에서 연꽃이 피어나는 님이시여!

사라 사라 시리 시리 소로 소로 못쟈 못쟈 모다야 모다야

물은 흐르고 또 흐르니, 깨달음으로 깨달음으로, 깨닫고 또 깨닫게 하소서!

매다라야 니라간타

목에 푸른빛을 띈, 자비의 님이시여!

가마사 날사남 바라하라나야 마낙 스바하

감각적 쾌락의 욕망을 부숴버린 쁘라흘라다의 마음을 위하여, 스바하

싯다야 스바하 마하 싯다야 스바하 싯다 유예새바라야 스바하

성취자를 위해서 스바하, 위대한 성취자를 위해서 스바하,

성취자인 요가의 님을 위해서, 스바하

니라간타야 쓰와하

목에 푸른빛을 띈 님을 위하여, 쓰와하

바라하 목카 싱하 목카야 쓰와하

멧돼지 형상의 님과 사자형상의 님을 위하여, 쓰와하

바나마 하따야 쓰와하

손에 연꽃을 든 님을 위하여, 쓰와하

자가라 욕다야 쓰와하

보륜을 사용하는 님을 위하여, 쓰와하

상카 섭나 네모다나야 쓰와하

소라고동에서 소리가 울릴 때 깨어난 님을 위하여, 쓰와하

마하 라구타 다라야 쏴ㅡ

위대한 금강저를 지닌 님을 위하여, 쏴ㅡ

바마 사간타 이사 시체다 가릿나 이나야 쏴ㅡ

왼쪽 어깨쪽에 서 있는 승리의 크리슈나님을 위하여 쏴ㅡ

먀가라 잘마 이바사나야 쏴ㅡ

호랑이 가죽 위에서 명상하는 님을 위하여 쏴ㅡ

나모 라다나 다라야야

삼보님께 귀의 합니다.

나막 알야 바로기제 새바라야 쏴ㅡ

거룩한 관세음보살님께 귀의 합니다. 쏴ㅡ

- 참회진언

옴―살바 못자모지 사다야 스바하(세번)

准提功德聚 寂靜心常誦 一切諸大難 無能侵是人

준제공덕취 적정심상송 일체제대난 무능침시인

天上及人間 受福如佛等 遇此如意珠 定獲無等等

천상급인간 수복여불등 우차여의주 정획무등등

南無七俱胝佛母大准提菩薩

나무칠구지불모대준제보살(세번)

준제주의 한량없는 공덕 고요히 늘 외우면

그 아무리 어려움도 침노하지 못하오리

하늘이나 사람이나 부처님 복 받으오며

이 여의주 만나는 이는 가장 높고 큰 법 얻나이다.

- 호신진언

옴 치림(세번)

- 관세음보살 본심미묘 6자대명왕 진언

옴 마니 받메훔(세번)

- 광명진언

옴 아모가 바이로카나 마하무드라

마니파드마즈바라 프라바를타야 훔(108번)

- 5분향례와 헌향 진언

계향 정향 혜향 해탈향 해탈지견향

광명운대 주변법계 공양시방 무량불법승

옴 바아라 도비야 훔(세번)

- 대불정능엄신주

나모스 타타가토스니삼 시타타 파트람 아파라지탐 프라퉁기람 다라니

나맣 사르바 붇다 보디사트베뱥 나모 삾타남 사막삼붇다 코티남 사스라바카

삼가남 나모 로케 아르한타남 나모 스로타판나남 나모 스크르타가미남 나모 아

나가미남 나모 로케 사먁가타남 사막프라티판나남 나모 라트나 트라야야 나모

바가바테 드르다수라세나 프라하라나라자야 타타가타야 아르하테 사막삼붇다

야 나모 바가바테 아미타바야 타타가타야 아르하테 사막삼붇다야 나모 바가바

테 악소바야 타타가타야 아르하테 사막삼붇다야 나모 바가바테 바이사이쟈구루

바이투라 프라바라자야 타타가타야 아르하테 사막삼붇다야 나모 바가바테 삼푸

스피타 사렌드라라자야 타타가타야 아르하테 사막삼붇다야 나모 바가바테 사캬

무나예 타타가타야 아르하테 사막삼붇다야 나모 바가바테 라트나쿠수마 케투라

자야 타타가타야 아르하테 사막삼붇다야 나모 바가바테 타타가타쿠라야 나모

바가바테 파드마쿠라야 나모 바가바테 바즈라쿠라야 나모 바가바테 마니쿠라야 나모 바가바테 가르자쿠라야 나모 데바르시남 나모 싣다 비댜 다라남 나모 싣 다비댜다라르시남 사파누그라하 사마르타남 나모 브라흐마네 나모 인드라야 나 모 바가바테 루드라야 우마파티사헤야야 나모 나라야나야 락삼미사헤야야 팜차 마하무드라 나마 스크르타야 나모 마하카라야 트리푸라나가라 비드라파나카라 야 아디묵토카 스마사나바시니 마트르가나 나말 스크르타야 에뵤 나말 스크르 트바 이맘 바가바타 스타타가토스니삼 시타타파트람 나마 파라지타 프라퉁기람 사르바데바 나마 스크르탐 사르바데베뱧 푸지탐 사르바데베스차 파리파리탐 사 르바부타그라하 니그라하카림 파라비댜체다나카림 두남타남 사트바남 다마캄 두스타남 니바라님 아카라므르튜 프라사마나카림 사르바반다 나목사나카림 사 르바 두스타 두스바프나니바라님, 차투라시티남 그라하사하스라남 비드밤사나 카림 아스타빔사티남 낙사트라남 프라사다나카림 아스타남 마하그라하남 비드 밤사나카림 사르바 사트루니바라님 구람 두스바프나남차나사님, 비사사스트라 아그니 우다카 우트라님 아파라지타구라 마하 찬남 마하 디프탐 마하 테잠 마하 스베탐 즈바라 마하 바라 스리야판다라바시님 아랴타라 브르쿠팀체바잠 바즈 라 마레티 비스루탐 파드마크맘 바즈라 지흐바차 마라체바 파라지타 바즈라 단 디 비사라차 산타바이데하푸지타 사이미루파 마하스베타 아랴타라 마하바라아 파라 바즈라 상카라체바 바즈라 코마리 쿠란다리 바즈라 하스타차 마하비댜 타 타캄차나마리카 쿠숨바라타나체바 바이로카나 쿠다르토스니사 비즈름바마나차 바즈라 카나카 프라바로차나 바즈라 툰디차 스베타차카마락사 사시프라바 이 테테 무드라가나 사르베락삼 쿠르반투 마마샤 옴 리시가나 프라사스타 타타가 토스니사 훔브룸 잠바나 훔브룸 스탐바나 훔브룸 보하나 훔브룸 마타나 훔브룸 파라비댜 삼박사나카라 훔브룸 사르바두스타남 스탐바나카라 훔브룸 사르바약사 락사사그라하남 비드밤사나카라 훔브룸 차투라시티남 그라하사하스라남 비나사나카라 훔브룸 아스타빔사티남 낙사트라남 프라사다나카라 훔브룸 아스타남 마하그라하남 비드밤사나카라 락사락사 맘 바가밤 스타타가토스니사 마하프라퉁기레 마하사하스라부제 사하스라시르사이 코티사타하사스라네트레 아벰댜즈바리타나타나카 마하바즈로다라 트르부바나 만다라 옴 스바스티르 바바투 마마 라자 바야 초라 바야 아그니 바야 우다카 바야 비사 바야 사스트라 바야 파라차크라 바야 두르빅사 바야 아사니 바야 아카라므르튜 바야 다라니부미캄파 바야 우르카파타 바야 라자단다 바야 나가 바야 비듀 바야 수프라니 바야 약사 그라하 락사사그라하 프레타그라하 피사차그라하 부타그라하 쿰반다그라하 푸타나그라하 카타푸타나그라하 스칸다그라하 아파스마라그라하 운마다그라하 차야그라하 레바티그라하 우자하리냐 가르바하리냐 자타하리냐 지비타하리냐 루디라하리냐 바사하리냐 맘사하리냐 메다하리냐 마자하리냐 반타하리냐 아수차하리냐 치차하리냐 테삼사르베삼 사르바그라하남 비담 친다야미 키라야미 파리브라자카 크르탐비담 친다야미 키라야미 다카다키니 크르탐비담 친다야미 키라야미 마하파수파티 루드라 크르탐비담 친다야미 키라야미 타트바가루다사헤야 크르탐비담 친다야미 키라야미 마하카라 마트르가나 크르탐비담 친다야미 키라야미 카파리카 크르탐비담 친다야미 키라야미 자야카라마두카라 사르바르타 사다나 크르탐비담 친다야미 키라야미 차투르바기니 크르탐비담 친다야미 키라야미 브름기리티카 난디케스바라 가나파티사헤야 크르탐비담 친다야미 키라야미 나그나스라마나 크르탐비담 친다야미 키라야미 아르한타 크르탐비담 친다야미 키라야미 비타라가 크르탐비담 친다야미 키라야미 바즈라파니 크르탐비담 친다

야미 키라야미 브라흐마크르탐 루드라크르탐 나라야나 크르탐비담 친다야미 키

라야미 바즈라파니 구햐카디파티 크르탐비담 친다야미 키라야미 락사 락사 맘

바가밤 시타타파트라 나모 스투테 아시타나라르카 프라바스푸타 비카시타타파

트레 즈바라즈바라 다카다카 비다카비다카 다라다라 비다라비다라 친다친다 빈

다빈다 훔훔 파트파트 스바하 헤헤 파트, 아모가야 파트, 아프라티하타야 파트

바라프라다야 파트, 아수라 비드라파카야 파트 사르바데베뱡 파트 사르바나게

뱡 파트 사르바약세뱡 파트 사르바락사세뱡 파트 사르바가루데뱡 파트 사르바

간다르베뱡 파트 사르바아수레뱡 파트 사르바킨다레뱡 파트 사르바마호라게뱡

파트 사르바부테뱡 파트 사르바피사체뱡 파트 사르바쿰반데뱡 파트 사르바푸

타네뱡 파트 사르바카타푸타네뱡 파트 사르바두르람기테뱡 파트 사르바두스프

렉시테뱡 파트

사르바즈바레뱡 파트 사르바아파스마레뱡 파트 사르바스라마네뱡 파트 사르

바티르티케뱡 파트 사르바운맘데뱡 파트 사르바비댜차레뱡 파트

자야카라마두카라 사르바르타 사다케뵤 비댜차레뱡 파트 차투르바기니뱡 파

트

바즈라 코마리 쿠란다리 비댜라제뱡 파트 마하프라퉁기레뱡 파트 바즈라 상

카라야 프라퉁기라라자야 파트 마하카라야 마트르가나 나마 스크르타야 파트

인드라야 파트 브라흐미니예 파트 루드라야 파트 비스나비예 파트 비스네비예

파트 브라흐미예 파트 아그니예 파트 마하카리예 파트 로드리예 파트 카라단디

예 파트 아인드리예 파트 마트리예 파트 차문디예 파트 카라라트리예 파트 카파

리예 파트 아디묵토카스마사나 바시니예 파트 예케칠타 사트바 마마 두스타칠

타 파파칠타 로드라칠타 비드바이사칠타 아마이트라칠타 우트파다얀티 키라얀

티 만트라얀티 자판티 조한티 우자 하라 가르바 하라 루디라 하라 맘사 하라 메다 하라 마자 하라 바사 하라 자타 하라 지비타 하라 마랴 하라 바랴 하라 간다 하라 푸스파 하라 파라 하라 사샤 하라 파파칠타 두스타칠타 데바그라하 나가그라하 약사그라하 락사사그라하 아수라그라하 가루나그라하 킨다라그라하 마호라가그라하 프레타그라하 피사차그라하 부타그라하 푸타나그라하 카타푸타나그라하 쿰반다그라하 스칸다그라하 운마다그라하 차야그라하 아파스마라그라하 다카다키니그라하 레바티그라하 자미카그라하 사쿠니그라하 난디카그라하 람비카그라하 칸타파니그라하 즈바라 에카히카 드바이티야카 트레티야카 차투르타카 니탸즈바라 비사마즈바라 바티카 파이티카 스레스미카 산디파티카 사르바즈바라 시로르티 아르다바베다카 아로차카 악시 로감 무카 로감 흐르드 로감 카르나 수람 단다 수람 흐르다야 수람 마르마 수람 파라스바 수람 프르스타 수람 우다라 수람 카티 수람 바스티 수람 우루 수람 잠가 수람 하스타 수람 파다 수람 사르방가프라퉁가 수람 부타베타다 다카다키니 즈바라 다드루칸듀키티 바로타바이 사르파로하링가 소사트라사가라 비사요가 아그니 우다카 마라베라 칸타라 아카라므르튜 트라이무카 트라이라타카 브르스치카 사르파나쿠라 심하 뱌그라릭사 타라릭사 차마라지비베 테삼사르베삼 시타타파트라 마하바즈로오스니삼 마하프라퉁기람 야바드바 다사요자나 반타레나

사마 반담 카로미 디사 반담 카로미 파라비댜 반담 카로미 테조 반담 카로미 하스타 반담 카로미 파다 반담 카로미 사르방가프라퉁가 반담 카로미 타댜타 옴 아나레 아나레 비사다비사다 반다반다 반다니반다니 바이라바즈라파니 파트 훔 브룸 파트 스바하 나모 스타타가타야 수가타야르하테 사막삼붇댜야 시담투 반트라파다 스바하

■ 회향계

맑고도 깨끗한 우리 대중들 능엄의 비밀주를 높이 외우고 삼보님과 용의 무리
여러 천신과 가람수호 성중들께 회향하오니 삼악도 팔난고를 다 벗어나고 사은
삼유 빠짐없이 은혜 입으며 나라가 편안하여 싸움이 없고 바람비 순조로워 백성
즐기며 대중들 닦는 도업 날로 나아가 십지를 뛰어넘어 어려움 없고 삼문이 청
정하여 근심 끊어져 심신단월 귀의하여 복혜 받으세

시방세계 삼세의 모든 부처님 높으시고 거룩한 여러 보살들 크고 큰길 밝게
비친 부처님지혜.

대불정수능엄신주는 부처님 머리꼭대기 살상투광명으로 모든 어려
움이나 장애를 제해주는 최고 다라니로서, 무상삼매에 드는 선(능엄선,
반문문성 이근원통) + 교(교리) + 밀교가 합쳐져 있다. 바람이 먼지를
날려버리듯, 어둠을 없애버리는 대불정수 능엄신주는 본래 인도 나란
타사에서 밀교경전으로 전해오다가, 당 중종 때(AD 705) 중인도 반자
밀제가 와서 한역했고, 그후 당나라 불공 삼장스님 · 선화스님과 송나
라 인악대사 · 고려 보환대사(능엄경신료) 등이 이를 전했고, 현대 한국
에서는 성수스님 · 성철스님 · 탄허스님 · 운허스님이 깊은 관심을 가
지셨다. 이본이 있으나, 통설에 따랐다. 주요내용은 불정 대지혜 광명
으로 불보살 신중께 수호기원, 좋은 일 있게 기원, 안 좋은 주문 등 파
괴, 악귀 등 재난, 장애 소멸시켜 구고구난, 모든 것이 큰 광명으로 꿰
뚫리어 광명세계가 되게 하는 것이다.

다음에는 태백산계수능엄왕 대다라니 비밀신주를 싣는다.

나모 바아바뎨 살바 불타 송아다야 다타아다야 아르하뎨 삼먁삼불다야

참으로 보리를 성취하려는 사람은 이 보배의 명호를 먼저 일백팔 번 성심을 다하여 외우고 난 후에 다음 비밀주를 외워라.

다냐타 옴 아나례 아나례 비샤례 비샤례 베라 바아라 다례 반다 반다 반다 니 반다니 바아라 바아라 바니바그 훔 부림 바그 사바하 옴 비로녜 사바하 나막 그 사르바 다타아다야 마하 바아로 오스니사야 마하 시다 반다라 바나야 사바하

(108번 송주 필요)

· 금강경 진언(다라니)

나모 바가바뎨 쁘라쥬나 빠라미타야

옴 이리따 이시라 슈도다 비사야 비사야 스바하

Namo bhagavate prajunaparamitaya

om irita suddhoda visaya visaya svaha

거룩한 지목행족에 귀의합니다.

옴. 어서 빨리 의심을 연꽃처럼 청정하게 하소서.

석가세존께서 생애 마지막 8년간 설하셨고, 견성성불을 모두 다룬 법화경에도 다라니가 많이 있다.

다라니품에는 약왕보살다라니, 용시보살다라니, 비사문천왕다라니, 지국천왕다라니, 귀자모다라니 등 5개의 다라니가 있다. 약왕보살다라니 등은 병고를 없애주거나, 건강회복, 법사옹호 등 기도할 때 송주

하면 좋은 다라니이다.

■ **약왕보살다라니**

안니 만니 마네 마마네 지례 차리제 샤먀 사리다위 선뎨 목뎨 목다리 사리 아 위사리 상리 사리 사예 아사예 아기니 선뎨 샤리 다라니 아로가바사파비사니 네 비뎨 아변다라네리뎨 아단다파례수디 우구례 무구례 아라례 파라례 수가차 아 삼마삼리 붓다비기리질뎨 달마파리차뎨 싱가녈구사네 바사바사수디 만다라 사 야다 우루다 우루다교사랴 악사라 악사야댜야 아바로 아마야나다야

■ **용시보살다라니**

자례 마하자례 욱기 목기 아례 아라바제 녈례제 녈례다바제 이디니 위디니 지 디니 녈례지니 녈리지바디

■ **지국천왕다라니**

아가네 가네 구리 건다리 전다리 마등기 상구리 부루사니 알디

■ **귀자모다라니**

이제리 이제민 이제리 아제리 이제리 니리 니리 니리 니리 니리 루혜 루혜 루 혜 루혜 다혜 다 혜 다혜 도혜 로혜

이 세계를 지배하는 비사문천왕다라니는 "아리 나리 노나리 아나로 나리 구 나리"이다.

이 신주는 중생을 어여삐여기며, 법사들을 옹호하고 법화경 지닌 자를 옹호하여 그가 있는 백유순 안에는 궂은 걱정이 없게 하는 것이다(예: 사람이 죽었을 때 이 다라니를 외면 시체가 상하지 않는다고 설송 스님께서 말씀함).

법화경 보현보살 권발품에는 보현다라니가 있다.

보현보살은 반 발자국만 떼면 성불할 수 있는 등각보살로 일체중생을 구호하려고 발심한 보살이다. 그는 5탁악세에도 법화경을 수지독송하는 이들에게 그를 만난 인연으로 삼매와 다라니를 얻고, 사람같지 않은 것들의 파손을 막고, 이성의 유혹도 받지 않게 하는 다라니를 부처님 허락을 받아 말한 것이다.

보현보살다라니는 다음과 같다.

아단디 단다바디 단다바데 단다구사례 단다수다례 수다례 수다라 바디 붓다 바선네 살바다라니 아바다니 살바바사아바다니 수아바다니 싱가바리사니 싱가 녈가다니 아싱기 싱가바가디 데례아다싱가도랴아라데바라데 살바싱가디삼마디 가란디 살바달마수파리찰데 살바살타루다교사랴아누가디 신아비기리디데

참선을 전문으로 하는 선사들의 경우에 대체적으로 다라니를 외면 하는 것으로 생각하는 사람들도 있으나, 선사들이 견성을 한 경우에도 돈오돈수한 석가세존의 경우를 제외하고, 보임하거나 보살도로 나아가 성불해야 하기 때문에 다라니 염송이나 다라니 수행을 하는 경우도 많다고 할 수가 있다.

참선과 염불, 다라니, 관세음기도가 이름만 다르지, 실은 하나이다. 마음을 한곳에 모으고, 지극한 정성으로 수행하여 삼매에 이르면 같은 것이다. 만연도방하(萬緣都放下)라 모든 인연을 놓아버리고 '나'라고 할 것이 없으니, 모든 원이 성취되는 것이다.

천수대비주로 효과를 본 선사로서는 경허 대선사의 제자인 수월 스님이 있다. 수월 스님은 스승 성원 스님의 배려로 천수대비주만 방에서 외우라고 하니, 7일만에 문을 박차고 나오며 "스님, 잠을 쫓았습니다!"라고 소리쳤다. 수월 스님은 그후 누가 무슨 경전을 물어도 막힘없이 대답했으며, 그뒤 참선 정진을 계속하여 평생 잠을 자지 않았다. 수월 스님께서는 말년의 항일독립운동기에 백두산과 간도지방에서 독립운동가들을 돕는 자비보살이자, 숨은 도인이었다.

수월 스님의 제자인 백용성 선사는 천수대비주를 6일간 10만 번 외우고, 자기의 근본면목에 대하여 깜깜한 방에 등불 밝히듯 명확해졌다고 한다.

용성 선사께서는 '무(無)'자 화두 참구로 확철대오하여 불교 중흥을 위하여 대각교 운동을 벌이고, 3·1독립운동을 지시하셨다.

용성 선사의 제자로 한국정화중흥불교의 기수였던 하동산 대종사도 참선으로 깨쳤으나, 천수대비주나 6자대명왕 관세음 진언을 암송하셨다 한다.

또한 하동산 대종사의 제자인 동림사 조실 화엄 선사도 참선을 통해 깨닫고 멸진정에 들고 신묘장구대다라니를 수행하여 6개월만에 천문지리에 통하고, 8개월만에 천안통이 열려 대자유인의 경지에서 노닐

게 되었다 한다.

세계적인 선사로 유명한 숭산행원 스님(제자로 하바드대 출신 미국인 현각 스님 등이 있음)은 신묘장구대다라니 수행을 위해 100일 기도를 하면서 많은 경험을 했다. 산속에서 50일이 지나자 마구니나 호랑이 · 용이 나타나기도 하고, 부처님이나 관세음보살이 나타나기도 하고, 동자 둘이 나와 춤을 돕기도 하며, 바위 통과 행을 보여주기도 했다.

숭산 스님은 100일 기도날, 목탁 염불하는 가운데, 자기가 무한공간에 있음을 알고, 있는 그대로 보고 들을 수 있는 모든 게 자성이라고 확인했다. 숭산 선사는 세계일화사상으로 한국불교의 세계화에 크게 기여하였다.

천태종을 창종하신 상월원각 종조도 천수대비주로 수행하여 깨달음을 얻고 보살도에 나섰으며, 법화경과 관세음보살 정진으로 천태종을 발전하게 했다.

통광 스님은 천수대비주로 칠불사를 복원했으며, 신행 스님은 신묘장구대다라니 수지 독송으로 45명이 탄 버스 추락사고에서 44명이 다 죽고, 혼자만 기적적으로 살아남았고, 월남 참전으로 3번 죽을 위기를 넘기고 살아남았다 한다.

우룡 선사는 효성 스님이 13세 때 신묘장구대다라니를 읽는 공덕으로 이모 판사가 제신의 피해를 벗어난 사례를 얘기한 바, 관음경(법화경 관세음보살보문품)을 읽거나 나무관세음보살을 염하거나 신묘장구대다라니 독송을 통해 명훈가피를 받아야 한다고 생활법문을 하신 바 있다.

관음경에는 염피관음력(念彼觀音力)하면, 3재8난이 다 해결된다고
했다.

임사체험

죽음 넘기

　사람이 세상을 살아가는데 있어, 가장 근본적인 문제는 생사의 문제이다. 특히 죽음의 문제는 인생고의 근원으로, 모든 공포와 불안의 기저가 된다. 그래서 큰 종교에서는 생사를 초월하는 문제를 다루고, 석가세존은 '견성성불'로 그 확실한 해결책을 제시하셨다.

　그런데 현대의학이 발달하면서 임사체험(臨死體驗, 죽음접근체험, 근사체험, near death experience)에 관한 연구가 활발히 진행되고 있다. 임사체험은 의학적으로 호흡이나 뇌파정지로 사망이 선언됐으나 다시 살아난 체험을 말한다.

　임사체험에 관한 사례보고서는 1975년 의사인 레이몬드 무디 박사가 『삶 이후의 삶』(life after life)이라는 책을 써서 사망선고를 받은 후 소생한 환자 100명에 대한 사례를 연구하여 발표함으로써 세계의 주목을 끌었다. 그후 임사체험에 관한 사례는 세계에서 수백만 명이나 되는 것으로 알려졌다.

그런데 20세기초에 인류의 '제4의길'을 내세운 현자로 서양의 달마라는 그리스의 조지 구제프(George Gudjieff)가 깨달음을 위하여 죽음을 무릅쓰고 임사체험을 활용하여 사람들을 놀라게 했다.

인류 보편현상인 임사체험을 연구한 사람들은 플라톤, 노스트라다무스를 비롯하여 정신과 여의사로 죽음의 순간을 쓴 엘리자베스 쿠불러 로스(임사체험가 연구, 스위스 출신) 코네티컷 대학의 케네스링 교수, 교토대 가와이 하야오(河合隼雄) 교수,『죽음은 존재하지 않는다』를 쓴 루카넨 킬데 교수,『임사체험』이란 책을 쓴 다치바니 다카시(立花隆)씨 등으로 많은 사람들이 임사체험을 연구하고 있다.

심리학자, 정신신경과 의사, 뇌생과학자, 종교학자, 문화인류학자, 철학자, 구도자들이 이 연구에 관심을 갖고 있으며, 대체적으로 과학적 현상으로 보지만, 환각으로 보는 견해도 있다.

임사체험 연구는 6대주에서 다 이루어지고, 1990년에는 미국 워싱턴 조지타운대학에서 13개 국 300명의 연구자와 체험자들이 모여 제1회 임사체험 국제회의를 열기도 했다.

임사체험자들은 흔히 강이나 시냇물의 다리를 건너다가 도중에 물이 빠지거나, 갑자기 호랑이를 만나거나 하여 돌아오는 경우도 많다고 한다.

1980년 링 박사가 발표한 임사체험자의 경험 5단계는 평화로운 감정상태 돌입(약 60%가 체험), 유체이탈(유체가 다시 자기를 내려다 본다. Out of body experience 37%), 긴 어둠의 터널 지나기(약 23%, 여기서 내세로 갈 것인지, 지구로 되돌아 갈 것인지를 결정하는 갈림길이 됨), 빛의 발견(16%, 한 광점이 커져 몸을 감싼다), 빛을 향해 들어가는 단계(10%, 빛을 발하는 신불을 만나기도 함) 등이다.

실반 멀둔은 『유체이탈』이라는 책에서 죽음은 그 사람이 자기 육체에로 다시 돌아와 살지 않는 단순한 영구이탈로 죽을 때 의식은 단순히 퍼지는 것이 아니다. 빠져나가는 것이라 했다.

의학의 발달로 최근 임사체험자는 두 배로 증가했으며, 미국의 경우 매일 평균 774명의 미국인이 임사체험을 한다고 한다. 물리학자요, 루이지아나 호마병원에 근무하는 제프리 롱 박사는 2000년 1,300건 이상의 임사체험을 연구하고, 임사체험 연구재단을 설립했다. 그는 임사체험을 한 사람들은 각기 다른 많은 체험을 하나 대체로 죽음에 대한 공포가 줄고, 사후세계에 대한 믿음이 강화되며, 신불의 존재를 믿는 경향이 깊어지고, 사람들과의 관계에서 사랑이 강화되는 경향을 보인다고 발표했다.

임사체험에 관련된 주요인물을 보면 다음과 같다.

스웨덴의 생물학자, 물리학자, 천문학자이며, 뉴에이지 영성운동의 스웨덴보그(Emanuel Swedenborg, 1668~1772)는 28년간 영계탐험을 하고 영혼의 육체에서 빠져나간 후의 체험을 쓴 『나는 영계를 보고 왔다』를 비롯하여 35권의 저서를 내었다.

임사체험과는 다르겠지만 작가요, 구도자인 수선회 회장 문화영 선생은 신선도 수련과 선계통신을 통해 선계에 있는 신선을 만나고 와서 『선계에 가고 싶다』는 책을 쓰기도 했다.

한국인으로 임사체험을 공개적으로 밝힌 사람은 영화배우인 김보성(본명 허석)이다. 그는 2013년 8월 9일 KBS 2TV '가족의 품격 풀하우스'에서 죽음의 경계에서 깨달은 체험과 임사체험을 털어놨다. 그는 과거 한때 13명을 상대로 산속에서 싸우다 한쪽 눈을 실명하고, 산밑 구덩에서 두 시간 기절하고서 천국을 다녀왔고, 소용돌이치는 것을 보았는 바, 어떤 은인을 만나 집으로 돌아온 적이 있다고 했다.

일본의 가수이자 영화배우인 이시하라 유지로(碩裕次郎)로 9시간에 걸친 대수술 끝에 목숨을 건졌으나, 그후 일주일 동안 의식이 회복되지 않아 사경을 헤맸고, 그 다음 의식이 돌아왔다. 그는 "나는 오랫동안 거의 잠잔 것 같아 의식이 돌아오기 전까지 여러 가지 꿈꾼 것은 기억하고 있다.(중략) 끝없는 강변길을 지프차를 타고 가다 차를 탄 채 강 건너편으로 뚫고 가려 했다. 그런데 핸들을 돌리려고 할 때마다 이유는 모르지만 누군가가 막아서, 차는 다시 강 이쪽편으로 돌아오고 말았다. 그렇지만 강변의 돌도 물도 억새풀도 모두 눈부시게 흰빛으로 빛나고 있었다. 여하튼 내가 지금까지 어디서도 보지 못했던 투명하고 아름다운 강이었어."라고 말했다.

1912년 이란의 의사인 알리레자(당시 37세)가 마약밀수 혐의로 교수형을 선고받고, 집행되었다. 그런데 가족들이 다음날 시신을 넘겨받고 보니 숨을 쉬고 있어 살아났다. 이란 정부는 사형을 재집행하겠다고 발표했다. 이란의 종교지도자 골파예가니가 반대하고 국제 Amnerty와

여론이 반대하자, 이란 법무장관은 사형 재집행을 철회하였다. 그는 새 삶을 얻었다.

임사체험에 관하여 일본인 중에는 죽은 지 사흘 뒤에 소생한 기록이 있다.

일본 추고(推古) 천황시대에 성덕태자가 죽은 뒤 4년 후, 그의 부하로서 나니와에 살고 있던 야스노코노 무라지노키미라는 사람이 죽었다.

죽은 후 시신에서 향기가 났는데, "죽은 지 사흘째 소생하더라." 그는 소생한 후 "오색구름이 있어 무지개처럼 북으로 이어져 있으니, 그것을 따라, 구름길을 걸어가니 좋은 향기가 나더라"고 처자에게 말했다.

일본 영이야기에는 임사체험기로 또 우치습유(芋治拾遺)이야기가 있다.

일본 이나바국 다카쿠사군에 있는 고쿠류지(固隆寺)절이 있는데 지장보살상을 모셨다. 이 절 일을 잘보고 지장보살상 불사를 도와준 전당(專當)법사가 있었다. 전당법사가 병으로 죽고, 처자가 슬피울고, 시신을 관에 넣지 않고 방에 그대로 두었다. 죽은 지 엿새째 되던 날, 미시에 갑자기 관이 흔들리고 보는 사람이 무서워 달아났다. 시체를 관에 넣었더니 갑자기 관이 또 움직였다. 처가 슬피울며 열어보니 전당법사가 소생하였다. 입에 물을 넣어주니 명부의 얘기를 했다.

"귀신 두명이 나를 잡아 끌고, 벌판으로 가는데, 흰 옷 입은 승려가

와서 '귀신들아, 이 법사 용서해 주게' 나는 지장보살이니라. 내가 고쿠류지에 있을 때, 이 승려가 신심을 가지고 나를 공양하고 불상을 조성해 주었으니 은혜를 잊을 수 없구나, 반드시 용서해 줘야 할 자이니라."고 얘기했다.

전당법사는 "귀신들이 용서해주고, 성심껏 돌아가는 길을 가르쳐 주어 살아 돌아왔다"고 말했다.

도인들 가운데는 생사를 초월하기 위하여 임사체험하는 경우가 많다.

달마 대사나 해리 팔머, 조지 구제프 등의 경우가 그 예이다.

해리 팔머는 아바타코스 창시자로서, 커다란 물탱크에 소금을 넣고 물속에 온몸을 넣어 죽음의 경계를 넘나들었다.

석가모니께서는 물론 성도하시기 전 피골이 상접한 채 니련선하를 건너실 때를 비롯하여 수많은 임사체험을 하셨다.

보리달마 대사(346?~536)는 남천축국 향지왕의 셋째 왕자로서 성은 찰제리이다. 그는 석가모니의 법을 이은 마하가섭, 아난존자 등으로 내려온 27대 반야다라의 법제자로 제28대이며 동토 중국 선종 제1대 조사이다.

그는 인도에서 스승의 명을 받고, 이견왕이 제공한 배를 타고, 인도양을 지나 3년만에 남지나해를 거쳐 광주에 도착하자 광주 자사 소앙이 예로써 영접하고, 양무제에게 표문을 올렸다. 양무제 보통 8년이었다. 그는 중국에서의 전법후, 9년만에 인도로 돌아가면서 임사체험을 넘어 생사초월자의 흔적을 남겼다.

양무제는 보고를 받고 사자에게 조서를 주어 달마 대사를 맞아드리니 10월 1일에 금릉(金陵)에 이르렀다.

무제가 대사에게 물었다.

"짐이 왕위에 오른이래, 절을 짓고, 경을 쓰고 중을 기른 것이 셀 수 없는데 어떤 공덕이 있소."

대사가 대답했다.

"아무 공덕도 없습니다."

"어찌하여 공덕이 없소."

"이는 인간과 하늘의 작은 결과를 받는 유루의 원인일뿐이니, 마치 그림자가 형상을 따르는것 같아서 있는듯 하나 실제가 아닙니다. 청정한 지혜는 묘하고 원만하여 본체가 원래 비고 고요하니, 이러한 공덕은 세상 법으로 구하지 못합니다."

무제가 다시 물었다.

"어떤 것이 성제(聖諦)의 제일 가는 이치요."

"전혀 거룩함(聖)이 없습니다.(廓然無聖)"

"짐을 대하고 있는 이는 누구요."

"모릅니다."

무제가 알아듣지 못하니, 대사는 근기가 맞지 않음을 알았다. 그달 19일에 가만히 강북을 돌아서 11월 23일에 낙양(洛陽)에 이르르니, 이는 후위(後魏)의 효명제(孝明帝) 태화(太和) 10년이었다. 숭산(崇山)의 소림사(少林寺) 달마동굴에 머물러 벽을 향해 해가 지도록 잠자코 앉았으니, 아무도 그를 아는 이가 없어 그를 일러 벽을 보는 바라문(婆羅門)이라 하였다. 그는 달마동굴(본래는 치우천황 동굴)에서 9년간 있었으며 인도 말을 중국 말로 전하는 법과 글을 탐구, 불법을 펼치게 하였다.

이때에 신광(神光)이라는 중이 있었는데 활달한 사람이었다. 그는 오랫동안 낙양에 살면서 여러 서적을 많이 읽고, 묘한 이치를 잘 이야기 하였다. 그는 매양 이렇게 탄식하였다.

"공자의 노자의 교리는 예절, 술수, 풍류, 법규뿐이요 장자와 주역(周易) 따위 글은 묘한 진리를 다하지 못했다. 요사이 듣건대 달마대사가 소림에 계시는데 찾아가는 사람을 맞이하지 않고 현묘한 경지에 이르렀다 한다."

그리하여 그에게 가서 조석으로 섬기고 물었으나 아무런 가르침도 듣지 못했다. 신광은 생각하기를 "옛 사람이 도를 구할 때에는 뼈를 깨뜨려서 골수를 빼내고 피를 뽑아서 주린 이를 구제하고, 머리를 진땅에 펴고 벼랑에서 떨어져 주린 호랑이를 먹였다. 옛 사람도 이러하였거늘 나는 또 어떤 사람인가" 하였다. 그 해 12월 9일 밤에 큰 눈이 왔는데 신광이 달마 동굴 밖에서 꼼짝도 않고 섰으니, 새벽녘에는 눈이 무릎이 지나도록 쌓였다.

대사가 민망히 생각하여 물었다.

"네가 눈 속에 오래 섰으니, 무엇을 구하는가?"

신광이 슬피 울면서 사뢰었다.

"바라옵건대 화상께서 감로의 문을 여시어 여러 중생들을 널리 제도해 주소서."

대사가 대답했다.

"부처님들의 위없는 묘한 도는 여러 겁을 부지런히 정진하여 행하기 어려운 일을 행하고 참기 어려운 일을 참아야 하거늘, 어찌 작은 공덕과 작은 지혜와 경솔한 마음과 교만한 마음으로 참법을 바라는가. 헛수고를 할 뿐이다."

신광이 이 말을 듣고 슬며시 칼을 뽑아 왼팔과 오른팔을 끊어서 대사의 앞에 놓으니, 대사는 비로소 그가 법기임을 알고 말했다.(我空法空)

"부처님들이 처음 도를 구하실 때는 법을 위해 몸을 던지셨다. 네가 이제 내 앞에서 팔을 끊으면서 구하니, 가히 할만한 일이다."

대사가 그의 이름을 혜가(惠可)라 고쳐주니, 신광이 말했다.

"부처님들의 법인을 들려주십시오."

대사가 대답했다.

"부처님들의 법인은 남에게 얻는 것이 아니니라."

"제 마음이 편안치 못하오니, 스님께서 편안케해 주소서."

"마음을 가지고 오너라. 편안케 해주리라."

"마음을 찾아도 얻을 수 없습니다."

"네가 이미 네 마음을 편안케 했다."

뒤로 효명제(孝明帝)가 대사의 특이한 행적을 듣고 사자와 조서를 보내어 부르기를 세 차례나 하여도 대사는 끝내 소림을 떠나지 않았다. 달마 대사는 그후로 부처님의 3처 전심을 이은 조사선(직지인심 견성성불 이심전심)을 펴면서 관심, 관상, 무상, 파상, 무주의 가르침과 능가경을 특히 유념케 하였다.

효명제의 뜻은 더욱 굳어져서 마납 가사 두 벌과 금바루, 은병, 비단 따위를 하사했으나 대사는 굳이 사양하여 세 번이나 돌려 보냈다. 그러나 황제의 뜻이 더욱 굳어지니, 대사는 그제야 비로서 받았다. 달마대사의 가르침에 관한 자료로는 무심론, 혈맥론, 오성론, 절관론, 달마상법, 안심법문 등이 있다.

달마대사는 무상(無相)을 말했으나, 방편으로 비전『달마상결』에서 '관상은 심상만 같지 않다(觀相不如心相)'고 했다.

그로부터 승속이 배나 더 믿고 9년이 차니, 대사는 서쪽의 천축으로 돌아갈 생각을 내고 문인들에게 말했다.

"때가 되었다. 너희들 얻은 바를 말해 보라."

이때에 문인인 도부가 대답했다.

"제가 보기에는 문자를 집착하지 않고 문자를 여의지도 않으므로써 도를 삼는 것입니다." 대사가 말했다.

"너는 나의 가죽을 얻었다."

총지 비구니가 말했다.

"제가 알기에는 아난이 아촉불국을 보았을 때에 한번 보고는 다시 보지 않은 것 같습니다."

"너는 나의 살을 얻었다."

도육이 말했다.

"4대(大)가 본래 공하고 5온이 있지 않으니 제가 보기에는 한 법도 얻을 것이 없습니다."

"너는 나의 뼈를 얻었다."

마지막에 혜가가 절을 하고 말없이 자리에 서니, 대사가 말했다.

"너는 나의 골수를 얻었다."

그리고는 다시 혜가를 돌아보면서 말했다.

"옛날에 여래께서 정법안장을 가섭 대사에게 전했는데 차츰차츰 전해서 나에게까지 이르렀다. 내가 이제 그대에게 전하노니, 그대는 잘 지키라. 그리고 가사를 겸해주어 법의 신표를 삼노니, 제각기 표시하는 바가 있음을 알라. 혜가가 말했다.

"자세히 설명해 주십시오."

대사가 대답했다.

"안으로 법을 전해서 마음을 깨쳤음을 증명하고, 겉으로 가사를 전해서 종지(宗旨)를 확정한다. 후세 사람들이 얄팍하게 갖가지 의심을 다투어 일으키되, '나는 인도 사람이요, 그대는 이곳 사람인데 무엇으로써 법을 증득했다는 것을 증명하리요' 할 것이니, 그대가 지금 이 옷을 받아 두었다가 뒤에 환란이 생기거든 이 옷과 나의 게송만을 내놓아서 증명을 삼으면 교화하는 일에 지장이 없으리라. 내가 열반에 든지 2백년 뒤에 옷은 그치고 전하지 않아도 법이 항하사 세계에 두루하여 도를 밝힌 이가 많고 도를 행하는 이가 적으며 진리를 말하는 이가 많고 진리를 통하는 이는 적어서 가만히 진리에 부합하고 비밀히 증득하는 이가 천만이 넘으리니 그대는 잘 드날리어 깨닫지 못한 이를 가벼이 여기지 말라. 한 생각 돌이키면 본래 깨달은 것과 같으리라. 나의 게송을 들리라."

내가 본래 이 땅에 온것은

법을 전해 어리석은 이를 제도하려는 것인데

한 송이의 꽃에 다섯 꽃잎이

열매는 자연히 이루어지리라.

대사가 다시 말했다.

"나에게 능가경 네 권이 있는데 그것마저 그대에게 전하노니 이는 곧 여래께서 마음자리를 가르치신 요긴한 법문으로서 중생들로 하여금 깨달아 들게 하신다. 내가 여기에 온 뒤에 다섯 차례 독(毒)에 맞았는데 항상 꺼내어서 시험한 바 돌에다 놓으면 돌이 깨졌었다. 내가 본래 인도를 떠나서 여기에 왔을 때에 적현 신주(神州)에 대승의 가상이 있음을 보고 바다를 건너고 사막을 지나서 법 전해 줄 사람을 구했는데 매양 만나면 계합되지 않음이 마치 어리석음 같고 말더듬이 같더니 이제 그대를 만나서 전해주었으니 나의 뜻은 끝났다."

이렇게 말하고는 무리들을 거느리고 우문의 천성사(千聖寺)로 가서 사흘을 묵었다. 조금 있으니, 그 고을 태수 양현지(楊衒之)가 발써부터 불법을 사모했다 하면서 대사에게 물었다.

"서역, 천축에서는 스승의 법을 전해 받고 조사라 한다는데 그 도가 어떠합니까."

대사가 대답했다.

"부처님의 마음자리를 밝히고 행과 지혜가 서로 응하는 것을 조사라 하오."

"그밖에는 어떠합니까."

"모름지기 다른 이의 마음을 밝히어서 고금을 알고, 있음과 없음을 싫어하지 않고, 법에 집착이 없으며 어질지도 어리석지도 않고, 미혹도 깨달음도 없나니, 이렇게 아는 이는 조사라 하오."

"제자가 삼보에 귀의한 지도 몇 해가 되건만 지혜가 혼몽하여 아직도 진리를 미혹하고 있었는데 이제 스님의 말씀을 들으니, 어찌할 바를 모르겠아오니, 바라옵건대 스님께서 자비로써 종지를 보여주서소."

대사는 그의 정성이 간절함을 알고, 게송을 말했다.

악을 보고도 혐의치 않고

선을 보고도 부지런하지 않고

지혜를 버리고 어리석음에 가지도 않고

어리석음을 떠나 깨달음에 가지도 않는다.

큰 도를 통달하니 한량을 지나고

부처의 마음을 통하니, 법도에 지나고

범부와 성인에 같이 얽매이지 않고

초연히 뛰어난 것을 조사라 한다.

양현지가 게송을 듣고 슬픔과 기쁨이 뒤섞여 말했다.

"바라옵건대 대사께서 세간에 오래 머무시어 많은 유정들을 교화해 주서소."

대사가 대답했다.

"나는 가야한다. 오래 머물 수 없다. 근기와 성품이 만 가지 차이가 있으므로 많은 환란을 만날 것이다."

"누구이옵니까. 제자가 스님을 위해서 제거해 드리겠습니다."

"나는 부처님의 비밀을 전해서 어리석은 무리를 이롭게 할 뿐인데 남을 해치고 내가 편함은 이치에 맞지 않는다."

"만일 스님께서 말씀하시지 않으면 어찌 스님의 신통변화와 관찰하는 힘을 표시하겠습니까."

대사는 부득이하여 예언을 말했다.

강의 돛대가 옥 같은 물결을 기르고
통 속에 횃불을 비쳐 쇠고리를 연다
五자와 口자와 같이 행하는 이가
九자와 十자에 분별하는 생각 없다.

양현지가 이 말을 듣고, 그 까닭을 몰라 하면서도 잠자코 속에 기억한 채 물러갔다.

대사의 예언은 비록 당시에는 헤아리지 못하나 뒤에는 모두가 맞았다.

그때에 위씨(魏氏, 魏王族)가 불법을 받들어 고명한 스님네가 숲 같았는데 광통 율사(光統律師)와 보리류지 삼장(菩提流支三藏)은 승단 가운데 봉이며 난새였다. 그러나 그들은 대사가 도를 연설할 때에 형상을 배척하고 바로 마음을 지적하는 것을 보고 매양 대사와 토론을 벌리어 시비를 일으켰다. 그들은 대사가 현묘한 덕화의 바람을 멀리 떨치고 법의 단비를 두루 뿌리는데, 치우치고 옹색한 마음으로서는 감당할 수 없음을 깨닫고 앞을 다투어 해치려는 마음을 일으키어 자주 독약을 음식에 넣었다.

여섯 차례에 이르러서는 교화할 인연도 다하였고, 법 전할 사람도 만났으므로 다시는 독약에서 구제하지 않고 단정히 앉아서 가니, 때는 곧 후위의 효명제 태화(太和) 19년 병진 10월 5일이었다.

그해 12월 28일, 웅이산(熊耳山)에 장사지내고, 정림사(定林寺)에 탑을 세웠다. 그뒤로 3년만에 위의 송운(宋雲)이라는 이가 서역에 사신으로 갔다가 오는 길에 총령에서 대사를 만났는데 손에 신 한짝을 들고 훌훌히 혼자 가므로 송운이 묻되 "스님, 어디를 가십니까?" 하니, "나는 서역으로 돌아가오. 그리고 그대의 군주가 이미 세상을 뜨셨소."하였다.

송운이 이 말을 듣고 아찔함을 느꼈다. 대사를 작별하고 동쪽으로 전진하여 복명하려 하니, 과연 명제는 이미 승하하고, 효장제가 즉위하였다.

송운이 위의 사실을 자세히 보고하므로 황제가 관을 열어 보게 하니, 빈 관 속에 신 한짝만이 남아 있었다. 온 조정이 깜짝 놀랐고, 황제의 명에 따라 남은 신을 갖다가 소림사에서 공양하였다. 당의 개원(開元) 5년 정묘에 도를 믿는 이들을 위하여 오대산(五臺山) 화엄사(華嚴寺)에 가만히 뫼셨다.

생사를 초월한 임사체험

　생사를 초월한 임사체험을 한 대표적 성자는 기독 예수이나, 예수는 사랑과 진리를 전파하다가 식민지 억압정치 상황, 불평, 배타적 독선으로 꽉찬 로마제국 등 당시 유대기득권 세력의 눈밖에 나 십자가에 달리게 되었다.

　이것이 세계사상 유명한 예수의 십자가 사건이다.

　예수는 제자들과 베다니의 마리아와 함께 최후의 만찬에 대비하였다.

　목요일 아침, 예수는 열두 제자를 불러서 말했다.

　"오늘은 하느님의 기념일이니까, 우리들끼리 유월절 만찬을 축하하세."

　그리고 그는 베드로, 야고보, 요한에게 말했다.

　"이제부터 예루살렘에 가서 유월절을 축하하는 만찬을 준비하는 게 좋겠다."

　제자들은 말했다.

　"축하 준비를 마련할 곳은 어디에 가면 알 수 있습니까?"

　예수가 대답했다.

　"샘 문에 가면, 손에 물항아리를 든 사람을 만날 테니까 그 사람에게 말하도록 하라. '오늘은 제효제(除酵祭, 이스트를 넣지 않는 제사)의 첫째 날이다. 예수는 열두 제자와 함께 마지막 유월의 축하를 할 수 있도록 당신의 식당에 따로 자리를 마련해 주었으면 좋겠소'라고 걱정하지 말고 말하도록 하라. 그대들이 만나는 사람은 유대의 니고데모로 하나님의 사람이오."

이윽고 제자들은 나가서 예수가 말하는 대로의 사람을 찾아냈다. 그리고 니고데모마가는 서둘러 집으로 돌아가서, 이층에 식당을 마련하고 최후의 만찬 준비를 했다. 그리하여 오후에 예수와 제자들이 예루살렘에 가니 축연(祝宴)이 준비되어 있었다. 축연의 식사를 들 시간이 되자, 열두 명은 저마다 좋은 자리에 앉으려고 다투기 시작했다. 예수가 말했다.

"나의 벗들이여, 그대들은 마치 오늘 저녁 그림자의 어둠이 오듯이 자아를 위하여 다투려고 하는가, 하늘의 축연에는 겸손하게 말석에 앉는 사람 외에는 영광된 자리는 마련되지 않는다."

그리고 예수는 일어서서 물이 가득 들어 있는 대야와 수건을 들고 허리를 굽혀서 열두 제자 모두의 발을 씻겨 주고 수건으로 이를 닦아 주었다.

"그리하여 이 발들이 언제까지나 정의의 길을 걷기를 바란다."

예수가 베드로의 발을 씻으려고 하니까, 베드로는 예수에게 말했다.

"선생님이여, 저의 발을 씻으시려는 겁니까?"

"그대는 내가 하는 일의 뜻을 모르지만 머지 않아 알게 될 것이리라."

"아닙니다. 선생님 저의 발을 씻기 위하여 몸을 굽혀서는 안 됩니다."

"친구여, 만일 그대의 발을 씻지 않는다면 그대는 나와는 아무런 관계가 없게 되는 거요."

"그렇다면 저의 두 발, 두 손, 머리도 씻어 주세요."

"앞서 목욕을 해서 몸을 씻은 자는 깨끗하니까 발 외는 씻을 필요가 없다. 발은 진실로 그 사람의 사리분별의 표시이며, 생명의 흐름 속에서 깨끗하고 싶은 사람은 매일 자신의 사려분별을 잘 씻지 않으면 안 된다."

그리고 예수는 제자들과 함께 축연의 식탁에 앉아서 말하였다.

"당연한 교훈을 생각해 보도록 하오. 그대들은 나를 선생이라고 부른다. 그건 사실이다. 그러나 만일 그대들의 주이며 선생인 자가 그대들의 발을 씻는다면, 그대들은 서로 발을 씻어 주면서, 기꺼이 봉사할 것을 표시해야 될 것이 아닌가. 그대들이 이것을 알고 행한다면 정말 행복하다."

또한 예수는 말하였다.

"지금은 내가 하느님의 이름을 칭송해야 될 때이다. 나는 베일을 통과하기 전에 그대들과 식사할 것을 간절히 원하고 있었으니까. 또한 우리들 아버지의 나라에서 다시금 자리를 같이하여 함께 식사를 하기까지는 또다시 먹지 않을 테니까."

그리고 일동은 유월절을 축하하는 찬미가를 부르고 식사를 들기 시작했는데, 그때 예수는 말하였다.

"보라, 그대들 가운데 한 사람이 오늘밤 나에게 얼굴을 돌리고 악의 손에 나를 넘기리라."

제자들은 이 말을 듣고 깜짝 놀라 서로의 얼굴을 둘러보면서 "선생님이여! 접니까?" 하고 외쳤다. 그러자 베드로는 예수 곁에 앉아 있는 요한에게 말했다.

"누구 말씀을 하시는 것이지?"

그리하여 요한은 손을 내밀어 예수의 손을 만지면서 말했다.

"우리들 가운데 선생님을 배반할만큼 썩은 사람은 누구입니까?"

또한 유다가 말했다.

"선생님이여! 접니까?"

예수는 말했다.

"지금 그 손을 내 손과 함께 접시 위에 놓은 자가 바로 그렇다."

보니까 유다의 손이 예수의 손과 함께 접시 위에 있었다.

"예언자가 말하는 것은 틀림없다. 그러나 자기의 주를 배반하는 자는 화를 입으리라."

그러자 유다는 곧 식탁에서 일어섰다. 그의 때가 온 것이었다. 예수는 말했다.

"그대가 하고자 하는 일을 곧 하도록 하라."

유다는 나갔다.

유월절 축연에서 예수는 열한 명의 제자들과 함께 잠시 명상에 잠겨 앉아 있었다.

이윽고 예수는 아직 자르지 않은 빵 덩어리를 들고 말하였다.

"이 빵은 나의 몸의 표시, 생명의 표시이다. 내가 이 빵을 찢듯이, 내 몸은 인자(人子)들에 대한 모범으로서 찢겨지리라. 사람들은 다른 사람들의 희생이 되어서 기꺼이 자기들의 몸을 주지 않으면 안 된다. 그리고 그대들이 빵을 먹듯이 생명의 빵을 먹으면 결코 죽지 않는다."

그렇게 말하고 예수는 제자들에게 빵 조각을 하나하나 주어서 먹게 했다.

다음에 그는 포도주 잔을 들고 말했다.

"피는 생명, 이것은 포도, 생명의 피, 이것은 사람들을 위하여 자기의 생명을 주는 자의 표시이다. 그리고 이 포도주를 마실 때, 신앙으로써 마신다면 그대들은 그리스도의 생명을 마시는 것이다."

예수는 한 모금 마시고 잔을 돌려서 제자들도 한 모금씩 마셨다. 그리고 예수는 말했다.

"이것은 생명의 향연, 인자들의 커다란 유월절, 성찬이다. 이 뒤로 그대들은 때때로 빵을 먹고 포도주를 마시도록 하라. 이 뒤, 이 빵은 기념의 빵이라고 말해지고, 포도주는 기념의 술이라고 말해지리라. 그리고 그대들은 이 빵을 먹고, 이 포도주를 마실 때마다 나를 회상할 것이다."

그때 유대인의 폭도들은 갈보리 쪽으로 몰려갔다.

그곳에 가보니 두 사람의 마리아(어머니 마리아와 부인 베다니 마리아), 미리암, 그밖에 수많은 부인들이 주의 바로 뒤에 따라갔다. 부인들은 소리내어 울었다.

예수는 그들이 슬퍼하며 울고 있는 것을 보고 말했다.

"나를 위해 울지 말라. 나는 떠나고 십자가의 문을 지나가더라도 해가 뜨는 다음날에는 기운을 내라. 무덤에서 그대들과 다시 만날 테니까.”

키레네 시몬이 예수의 십자가를 대신 졌다. 대행렬이 14단계의 비아 돌로로사(수난의 길)를 따라 갈보리 산상에 이르렀다. 로마 병사는 이미 두 사람의 국사범을 십자가에 매달았다.(그들은 못박히지 않고 간단히 밧줄로 묶여 있었다. 그 중의 한 사람이 예수의 큰 아들 예수 바라바다)

해롯이 갈릴리에서 데려온 네 명의 로마 군인은 법정의 명령을 집행하기로 되어 있었다.

그들은 예수를 괴롭히고, 그 죄상을 고백하도록 선택된 무리였다. 그들은 예수를 매질하고, 머리에 가시관을 씌우고, 부러진 갈대를 손에 들리고, 왕의 옷을 입혀 왕이라고 비웃고, 그 앞에 몸을 굽힌 무리들이었다. 이들은 예수를 쳐서 옷을 빼앗고, 십자가에 달고 밧줄로 묶는 것처럼 하였으나, 이것만으로는 아직 부족하였다.

잔인한 유대인은 장도리와 못을 가지고 근처에 있었는데, “밧줄이 아닌 못이니 단단히 못질하라. 십자가에 다는 거다.” 이렇게 소리쳤다.

병사들은 못을 예수의 발과 손에 박았다. 그들은 진정제로서 한 잔의 식초와 물약을 마시라고 권했으나, 예수는 이를 거절했다. 병사들은 다른 죄수 사이에 예수 바라바의 십자가를 세울 장소를 준비하였으므로 그곳에 그리스도라고 불리는 예수의 십자가를 세웠다.

병사들과 폭도는 앉아서 그가 죽는 걸 지켜보고 있었다. 그러자 예수는 말했다.

“내 하느님이시여! 이들을 용서하시옵소서, 그들은 자기의 하는 바를 모르나이다."

빌라도는 십자가에 다른 죄상을 기록한 걸 준비하였다. 그것에는
'유대인의 왕 예수 그리스도(Iesus, Nazarenus, Rex, Iudaeo)'라는 말이 적
혀 있었다.

이것이 십자가 위에 걸렸다. 제사장들은 십자가 위에 이 글씨를 보
고 노하였다.

십자가 위의 예수를 본 군중은 크게 기뻐했다.

"축하합니다, 가짜 임금님! 성전을 부수고 사흘 안에 다시 짓는 사
람, 어찌 자기를 구하지 못하나? 만약 하느님의 아들 그리스도라 하면
십자가에서 내려오라. 그렇다면 모두들 믿을 텐데."

제사장 율법학자, 바리새인은 이 광경을 보고 비웃으며 말했다.

"그는 다른 사람을 무덤에서 구했다. 어찌하여 자기는 구하지 않는
가?"

유대 병사와 갈릴리에서 온 로마의 위병은 큰 소리로 욕하며 비웃었
다.

십자가상에 있는 한 사람도 한 통속이 되어 비웃으며 말했다.

"만약 당신이 그리스도라면 능력이 있을 것이다. 오직 성언을 말하
여 자신과 나를 구하라."

십자가상의 바라바가 이를 타이르며 말했다.

"너는 악당이다. 하나님을 두려워하지 않는가? 너는 죄를 지어서 당
연히 벌을 받고 있지만, 이 분은 아무 죄도 짓지 않았다. 또한 그는 예
수에게 말했다.

"아버지시여! 저는 당신께서 말한 하느님 나라가 오리라는 걸 알고 있습니다. 이것은 세상 사람들이 전혀 알지 못하는 나라입니다. 당신께서 하늘의 구름을 타고 오실 때부터 저를 기억해 주십시오."

예수가 대답했다.

"보라, 오늘 나는 영혼의 나라에서 그대를 만나리라."

십자가 근처에는 유대와 갈릴리에서 온 많은 부인들이 있었다. 그 가운데는 예수의 어머니와 미리암, 두 사람의 사도 아고보와 요한의 어머니 마리아, 마르다, 롯과 막달라(베다니) 마리아, 또한 살로메가 있었다. 예수는 어머니와 여동생인 가수 미리암이 십자가 옆에 서고, 또한 요한이 가까이 있음을 보고 요한에게 말했다.

"어머니와 누이 미리암을 그대의 특별한 보호 아래 부탁하오."

요한이 대답했다.

"그들의 생존 중 저의 가정은 당신께서 크게 축복하신 어머님과 누이 미리암의 것입니다."

유대인의 관례에 따르면 범죄인의 옷은 법률 집행인과 범죄인의 생명을 앗은 자의 소유가 되었다. 예수가 십자가에 달렸을 때, 로마 위병들은 예수의 옷을 그들끼리 나누었다. 그들은 저고리가 솔기가 없는 매우 좋은 것임을 알았다. 위병들은 제비를 뽑고 누가 이 상품을 차지할까를 결정했다. 이것으로 성서에 있듯이 '내 겉옷을 나누며 속옷을 제비뽑다.(시 22: 18)'라고 하는 말이 이루어졌다.

그런데 밝은 낮인 여섯 시에 해가 중천에 있었는데 밤처럼 어두워졌다. 사람들은 등불을 찾고, 언덕 위가 보일 수 있도록 불을 지폈다. 해가 비추지 않고 어둠이 되자 예수는 외쳤다.

"엘리! 엘리! 라마 삼먁삼보리!"

예수는 완전히 깨어 있었지만, 잠시 마음이 흔들렸다. 인간이었기 때문이다.

사람들은 그가 한 말을 알 수 없었으므로 엘리아의 이름을 부른 줄 알았다.

"그는 필요할 때엔 엘리아를 부른다. 인제 오나 어쩌나 보자."

예수는 "목이 마르다"라고 말했다. 한 로마 군인이 식초와 물약을 해면에 적셔서 이걸 입술에 대주었다. 낮 아홉 시, 지진이 일어나고 해가 없는 대낮의 어둠 속에 금빛 광채가 찬연히 빛나고 십자가 위에 나타났다.

그 빛에서 "보라! 이것으로 끝났다." 이렇게 말하는 소리가 들려왔다. 요한복음에는 '이제 다 이루었도다.'(요한복음: 30) 라고 되어 있다.

예수는 말했다.

"나의 아버지 하나님이시여! 당신의 뜻이 이루어지게 하소서. 당신 손에 내 영혼을 바치나이다."

여기서 예수는 그리스도로서 거듭났다.

한 로마 군인이 동정을 하여 "이 고통은 대단한 것이다. 가볍게 해 주자." 이렇게 말하고 창으로 몸을 찔렀으므로 일은 끝났다. 인자는 운명한 것처럼 보였다.

그때 다시금 지진이 일어나고, 예루살렘의 마을은 진동하고 언덕은 갈라지고 무덤이 열렸다. 또한 사람들은 죽은 자가 살아나서 길거리를 거닐고 있음을 보았다고 생각했다.

성전은 흔들리고, 성소와 성소 사이에 친 휘장이 둘로 찢어지며 말로 표현할 수 없는 놀라운 일이 사방에서 일어났다. 십자가 위의 몸을 지켜보고 있던 로마 군인은 "이 죽은 사람은 분명히 하느님의 아들이었다."고 소리쳤다. 예수는 십자가에서 내려져 수의에 떠받쳐졌다(토리노 수의)

사람들은 황급히 갈보리에서 내려갔다. 제사장과 바리새인, 율법학자들은 두려움에 가득 차 있었다. 그들은 회당과 집의 은신처를 찾고 말했다.

"보라, 하나님의 진노하심이다."

유대의 유월절의 큰 축제일이 다가오고 있어 유대인은 법률사의 범죄인을 안식일에 십자가에 둔 채로 내버려두기를 허용하지 않았다. 그들은 십자가에 걸려 있는 사람들의 육체를 끌어내리도록 빌라도에게 당부했다. 빌라도는 위병을 갈보리로 보내서 범죄인이 모두 운명했는지 여부를 조사하게 했다. 위병이 떠난 뒤 두 사람의 유대 노인이 관저 입구에 와서 총독에게 면회를 요구했다. 그들은 예수를 하나님께서 보내신 예언자라고 믿고 있었다.

한 사람은 아리아데의 요셉으로 올바른 사람이고, 하나님의 율법을 사랑하고 있었다. 또 한 사람은 니고데모였다.

이 두 사람은 빌라도의 발밑에 엎드려서 나사렛인의 시체를 가져가 장사지내게 해 달라고 부탁했다. 빌라도는 승낙했다.

요셉은 주의 몸을 방부 처치하도록 노회와 몰약 약 100파운드의 값진 혼합물을 준비하여 갈보리로 급히 갔다.

빌라도는 위병에게 명하여 가서 살아있는 자를 죽여, 그 시체를 불사르고, 나사렛인의 시체는 이를 가지러 올 랍비에게 주도록 명했다.

군인들은 빌라도의 명령대로 하였다. 랍비인 아리마데 요셉이 와서 예수의 몸을 자기 동산으로 모셔가서 그들이 가지고 온 향료로 이를 잘 처리한 뒤, 요셉이 만들어 둔 단단한 바위 속에 있는 새 무덤에 안치시키고, 무덤에 돌을 굴려 놓았다.

제사장들은 예수의 친구가 밤을 타서 나사렛인의 몸을 가져가고, 그가 말한대로 죽은 이가 살아났다고 소문낼 것을 두려워했다. 그들은 총독이 병사들을 무덤에 보내어 시체를 지켜주기 바란다고 간청했다. 빌라도는 무덤을 지키는 백 명의 군사를 보냈다.

예수의 몸을 내려놓은 무덤은 실로암이라고 하는 꽃이 다투어 피는 동산으로, 아리마데 요셉의 집 근처에 있었다. 감시가 시작되기 전에, 가야바는 예수의 시체가 무덤 안에 있는 것을 확인하려고 한 떼의 제사장을 보냈다. 그들은 돌을 굴려 그곳에 몸이 있음을 확인하고, 다시금 입구 앞에 돌을 갖다 놓았다.

빌라도는 부하인 관리를 보내서 돌을 움직이는 자가 있으면 봉인이 찢어지도록, 로마의 봉인을 붙이게 했다. 로마의 봉인을 찢는 자는 사형에 처하도록 되었다.

실로암의 동산은 안식일에는 조용했다. 유대 군사는 보초를 섰으나, 아무도 달리 가까이 오는 이가 없었다. 하지만 다음날 밤에는 형편이

변했다.

한밤중에 유대 군사 일동은 "아돈 마시티 구미(주 그리스도여! 일어나시오!)" 이렇게 말하는 소리를 한 사람도 빠짐없이 들었다. 또한 그들은 예수의 친구가 재빨리 주의 몸을 가지러 온 줄로 생각했다. 군사들은 잽싸게 칼을 빼서 준비를 하고 있는데, 다시금 그 말을 들었다. 그 목소리는 도처에서 들려오는 것 같았다. 사람의 그림자는 전혀 보이지 않았다.

병사들은 무서움에 떨었으나, 도망치면 비겁자로 몰려 살해되므로, 꼼짝하지 않고 지키고 있었다. 다시금 해가 뜨기 전에 하늘은 온통 빛으로 빛나고, 뇌성이 울리며, 금방이라고 폭풍우가 일어날 것 같았다. 그러자 지진이 일기 시작하고, 광선 사이에 무엇인지 하늘에서 떨어지는 모습을 보고, 그들은 "보라! 천사가 왔다."고 말했다.

그때 그들은 "아돈 마시티 구미"라는 말을 또 들었다.

그때 그 백의의 그림자가 로마의 봉인을 짓밟고, 이를 발기발기 찢고, 큰 돌을 마치 냇물의 조약돌처럼 손으로 들어내 옆에 버렸다.

그때 예수는 눈을 뜨고 말했다.

"돌아오르는 태양, 정의의 날 오도다. 만세!"

예수는 수의와 두건, 덮개 따위를 개켜서 옆에 놓았다. 그는 일어나서 잠시 백의의 그림자 곁에 섰다. 약한 군인은 땅에 엎드려 두 손으로 얼굴을 가리고, 강한 자는 서서 지켜보았다. 병사들은 어디선가 들려오는 소리를 들었다.

"하늘에는 영광, 땅에는 평화, 사람에겐 선의(善意)."

보니 무덤은 비어 있고, 예수는 그의 말대로 기절한 상태에서 살아난 것이다. 군사들은 급히 예루살렘으로 가서 제사장에게 알렸다.

"보라! 나사렛인은 그의 말대로 살아났습니다. 무덤은 비었습니다. 사람의 몸은 없습니다. 어디로 갔는지 모릅니다."

그런 다음, 그들은 그날 밤의 이변을 말했다. 가야바는 유대인 회의를 소집하고 말했다. "예수가 죽음에서 살아났다는 소식이 전해져선 안 되오. 만약 사람들이 그가 하느님의 아들이라고 말한다면, 우리의 증거는 모두 허위가 되고 말테니까."

또한 그는 백 명의 군사들을 불러서 말했다.

"너희는 나사렛인의 몸이 지금 어디 있는지 알지 못한다. 그래서 만일 너희들이 나가서 제자들이 와서 너희가 잠자고 있는 사이에 그의 몸을 훔쳐갔노라고 말한다면, 너희들에게 은화 한 장씩을 주겠다. 또한 로마의 봉인을 찢은 것에 대해서는 빌라도에게 좋도록 말하리라."

군사들은 돈을 받고 그대로 했다.

아리마데요셉 랍비가 예수의 몸을 무덤에 모셨을 때, 어머니 마리아, 막달라 마리아와 미리암이 그곳에 있었다. 그후에 그들은 요셉의 집에 가서 머물렀다. 그들은 유대 군사가 무덤을 지키라고 보내진 것, 로마의 봉인을 돌에 붙였다는 것도 알지 못했다.

그들은 일주일의 첫날 아침, 예수의 몸에 방부 처치를 하려고 향료를 들고 무덤을 향해 급히 갔다. 그런데 무덤에 이르자, 겁을 집어먹고 있는 군사들이 미친 듯이 달리고 있는 걸 보았다.

부인들은 까닭을 알 수 없었다. 그러나 무덤이 빈 것을 보자 흥분이 되고 괴로웠다.

군사들은 무슨 일이 일어났는지 알지 못했고, 누가 예수의 몸을 가려갔는지를 말할 수도 없었다. 또한 막달라 마리아는 베드로와 다른 사람들에게 이 일을 알리려고, 급히 예루살렘을 향해 달리기 시작했다. 그녀는 마침 문 앞에서 베드로, 야보고, 요한을 만나서 누군가 돌을 굴려서 예수의 시체를 가져갔노라고 말했다. 세 사람의 제자들은 무덤을 향해 달렸다. 요한은 걸음이 빨라서 맨 처음에 무덤에 이르러 그 안이 비어 있음을 확인했다. 베드로가 와서 무덤 속에 들어가 보니 수의는 얌전히 개켜져 옆에 놓여 있었다. 제자들은 이 광경이 아무래도 납득이 가지 않았다. 예수가 일주일의 첫날에 소생하리라고, 죽기 전에 말했으나 그때는 무슨 뜻인지 알 수 없었다.

세 사람의 제자는 예루살렘으로 돌아갔으나, 예수의 어머니 마리아와 막달라 마리아와 미리암은 떠나지 않았다. 또한 마리아는 무덤 속을 들여다보니 두 사람의 교사가 앉아 물었다. "왜 우는가?"

막달라 마리아는 말했다. "내 주인이 없습니다. 누가 주인의 시체를 가져갔습니다. 어디 있는지 모릅니다."

이윽고 그녀가 일어나서 주위를 살펴보니, 한 사람이 근처에 있다가 "왜 우는가? 누굴 찾고 있나?"하고 말했다. 마리아는 이 사람이 동산 지기인 줄 생각하고 말했다.

"혹시 당신이 주의 시체를 가져갔으면 내가 무덤에 장사지내려고 하니 부디 있는 곳을 가르쳐 주시오."

그러자 그 사람은 다가와서 "어머니!"하고 말하고, 마리아는 "내 주여"하고 말했다.

마리아는 눈을 크게 뜨고 예수를 보았다. 예수가 말했다.

"나는 일주일의 첫날에 무덤에서 어머니를 만날 것을 십자가에 달리러 가는 도중에 말했습니다."

한편, 막달라 마리아가 가까운 곳에 있었으므로 예수는 그녀에게 가서 말했다.

"어찌하여 죽은 자 가운데서 산 자를 찾는가? 그대의 주인은 그 말대로 살아났다. 자 마리아여, 내 얼굴을 잘 보라!"

그래서 마리아는 이는 예수요, 예수가 죽지 않고 살아났음을 알았다. 사로메 두 사람의 제자 야고보와 요한의 어머니 마리아, 요안나를 비롯하여 무덤에 온 부인들은 예수와 말을 주고받았다. 막달라 마리아는 기쁨에 넘쳐 베드로, 야고보, 요한을 찾아서 말했다.

"보라, 나는 주를 보았습니다. 주의 모친도 주를 보았습니다. 그밖에 많은 사람들이 그분의 얼굴을 보았습니다. 예수는 소생했습니다."

그러나 제자들은 그녀가 다만 예수의 환상을 본 것이라고 생각하고, 설마 예수가 죽음에서 살아났다고는 생각하지 않았다. 마리아는 다른 동지들에게 예수가 살아난 일을 말하였으나, 아무도 믿지 않았다.

베드로, 야고보, 요한은 실로암 동산에서 그날 일어난 일을 동산지기와 이야기하고 있자, 요한은 한 사람의 낯선 사람이 오는 걸 보았다.

그 낯선 사람은 손을 들고 "나요"하고 말했다. 그래서 제자들은 그이가 예수라는 걸 알았다.

예수는 말했다.

"보라, 사람의 몸은 더 고귀한 모습으로 변할 수 있다. 그러면 그 고 귀한 모습은 현신화하는 자의 우두머리이고, 뜻대로 어떠한 모습으로 도 될 수 있다. 그러므로, 나는 그대들에게 친근감을 주는 모습으로 왔도다. 도마와 그밖에 내가 사람들의 사도가 되라고 부른 자들에게 가서 말하라. 유대인과 로마인이 죽었다고 생각하는 자가 실로암의 동 산 안을 거닐고 있다는 것, 세상의 성현들에게도 나타난다는 것들을 알리도록 하라. 나는 그들보다 먼저 갈릴리로 간다고 그들에게 말하 라."

베드로, 야고보, 요한은 그곳을 떠나 그들의 형제들을 찾아가서 말 했다. "보라, 주는 소생하셨다. 우리는 주를 마주 보았다."

형제들은 세 사람의 제자가 말한 것에 놀랐고 믿지 않았다.

예수 그리스도는 십자가에 달린 후 기절했다가 임사체험을 하고 소 생하였다.

사도신경파 일부 그리스도교인들은 육체부활론을 주장하여 예수가 죽어 장사한 지 사흘만에 죽은 자들 가운데서 살아났고, 얼마 후 몸으 로 살아난 예수가 그대로 하늘로 올라갔다고 한다.

마가복음 16장의 육신부활론은 2세기 초 아리스티온이 증보한 것으 로, 본래 베드로가 구술하고 마가가 쓴 이 복음서에는 동정녀 탄생설 이나 육체부활설이 없었다.

그러나 주기도문파 일부 그리스도교인들은 죽은 몸이 다시 살아날 수 없으므로 예수의 부활은 정신적인 부활로서, 그리스도로서의 거듭남, 중생(重生)을 의미한다고 한다.

예수 그리스도는 자기가 십자가에 달려도 살아날 것을 안 것 같다. 아니 십자가 사건의 연출자는 바로 예수 그리스도인 것으로 보인다. 예수의 세계사적인 퍼포먼스였던 것이다.

십자가 사건을 보면 그 당시 유대는 로마에 의한 식민지적 억압상황이었고, 불평등과 배타적 독선으로 꽉찬 사회였다. 진실과 사랑으로 전교하던 예수는, 당시 권력이 폭압적으로 죄어오자, 열성당원 같은 진보적 입장에서 정면돌파함으로써 민중을 해방시키고, 구도의 끝이 생사초월의 임사체험에 있음을 알아, 예상되는 십자가 처형을 피하지 않고 적극 활용한 것으로 보인다.

예루살렘에 들어갈 때 특별히 구약 스가야 9장 9절에 맞추어 예언을 이루도록 처남 나사로가 마련한 나귀를 타고 들어갔다든지, 제자들이 겉옷을 벗어 바닥에 깔았다든지, "주님, 축복받으소서. 호산나(만세)"라고 외친다든지, 키레네 시몬으로 하여금 십자가를 대신 지게 했다든지, 발라도가 예수 죽이기를 원치 않았고, 십자가상에서 (죽음 확인으로 다리를 꺾는) 다른 죄수와 달리 예수의 다리를 꺾지 않았으며, 로마법에는 십자가 처형자는 매장이 금지 됐는데, 이를 허용했다든지 하는 전체적 진행 상황이 그렇다.

생사를 초월하기 위해 일부러 입사체험을 한 대표자가 구제프이다.

20세기 초에 최고 영능력자로 금강승 공부을 하고 서양의 달마라는 명성을 얻은 조지 구제프는 "언제 어디서나 스스로를 자각하라"고 제자들에게 혹독한 훈련을 시켰다. 그는 자신에게도 엄격하여 깨달음을 위한 입사체험을 향해 일부러 교통법규를 위반하면서 과속으로 차를 몰아 생사의 경계를 넘나들고, 의식의 한계 체험을 했다.

그는 9살 때 돌아가신 아버지의 유언을 평생 좌우명으로 삼았다고 한다. 그 유언은 "화가 나거든 24시간 동안 기다려라. 그 다음에 하고 싶은대로 하라."이다. 그는 부친의 가르침에 따라 언제나 자제력이 있어 화내지 않도록 깨어 있었다 한다.

구제프는 아주 심오하게, 그리고 믿을 수 없을 만큼 아주 위험한 방법으로 죽음에 직면하는 마찰 기법들을 사용했다. 마찰이나 충돌을 통하여 상생상극하는 생사초월의 기법이다. 나이가 들어 죽기 바로 몇 년 전에 그는 아주 위험한 자동차 사고를 일어나게 했다. 그것은 우연한 사고가 아니라 일부러 그렇게 만든 것이다. 구제프의 생애 중에 우연한 사고란 없었다. 그는 사고가 일어나도록 하거나 또는 사고를 일으킬 수도 있는데, 그런 그가 실제로 사고를 하나 만들어 낸 것이다.

그는 과속으로 차를 몰았는데 그의 생애에서 단 한 건의 사고를 낸 것이다. 그는 또한 매우 위험하게 운전을 했다. 그의 차에 동승한 사람은 누구든지 어떤 순간이든 삶과 죽음의 문턱에 있어야 했다. 운전할 때 그는 완전히 미친 사람이었다. 그는 어떤 교통법규도 지키지 않았다. 그는 이리저리 되는 대로 차로 몰았으며 최대 속력으로 달렸다. 그러니 어떤 순간에도 사고는 일어날 수 있었다. 그러나 사고는 전혀 일어나지 않았다.

어느 날 아침, 그가 퐁텐블로에 있는 그의 아쉬람(ashram, 구도 수련원)에서 파리로 갈 때 누군가가 물었다.

"언제 돌아오실 건가요?"

그가 말했다.

"만일 내가 생각한 것이 모두 일어난다면 저녁에, 그렇지 않으면 말하기가 어렵다."

그리고 그날 저녁, 그가 돌아오는 길에 사고가 있었다. 그 사고는 너무도 심하고 위험한 것이어서 의사는 거기에서 살아남는다는 것은 불가능하다고 말했다. 차 전체가 조각나고 찌그러졌다. 육십 군데의 골절상을 입은 체 발견된 구제프는 거의 죽은 것이나 다름없었다. 그러나 그는 완전히 깨어 있는 상태로 발견되었고, 그의 차에서 멀리 떨어진 나무 아래 누워 있었다. 사고 직후, 그는 그 나무 그늘 아래로 걸어갔으며, 그곳에서 완전히 깨어있는 상태로 누워 있었던 것이다. 그는 완전한 의식상태에서 병원으로 후송되었다. 그는 절대로 마취 주사를 사용하지 말아 달라고 말했다. 완전한 의식 상태로 남아있길 원한 것이다.

이것은 구제프가 그의 몸으로 창조해 낸 마찰기법 중 가장 위대한 것이었다. 그의 몸은 죽음의 문턱에 있었다. 그는 이 모든 상황을 만들었으며, 완전히 깨어있는 상태에 남아있기를 원했다. 그는 철저하게 깨어있었다. 그리고 그 순간 그는 사람에게 일어날 수 있는 가장 위대한 중심을 달성할 수 있었다. 그는 의식 안에서 중심이 되었다. 그것은 하나의 탈 것이 되었고, 그는 그것을 이용할 수 있었다. 그러나 그는 자신의 의식과 자신을 동일시하지 않았다.

구제프가 사용하고 예수가 사용했던 그 임사체험 마찰의 기법….

예수 생애의 속비밀 이야기를 아는 사람들은 예수가 십자가에 매달려 죽지 않고 살아났다고 말한다. 그는 마치 구제프처럼 십자가에서 죽는 일을 꾸몄으며, 십자가에서의 죽음은 그가 연출한 하나의 드라마였다는 것이다. 예수를 십자가에 처형한 사람들은 자신들이 예수를 죽였다고 생각했겠지만, 예수와 같은 사람은 강제적으로 죽일 수 없다. 그가 체포되리라는 소문은 널리 퍼져 있었다. 그는 예루살렘 또는 그 나라로부터 멀리 달아날 수 있었다. 그러나 예수는 예루살렘으로 왔다. 예수 자신이 이 모든 일을 연출했다고 말할 수 있다. 그리고 유다는 배반한 것이 아니라 친구로서 그가 잡히도록 도왔다. 모든 일들이 그에 의해서 기획되었고 실현된 것이다.

십자가에서 일어난 일은 마지막 내면의 전쟁이었고, 위대한 마찰이었다. 죽어가면서도 그는 신에 대한 믿음을 잃지 않았다. 땅의 것이 땅으로 떨어질 때에, 완전한 분리가 일어났을 때에 그는 땅의 것과 자신을 전혀 동일시하지 않았다. 임사체험을 통한 생사초월의 거듭남이다. 그는 큰 깨달음을 얻고, 지복의 상태에 들어간 것이다. 그리스도가 되고, 생사를 초월하여 각자(覺者)가 된 것이다.

구제프는 예수의 십자가 처형은 하나의 드라마였고, 실제로 십자가 사건을 만든 사람은 보디오 빌라도나 대제사장 또는 유대인들이 아니라 예수 자신이었다고 말하고는 했다. 모든 것은 예수가 만들어낸 것이며, 너무도 아름답게 이루어내서 정확히 무슨 일이 어떻게 일어났는지 오늘날까지 발견하지 못했다는 것이다.

상식적으로 자신의 십자가형을 만들어 낸다는 것은 상상할 수도 없는 일일 것이다. 그러나 그것이 바로 종교이다. 십자가로 간다는 것은 죽음이 있는 상생상극 마찰의 절정으로 가는 것을 의미한다.(Jesus Christ. Thomas Gospel, 라즈니쉬 강의, 박노근 옮김, 도마복음 강의, 예문. 1997, pp. 63~66)

예수는 십자가 사건에 앞서 극비로 삼촌인 공의회의원이자 랍비 아리마데 요셉이나 형제들 요한으로 알려진 처남 나사로, 니고데모, 롱기누스 키레네시몬 등과의 대책협의가 있지 않았나 생각된다. 그에 따라 아리마데 요셉과 빌라도는 예수의 십자가 내리기에 타협이 있었던 것으로 보여진다.

기독교 4대 복음서를 보면, 다시 살아나고 멀리 갈 것을 시사하는 구절이 있다. 예수는 최후의 만찬에서 제자들에게 "오늘밤 너희는 나를 버릴 것이다. 그러나 나는 다시 살아난 후, 너희보다 먼저 갈릴리로 갈 것이다(마태26 : 32)."라고 말씀했다.

마가복음 14장 28절도 똑같다. 누가복음은 위의 공관복음과 뉘앙스는 다르나 시사점은 같다.

"사람은 아들은 하느님께서 정하신 대로 가지만, 사람의 아들을 잡아 넘기는 사람은 화를 입을 것이다."

베드로에게 그가 예수를 모른다고 세 번 부인할 것을 알려 주기 직전, 예수는 이렇게 말했다. "네가 나에게 다시 돌아오거든 형제들에게 힘이 되어다오.(누가 22: 22~32)"

요한복음에는 다음과 같이 기록됐다. 예수께서 최후의 만찬에서 "하느님께서 사람의 아들에게 영광을 주실 것이다. 내가 가면 너희는 나를 찾아다닐 것이다. 일찍이 유태인들에게 말한대로 이제 너희들에게도 말하거니와 내가 가는 곳에 너희는 올 수 없다. 지금은 내가 가는 곳으로 따라올 수 없지만, 나중에는 따라오게 될 것이다.(요한 13: 33~36)"

"내가 가서 너희가 있을 곳을 마련하면 다시 와서 너희를 데려다가 내가 있는 곳에 같이 있게 하겠다.(요한 14: 3)"고도 했다. 예수는 또 "나는 악인의 법정으로 끌려가지만, 다시 살아나서 그대들 앞에서 나타나리라"고 제자들에게 말했다(보병궁 복음서 162장). "사람들은 내 몸을 무덤에 쥐고, 그곳에서 나는 성언으로 사흘 동안 지켜지고, 그뒤 살아난다"고 예언했다(보병궁 130장).

이에 관하여 역사적 사실로서의 예수의 생애는 요한복음과 누가복음의 몇 구절, '토리노의 수의'를 조사한 독일의 수의 조사 전문가 한스나버(Hans Naber)의 글 및 독일의 종교교육가로 예수의 전 생애를 평생 연구한 홀거 케르스텐(Holger Kersten)의 『인도에서의 예수의 생애』(장성규 옮김, 고려원, 1987) 등을 종합하면, 예수는 십자가에 못박혔으나 실제로 죽지 않았다. 그는 기절하여 졸도했으며, 가사상태에 빠졌다가 동굴로 옮겨져 치료받고 3일만에 살아났다. 이것은 소생(蘇生)이지 부활이 아니며, 복음서에도 몸이 다시 살아난 것을 표현하는 에게

르시스(蘇生)라고 했다.

이어서 그는 갈릴리에서 제자들을 만났고(마태 28: 17), 손과 발을 보여주고 구운 생선을 먹었으며(누가 24: 42), 올리브산 최남단 꼭대기에서 동방으로 빛의 날개를 타고 구름에 싸여 떠나감으로써, 급경사인 근처의 사람 시야에서 사라졌다(이것이 하늘로 올라간 것처럼 승천설을 낳음. 사도행전 1장 9절). 그때 흰옷 입은 두 사람(에세네파)이 제자 등에게 "그는 또 다시 하늘 나라에서 오게 되리라."고 말하였다.

십자가에 처형되어 죽은 것으로 되어 있어 공식적으로 나타날 수 없었던 예수는 십자가 사건 후에도 비밀리에 제자들을 만나 계속 선교하고 가르쳤다. 그는 어머니 마리아와 유다 토마스 등과 함께 숨어지내다가 2년 후 다마스쿠스에서 바울을 역사적으로 만난다. 그리고 자기는 죽은 사람으로 되어 있어 아나니아를 시켜 바울에게 세례를 준다.

예수는 십자가 사건을 겪고 거듭난 후, 빛으로 감싼 몸으로 사건현장인 무덤 부근에서 맨 먼저 부인 막달라 마리아를 만난 뒤, 계속하여 은밀히 제자 등을 만나 전도하였다.

현재의 신약성서 등에서 개인적으로 만난 것을 보면 (개인적 현현으로 표현),

막달라 마리아(마태, 요한, 마리라, 마가)

베드로(바울, 누가)

동생 야고보(바울, 히브라인들의 복음)

바울(바울, 사도행전) 등이다.

집단적으로 만남 것은

열한 제자(마태, 누가, 요한, 마가)

열두 제자(바울)

넉 가족 – 막달라 마리아, 나사로, 마르다, 룻(보병궁 복음)

모든 사도들(바울, 사도행전)

디베랴 바닷가의 일곱 제자(요한 21장)

한번에 500명(바울)

엠마오로 가는 두 사람 삭개오와 글로바(누가, 마가)

군인 두 사람, 백부장, 유대인 장로들(베드로)

구체적이지 않은 민중들(사도행전) 등으로 많다.

바울은 고린도전서에서 "우리 주 예수를 보지 못하였느냐?"(9: 1) "게바에게 보이시고, 12제자, 500여 형제, 야고보에 이어 맨 나중에 내게 나타나셨다."고 하였다.(15: 5 ~ 8)

이밖에도 소생한 예수는 예루살렘 성전, 갈릴리 바닷가에서 제자들(베드로, 야고보, 요한, 안드레, 필립, 나타나엘)을 만났고, 멀리는 페르시아의 마기 승려를 찾아보고, 인도 오릿사의 라반나 궁전 잔치에 참여하고, 그리스의 아폴로 신전을 찾고, 로마의 타이바 강변에서 그라우다스와 줄리엣을 만나고, 헤리오포리스 신전 제사장도 찾아보며, 이집트 비밀형제교단(과거에 에세느파 명상가 화이로환토 밑에서 7단계시험을 거쳐 그리스도 지위에 나아감)도 만나는 등 활발한 활동을 벌였다(보병궁 복음 173~180장).

나그 하마디 문서의 비밀 야고보서(Secret James)는 예수가 550일 동안 계속 가르쳤다고 했으며, AD 3세기 이집트 기록 문서집인 피스티 소피아(Pisti Sophia)는 예수가 십자가 사건 후 11년 동안 특정 제자들을 가르친 것으로 기록하고 있다. 예수와 어머니 아리아, 유다, 도마 일행은 이어서 터키 에데사, 페르시아, 아프카니스탄, 파키스탄을 거쳐 하늘나라란 뜻을 가진 인도의 카시밀에 16년만에 도착하여, 진리를 전하고 병을 고치며 정화하는 지도자로 살았다.

AD 78년에 카시밀의 수도 스리나가르에 있는 솔로몬 사원에 등록하여 공식기록을 남겼으며, 그후 상당한 세월이 흐른 후 80세 가까이 살다가 스리나라그 구도시 칸자르(Khanjar) 지역 안지말(Anzimar)에 묻혔다. 그 묘지 건물이 라우자 발(Rauza Bal)이다.

예수그리스도가 임사체험을 너머 생사초월한 십자가 사건의 전말과 구제프의 깨달음을 위한 임사체험을 함께 알아보았다.

조사선과 깨달음

불자의 목적은 견성성불에 있고 조사선은 깨달음을 위한 중요한 방편이다.

초발심자경문에서 야운 비구는 "삼일수심(三日修心)은 천재보(千載寶)요 백년탐물(百年貪物)은 일조진(一朝塵)이라" 했다. 사흘간 마음 닦음은 천년의 보배요, 백년간 물욕을 탐하는 것은 하루 아침 티끌이라 했다.

영각성에 기본을 두고 살며 간절한 마음으로 정진할 때, 우리는 목적을 달성할 수 있다. 선정을 돈처럼, 여자(또는 남자)처럼 좋아하면 된다. 물론 본각의 자리에서는 무수무증(無修無證)이라 닦을 것도 증득할 것도 없다.

어쨌든 우리는 담금질을 잘하여 부처로 위대한 탄생을 하여 생사를 초월하고 진흙에도 더러워지지 않는 연꽃처럼, 우뢰 소리에도 놀라지 않는 사자처럼, 그물에 걸리지 않는 바람처럼 자유자재로워야 할 것이다.

어찌 보면 그것은 단순하여 마음먹기에 달린 것이다. 마음의 그림자를 지우면 그것이 선정이요, 생각을 멈추고 보면 깨달음이고, 마음을 비우면 부처라고 할 수 있다. 생각의 감옥에 갇힌 자기를 늘 깨고 나와야 한다. 생각의 감옥에 머물지 말고.

그런데 이심전심하는 선법인 조사선(祖師禪)은 역사적으로 형성된 것이다.

석가세존의 여래선(부처선)으로부터 시작하여, 정법안장을 가섭 존자, 아난 존자…… 마명, 용수, 세친 존자 …… 제27대 반야다라 존자에 이어, 보리달마 조사가 인도 제28대이며 동토로 넘어와 초조로 되면서 조사선은 본격적으로 시작되었다 할 것이다. 대략 살펴보면, 달마 조사에 이어 혜가, 승찬, 도신, 홍인에서 혜능과 신수로 이어지고, 무상공과 남악회양에서 마조도일로, 백장회해, 황벽희운, 임제의현으로 이어지고, 또 남전보원에서 조주종심 등 여러 종파 즉 5가 7종으로 조사선 시대가 열렸다. 임제종 양기파 제56대가 석옥청공이고, 그를 이은 이는 고려 태고보우 대사로 선법맥이 해동으로 넘어왔다.

마조도일로부터 서당지장으로, 서당지장에서 해동 가지산파 도의 국사로 이어져 구산문파가 생겨나고 고려 보조지눌 국사가 그 맥을 이었다. 조선왕조 초기에 함허득통, 신미 대사가 있었다.

태고보우의 맥을 이은 조선의 대선사가 임진왜란 때 나라를 구한 제63대 휴정(청허서산)이고 부휴선사, 편양언기, 사명당 유정 대사가 그 뒤를 이었고, 그 뒤로 조선왕조 억불 숭유정책 등으로 불교가 기를 펴지 못하다가 근현대에 이르러 한국 선불교를 중흥시킨 분이 제75대 경허성우 조사이다.

경허 조사 밑에서는 한암, 만공, 수월, 침운, 성월, 경봉, 향곡, 동산, 금오, 전강, 효봉, 혜월 등 수많은 선사가 배출되었다. 한암 선사의 도맥을 이은 분이 화엄경 합론 49권을 지으셨고, 유불선의 3절인 탄허택성 대종사이다.

필자는 탄허 스님의 말석 제자이다.

경허 조사 제자 중 특히 3월(月)이 유명하다. 호에 달월자가 있는 혜월(慧月) 수월(水月), 월면(月面, 滿空)스님을 가리킨다.

저자는 조사선이라는 표현 보다는 부처선인 여래선에 기초를 둔 조사선이므로 불조선(佛祖禪)이라 부른다.

조사선을 본격화한 달마대사는 무심론(일체가 무심이다), 혈맥론(삼천대천 세계가 돌아가지만, 모두 일심으로 돌아간다), 오성론(도는 적멸을 바탕으로 하고, 형상을 떠나는 것이 적멸이다), 절관론(무심의 입장에서 모든 형상이 공임을 활연 대오함을 말함), 안심법문(분별하고 헤아리면 모든 게 꿈이다) 등의 서책을 남겼다.

스스로의 마음이 바로 깨달음이고, 열반이며 부처이다. 마음이 부처이고 부처가 마음이다. 마음 밖에 부처 없고 부처 밖에 마음 없다는 것이 요점이다.

달마 조사의 가르침은 이입사행론(二入四行論)으로 요약된다.

이입은 이입(理入)과 행입(行入)인데, 이입은 경전원리로 도에 들어가는 것이다.

행입은 보원행(報怨行: 역경에도 원망하지 않고, 원망을 풀고 은혜를 갚음), 수연행(隨緣行: 인연 따라 삶), 무소구행(無所求行: 추구하는 행이 없음) 칭법행(稱法行: 달마 즉 법에 맞춰 사는 행위) 등 4행이 있다.

중국 6조혜능 조사는 법보단경을 남겼는데, 식심견성(識心見性 또는 明心見性)을 전제로 무념(無念, 생각없음) 무상(無相, 생각이나 형상 없음), 무주(無住, 머무름 없음, 집착 없음)을 기본으로 하고 있다. 항상 자성을 보는 지혜의 실천으로, 언하대오(言下大悟: 선지식 말을 듣고 곧 깨달음), 정혜불이(定慧不二), 오수불이(悟修不二)를 이야기했다.

마조 스님은 자기 마음이 부처로, 한 마음이 법이며 닦지 않고 물록 깨닫는 불수돈오(不修頓悟)는 스스로 마음을 알면 된다고 했다.

깨달음은 불이계합 체험인데 바다에서 물이 물로 들어간 일이다. 한 방울의 물이, 물이라는 생각이 없어지면, 바다가 된다.

깨달음에 자기가 방해가 되는 것은 "나는 깨닫지 못했고, 깨달음은 어렵다"는 고정관념과 사량분별이다. 우리는 깨달았건, 못 깨달았건 불자임에는 틀림없고, 사량분별을 떠난 깨달음은 자기 하기에 따라 쉬울 수도 어려울 수도 있기 때문이다. 간절한 마음과 정진에 달려있다.

옛 대선사들은 깨닫기가 "세수하다가 코 만지기라"고 했다.

조사선의 특징은 이심전심(以心傳心, 마음에서 마음으로 전함) 이언진 여(離言眞如, 말을 떠난 진리)이다. 일반적으로 조사선은 불립문자(不立文字, 문자를 세우지 않음) 교외별전(敎外別傳, 경전 외로 특별히 전함) 직지인심(直指人心, 직접 사람 마음을 가리킴) 견성성불(見性成佛, 깨닫고 부처됨)이라 한다.

참선을 통해 견성을 하는 방편에는 직지인심 즉 돈오법도 있고, 좌선관심법도 있다.

직지인심법은 스스로 자기 본성(자성, sabhava)을 향하여 미끄러지듯 단걸음에 밑바닥까지 쑥 들어가야 한다. 그래야 단박 깨칠 수 있다.

중국의 곽암지원 스님은 선을 수행하여 마음수련 단계를 선의 십우도(十牛圖)로 표시하였다. 우리 본래 면목을 소에 비유한 것이다.

선의 십우도는 소 찾기, 소 자취 보기, 소 보기, 소 얻기, 소 기르기, 소 타고 귀가, 소를 잊은 사람, 사람 소 모두를 잊음, 본래자리로 돌아옴(반본환원), 입전수수(入廛垂手, 시장에서 팔장 끼고 거님) 단계로 나아간다.

조사선에는 오직 견성을 꾀하는데, 관문을 베풀어 투과하게 하는 3관이 있다.

도솔 종연(1044~1091)의 도솔 삼관은 다음과 같다.

① 자성을 알면 생사를 벗어날진데, 지금 그때 자성은 어데 있는가?

② 자성을 알았으면 생사를 벗어났을텐데, 안광낙처시 어떻게 벗어나나?

③ 생사 투득하면 가는 곳을 아나니, 4대가 떠나갈 때, 어디로 향해 가겠는가? 견성을 하려면 이 조사관을 투과해야 한다.

우리가 세상을 살아가는데 바탕은 무분별지이고, 실제에 부딪치는 것은 분별지이다. 분별해서 호오가 나뉘고, 애증이 나뉘며, 욕망과 저항이 나뉘어 집착이 따르는 바, 여기서 차별이 생기고, 번뇌 망상 탐진치 대립 갈등이 생기어 고통의 바다에서 헤매이게 된다.

분별로 인한 생각이나 형상에 따라 고뇌가 생기므로 분별에서 벗어나야 한다.

그러려면, 불가사의 언어도단(말길이 끊어짐), 심행처멸(마음 가는 곳이 사라짐)이 돼야 한다. 그것이 선정을 통해 견성에 이르는 조건 아닌 조건이다.

그런데 분별은 분별이 아니고, 그 이름이 분별일 뿐이다. 그러면 분별이면서 분별이 아니니, 분별과 분별 벗어남이 둘이 아니게 된다. 분별에는 머무르면 안되므로 어떻게 하라거나 어떻게 하지 말라고 말할 수 없다. 그게 모두 분별이기 때문이다. 분별이 일어나더라도 거기에 집착하지 않고, 즉각 내려 놓아야 한다.

더욱 차별이 일어나면 곧 내려 놓아야 한다. 이것이 차별 방하착(差別放下着)이다. 이것이 묘용(妙用)으로 이이불이(二而不二) 즉, 2분법과 불이법이 하나로 조화된 것이다. 황벽희운 선사는 모든 것을 놓아버리고 완전히 죽은 사람처럼 아무것도 몰라야 한다고 말했다. 금강경에는 일체의 상을 떠난 것이 부처라고 했다.

한 생각이 무너진 곳에 진여가 드러난다. 불성이 내 속에 있으나 스스로 보지 못하다가 지금 여기서 자기 자신을 확인한다. 이것이 스스로 깨달아 알아채는 불성이다. 이 불성은 잃을 수도 얻을 수도 없다.

만약 알기를 요구하면(若欲求會) 곧 얻지 못함도 알게 된다(便會不得).

다만 알지 못하면(但知不會) 곧 견성이다.(是卽見性)

(보조선사, 목우자 '수심결')

달마도 불법을 "모른다(不識)" 했고, 혜능도 자기 성품을 모른다(不會)고 했다. 절대진리는 인식의 대상이 아니기 때문이다. 원각경에 청정지혜는 선정에서 나오고, 법화경에는 선정을 수미산처럼 하라고 하였다.

조사선에 관하여 한국 근현대의 최고 중흥조사인 경허 성우스님의 '참선곡'을 살펴본다.

홀연히 생각하니 도시몽중이로다

천만고 영웅호걸 북망산 무덤이요

부귀문장 쓸데없다 황천객을 면할소냐

오호라 이내몸이 풀끝의 이슬이요

바람속에 등불이라

삼계대사 부처님이 정령히 이르사대

마음깨쳐 성불하여 생사윤회 영단하고

불생불멸 저국토에 상락아정 무위도를

사람마다 깨치라고 팔만장교 유전이라

사람되어 못닦으면 다시공부 어려우니

나도어서 닦아보세 닦는길을 말하려면

허다히 많건마는 대강추려 적어보세

앉고서고 보고듣고 착의긱반 대인접화

일체처 일체시에 소소영영 지각하는

이것이 무엇인고 몸뚱이는 송장이요

망상번뇌 본공하고 천진면목 나의부처

보고듣고 앉고서도 잠도자고 일도하며

눈한번 깜짝할제 천리만리 다녀오고

허다한 신통묘용 분명한 나의마음

어떻게 생겼는고 의심하고 의심하되

고양이가 쥐잡듯이 주린사람 밥찾듯이

목마른데 물찾듯이 육칠십 늙은과부

외자식을 잃은후에 자식생각 간절하듯

생각생각 잊지말고 깊이궁구 하여가되

일념만년 되게하여 폐침망찬 할지경에

대오하기 가깝도다 홀연히 깨달으면

본래생긴 나의부처 천진면목 절묘하다

아미타불 이아니며 석가여래 이아닌가

젊도않고 늙도않고 크도않고 작도않고

본래생긴 자기영광 개천개지 이러하고

열반진락 가이없다 지옥천당 본공하고

생사윤회 본래없다 선지식을 찾아가서

요연히 인가맡아 다시의심 없앤후에

세상만사 망각하고 수연방광 지나가되

빈배같이 떠놀면서 유연중생 제도하면

보불은덕 이아닌가 일체계행 지켜가면

천상인간 복수하고 대원력을 발하여서

항수불학 생각하고 동체대비 마음먹어

빈병걸인 괄시말고 오온색신 생각하되

거품같이 관을하고 바깥으로 역순경계

몽중으로 관찰하여 해태심을 내지말고

허영한 나의마음 허공과 같은줄로

진실히 생각하여 팔풍오욕 일체경계

부동한 이마음을 태산같이 써나가세

허튼소리 우스개로 이날저날 다보내고

늙은줄을 망각하니 무슨공부 하여볼까

죽을제 고통중에 후회한들 무엇하리

사지백절 오려내고 머리골을 쪼개는듯

오장육부 타는중에 앞길이 캄캄하니

한심참혹 내노릇이 이럴줄을 누가알고

저지옥과 저축생에 나의신세 참혹하다

백천만겁 차타하여 다시인신 망연하다

참선잘한 저도인은 서서죽고 앉아죽고

앓도않고 선세하며 오래살고 곧죽기를

마음대로 자재하며 항하사수 신통묘용

임의쾌락 소요하니 아무쪼록 이세상에

눈코를 쥐어뜯고 부지런히 하여보세

오늘내일 가는것이 죽을날에 당도하니

푸줏간에 가는소가 자욱자욱 사지로세

예전사람 참선할제 마음그늘 이겼거늘

나는어이 방일하며 예전사람 참선할제

잠오는것 성화하여 송곳으로 찔렀거늘

나는어이 방일하며 예전사람 참선할제

하루해가 가게되면 다리뻗고 울었거늘

나는어이 방일하고 무명업식 독한술에

혼혼불각 지나가니 오호라 슬프도다

타일러도 아니듣고 꾸짖어도 조심않고

심상히 지나가니 혼미한 이마음을

어이하여 인도할고 쓸데없는 탐심진심

공연히 일으키고 쓸데없는 허다분별

날마다 분요하니 우습도다 나의지혜

누구를 한탄할고 지각없는 저나비가

불빛을 탐하여서 제죽을줄 모르도다

내마음을 못닦으면 여간계행 소분복덕

도무지 허사로세 오호라 한심하다

이글을 자세보아 하루도 열두때며

밤으로도 조금자고 부지런히 공부하소

이노래를 깊이믿어 책상위에 펼쳐놓고

시시때때 경책하소 할말을 다하려면

해묵서이 부진이라 이만적고 끝내오니

부디부디 깊이아소 다시할말 있사오니

돌장승이 아이나면 그때에 말할테요.

진여

석가세존의 "새벽별 보고 깨달음"으로 부터 시작된 깨달음은 알고 모르고의 이전 단계의 "모름"이라고 할 수 있다.

진여는 인식대상이 아니니 2분법적(능지 · 소지) 지식대상이 아니다. 제 눈으로 제 눈을 보지 못하고, 제 손가락이 스스로를 만지지 못하며, 칼도 스스로를 베지 못한다. 마음도 마음을 보지 못한다. 그러므로 깨달음은 나와 부처가 하나이고(佛我一如), 나와 우주가 하나인(宇我

一如) 불이계합체험(不二契合体験)이라고 할 수 있다. 전일성(全一性)이다.

교학적으로는 증위(證位)는 공부의 완성단계로, 번뇌장, 소지장 등 유혹을 끊고 도리를 증득하는 것(斷惑證理)이며 파사현정이고 일체종지의 바다에 이른 것이다.

깨달은 분상에서 상근상기는 단번에 여래지로 나아가 돈오돈수할 수 있으나, 점오점수, 점수돈오도 할 수 있으며, 많은 경우에는 돈오점수로 가게 된다. 이치는 단박 깨쳤으나 그 사람의 습업은 단박 제거되지 않기 때문이다.

'초발심시 변성정각'이라 첫 발심이 정각이니, 신오(信悟)라고 하고, 교리 이해가 필요 충분하면 해오(解悟)라고 말하나, 이는 바른 깨달음인 증오(證悟)는 아니다.

깨달음과 관련하여 순수한 우리말에는 깨닫다, 깨다, 깨이다, 깨나다, 깨뜨리다, 깨지다, 깨치다 등이 있고 각(覺), 각오(覺悟), 각성(覺醒), 증오, 증득, 각득이라는 말도 쓰인다.

영어로 깨달음은 "enlightenment(光化)"가 많이 쓰이나 "awakening", "waking up", awareness, seeing, perception 등도 쓰인다.

깨달음은 어렵지 않다. 간절한 선화자의 담금질 여부에 따라 어려울 수도, 보통일 수도, 쉬울 수도 있다. 너무 쉬워서 어려운지도 모른다. 집착 입자에서 파동으로 고통이 사라질 뿐이다. 문제가 본래 문제가 아니었던 것이다.

시각(始覺)이 곧 본각(本覺)이다. 하늘이 비오고 흐렸다가 개어서 구름사이에 드러나는 푸른 하늘을 시각이라면 이는 새로 만든 하늘이 아니라 본래 푸른 하늘이었으니, 이를 본각으로 보면, 시각이 곧 본각이고 구경각이다.

깨달음을 단계적으로 볼 때는 4가지가 있다고 말한다.(四覺)

하나는 불각(不覺)이니, 연기는 알았는데, 미혹이 있는 경우다.

둘째는 상사각(相似覺)이니, 아집을 여의고 아공(我空)에 들어간 경우다.

셋째는 수분각(隨分覺)이니, 법집을 여의고 법공(法空)에 들어가 일분 일분 더 깨달아 가는 경우로서, 생각의 노예로부터 벗어나기가 진행된다.

넷째는 구경각(究竟覺)이니, 근본무명을 끊고 구공(俱空)의 자리에 나아가 절대진리의 본각(本覺)을 드러낸 경우이다. 이는 불이중도문(non-duality, oneness)이고 대도무문, 전식득지문, 생사해탈문, 적멸문, 일심문, 진여문에 들어간 것이다.

진여문에는 7진여(眞如)가 있으니, 생멸변화의 실성인 유전(流轉)진여, 구공의 자리에서 나타나는 실상(實相)진여, 모든 게 앎(識)이라는 유식(唯識)진여, 4성제 중 고(苦)제의 실상으로서의 안립(安立)진여, 4성제 중 집제의 실성으로서 사행(邪行)진여, 4성제 중 멸제의 실성으로서의 청정(淸淨)진여, 4성제 중 도제의 실상으로서의 정행(正行)진여 등이다. 다음엔 조사선 등을 통하여 깨달음에 이르는 여러 가지 인연이나 사건, 상황 등을 알아보기로 한다.

먼저 "누가 불두(佛頭)에 황금똥 쌌나?"(생각 쉬면 깨달음, 마음 비우면 부처) 이것은 이책의 제목이고, 저자가 독자들에게 던지는 화두이다.

석가세존이 생전에 가장 오래 머문 절인 기원정사는 황금과 관계가 있다. 사위국 바사닉 왕(세존과 생일이 같고, 세존이 성도하시던 해에 즉위함)의 기타 태자와 급고독 장자 수다타 부호가 기수급고독원과 기원정사를 부처님께 보시했다. 그런데 수다타 장자가 처음에 기타 태자의 땅을 사려고 하니 그 땅을 모두 황금으로 덮으면 팔겠다고 하여 수다타 장자는 그렇게 해서 기원정사가 생기게 된 것이다.

우아일여의 깨달음을 생각하다 보니 별별 이야기를 해야 되겠다. 하늘에는 별똥도 있고, 똥별도 있다. 별도 살았다 소멸하면서 잔해를 남기며 (똥별) 블랙홀이 되어간다. 이 블랙홀은 화이트홀로 연결된다. 지상에도 참별이 있고 똥별도 있다. 징기스칸, 이순신, 알렉산더, 나폴레옹, 을지문덕 등을 참별이라 하면, 그렇지 못한 장군인 똥별도 있다.

사람이 건강하려면 밥 잘 먹고, 똥 잘 싸고, 잠을 잘 자야 한다. 사람이 사는데 필요한 음식먹기 보다 더 중요한 게 마음먹기다. 마음을 잘못 먹고, 매일 밥만 축내는 사람을 "똥 만드는 기계"라고 한다. 신선도의 김태영 선생님은 선도체험기를 시리즈로 100여권 쓴 분인데, 자기를 깨닫지 못한 삶을 '똥 만드는 기계'에 불과하다고 썼다.

불두착분(佛頭着糞)이란 말이 경덕전등록에 전해진다.

최상공이라는 사람이 한 절에 갔다가 참새가 불상 머리 위에 똥을 싸는 것을 보고 주지스님에게 물었다.

"참새에겐 불성이 없습니까?"

"있습니다."

"그런데 왜 저놈들은 부처님 머리에 똥을 쌉니까?"

"그럼 저놈들이 왜 독수리 머리에는 똥을 싸지 않을까요?"

부처님은 늘 새똥을 뒤집어 쓴 모습으로 오신다. 그걸 알아본 참새에게 왜 불성이 없겠는가.

그후 중국의 구양수가 책 〈신오대사〉를 완성했을 때, 사람들이 서문을 지어 붙이려 하자, 왕안석은 "부처님 머리 위에 어찌 똥을 바르겠는가?" 하고 비웃었다. 그 뒤 '불두착분'은 '남의 책에 부족한 서문을 붙인다'는 뜻도 생겼다.

1700개 화두 중에 "간시궐(乾屎橛)이 있다.

어떤 선화자가 운문 선사에게 묻기를 "무엇이 부처입니까?" 라고 물었다.

운문 선사가 "간시궐(마른 똥막대기)이다"라고 했다.

보리수를 보리똥이라고도 한다.

몽시득관(夢屎得官) 즉, 송장 꿈을 꾸면 벼슬을 얻는다는 말이 있다.

중국 위진남북조 때 이극이란 사람이 하늘에서 자기 앞으로 관이 두

개 떨어지는 꿈을 꾸었다. 점술에 뛰어난 색담이란 사람이 벼슬이 높아질 꿈이라고 해몽했다. 과연 이극은 얼마 뒤 승진했다. 그뒤 송장 꿈을 꾸면 벼슬을 얻는다는 몽시득관(夢屍得官)이란 말이 생겨났다.

어떤 사람이 진나라의 총명한 선비 은호에게 물었다.

"왜 벼슬을 하려면 송장이나 관 꿈을 꾸며, 재물이 생기려면 똥과 오물에 관한 꿈을 꾸나요?"

은호가 대답했다.

"벼슬이라는 게 본디 송장 썩는 냄새 나는 것이기 때문에 송장과 관 꿈을 꾸는 것이며, 재물이라는 게 본디 똥덩어리에 지나지 않는 것이기 때문에 재물이 생기려면 더러운 것을 꿈에 보는 것이다."

은호의 이 말은 당시 사람들 사이에서 명언으로 퍼져나가 〈세설신어〉에 실렸다.

출세하기 위해 똥꿈을 원하는 사람이 현실에서 청정식수 한 바가지에 똥 한방울을 떨어뜨리면 어떤 반응이 나올지 궁금하다.

산악인 오은선 양(49세)은 2010년 4월 27일 안나푸르나를 끝으로 히말라야 8000m이상 14좌를 세계 여성으론 처음으로 완등했다. 그러나 파사반등 사람들이 칸첸중가 정상등반에 회의를 표시하자 "모든 세상 어법은 똥이더라"라고 말했다. (2013. 12. 5. 동아일보)

어떤 선화자가 효주사명 선사에게 묻기를 "청정법신이 무엇입니까?" 라고 물었다.

효주사명 선사가 "시리저아(屎裏蛆兒) 두출두몰(頭出頭沒)이니라"고

했다. 똥 속 구데기가 머리 들고 출몰한다는 뜻이다.

〈벽암록〉에는 고승이 고양이를 칼로 베어 살생을 한 이상한 이야기가 나온다. 둘로 나뉘어 있는 이야기를 간추리면 이렇다.

남전선사가 외출했다 돌아오니 제자들이 고양이 한 마리를 두고 서로 패를 갈라 다투고 있었다. 이에 남전선사가 고양이를 들고 칼로 겨눈 채 "한 마디를 하면 살려주겠다"고 했지만 아무도 대답을 못해 고양이를 죽였다.

그날 밤 제자 조주선사가 외출해서 돌아왔다. 남전이 고양이 일을 말하며 같은 질문을 하자 조주는 신발을 머리에 이고 방을 나가버렸다.

남전은 탄식했다. 그 자리에 조주가 없었음을. 조주는 왜 더러운 신발을 왜 머리에 이었을까. 그것도 하늘 같은 스승 앞에서.

신발은 발에 신는 것이다. 흙도 밟고 똥도 밟는다. 그런 신발을 신체 부위 중 위치도 가장 높고, 실제로는 가장 귀한 대접을 받는 머리 위에 올렸다. 머리는 '지혜'의 상징이다. 그런 머리 위에 신발을 올렸다. 조주는 전도몽상을 뒤집어 바로잡아 보였다.

우주는 인드라망으로 된 큰 거울이다. 마음거울이고 대원경(大圓鏡)이다. 거울은 차별 없이, 티끌 없이 삼라만상을 비춘다. 꽃이나 똥을 비춰도 거울이 꽃이나 똥이 되지는 않는다. 그저 비출뿐!

꽃에는 연꽃도 있고, 순백색 무성화인 불두화(佛頭花)도 있으며, 승두화(僧頭花) 또는 雪吐花(까마귀 밥나무)도 있고 우담바라꽃도 있다.

거울은 그런 꽃이나 똥을 비추는데 차별이 없다.

꿈을 깬 개안 종사들은 부처님 법이 불이법(不二法)이라고 하고, 또 금시법(金屎法, 황금똥법)이라고도 한다. 불이 계합체험이 절실하다.

"누가 불두에 황금똥 쌌나?"

이 화두를 타파하여 해소하면, 깨달음에 이르게 될 것이다.

• 석가세존

석가세존이 도솔천을 여의지 않고 이미 왕궁에 내리시고 모태에서 나오기 전에 이미 사람들 제도를 마치셨다.(世尊 未離兜率已降王宮 未母 出胎度人已畢)

시공간이 무너진 불이의 자리(선문염송 제1)

세존께서 냐그로다 나무 아래에 앉아 계실 때에, 지나가던 두 명의 장사꾼이 물었다.

"수레가 지나가는 것을 보셨습니까?"

"보지 못하였소."

"듣기는 하셨습니까?"

"듣지 못하였소."

"선정에 드셨습니까?"

"선정에 들지 않았소."

"주무셨습니까?"

"자지 않았소."

이에 상인은 탄복하여 말하였다.

"훌륭하십니다. 세존이시여! 깨어 있으면서도 보지 않으시다니."

그리고는 흰 무명 두 필을 세존께 바쳤다.(無分別智)

• 지옥의 데바다타

석가세존 생존시에 법통을 무리하게 잇겠다고 반란을 일으킨 것이 데바닷타(調達)였다.

그는 뒤에 지옥에 빠졌으나, 석가세존께서 구해주고 수기를 주어 천왕여래가 되게 하였다. 원수를 미워하지 않고 사랑하며, 성불시킨 부처님의 대자대비가 보이는 것이다.

조달이 세존을 비방한 죄로 산채로 지옥에 떨어졌는데, 세존께서 아난을 보내어 "지옥에 있으니 편안한가?"라고 물으셨다.

조달이 대답하였다.

"내가 비록 지옥에 있으나, 마치 삼선천의 쾌락이 있는 듯하오."

세존은 다시 아난을 보내 물었다.

"너는 거기서 벗어나기를 바라느냐?"

"세존이 여기에 오면 나가리라."

아난이 말하였다.

"부처님은 삼계의 위대한 스승이신데, 어찌 지옥에 들어올 일이 있으시겠는가?"

조달이 말하였다.

"부처님이 지옥에 들어올 일이 없다면, 내가 어찌 지옥에서 나갈 일이 있겠는가?"(선문염송)

• 문수와 여인출정

문수보살이 부처님들이 모여 계신 곳을 찾아갔더니, 마침 부처님들은 자기 처소로 돌아가려던 참이었다. 그런데 오직 한 여인이 저 세존 가까이 앉아서 선정에 들어 있었다. 이에 문수가 세존께 여쭈었다.

"어찌하여 이 여인은 세존 가까이 앉아 있을 수 있는데, 저는 그렇게 하지 못합니까?"

세존께서 문수에게 일러 주셨다.

"문수야! 네가 이 여인을 깨워서 선정에서 일어나게 하여 직접 물어보거라."

이에 문수는 여인의 주위를 세 바퀴 돌고는 손가락을 한 번 튕기는 것부터(혹은 세 번이라고 한다) 여인을 범천까지 밀어올린 것까지 자신의 신통한 능력을 다하였으나, 여인을 선정에서 나오게 할 수 없었다. 세존께서 말씀하셨다.

"수백 수천의 문수가 오더라도 이 여인을 선정에서 나오게 할 수 없으리라. 저 아래 세계에 마흔 둘의 항하사 국토를 지나면 망명보살이 있는데, 그러면 여인을 선정에서 나오게 할 수 있으리라.

그러자 눈 깜짝할 사이에 망명보살이 땅에서 솟아 올라와 세존께 절을 올리는 것이었다. 세존께서 여인을 선정에서 나오게 하라고 이르셨다. 망명보살이 손가락을 한 번 튕기니, 여인이 드디어 선정에서 나왔다.

*운거 원우가 송했다.

수백 수천의 문수도 나오게 할 수 없었는데,

망명은 털끝만큼도 힘을 쓰지 않았네.

저녁 놀은 외로운 오리와 함께 날고

가을 물은 아득한 하늘과 한빛이로다.

• 문수, 전삼삼 후삼삼

여기 무착문희 화상은 앙산의 제자인데, 어느 날 오대산에 간 꿈을 꾸었다.

그때 문수보살을 만난 절에서 신세를 지면서 나눈 재미있는 이야기가 있다. 문수보살이 무착에게 물었다.

"여기 오기 전에 어디 있었나?"

무착이 대답했다.

"남쪽에 있었습니다."

문수가 다시 "남쪽의 불법은 요즘 어떻게 되어가고 있나?" 하고 묻자, 무착이 대답했다. "말법의 비구는 계율을 받드는 자가 조금은 있습니다."

문수가 "그 계율을 받드는 자가 얼마나 되나?"하고 또 물으니까, "한 3백에서 5백 정도 될까요" 하고 무착이 대답했다.

이번에는 무착이 문수에게 물었다.

"이곳에선 어떻게 되어가고 있습니까?"

문수가 "깨달은 자도 평범한 자도 용도 뱀도 다 함께 뒤범벅이지"
하고 대답하자 ,무착이와 다시 물었다.

"수행자는 얼마나 됩니까?"

그러자 문수가 대답했다.

"전 33, 후 33이지."

• 승찬과 도신(제3 · 4대 조사)

수 개황 12년, 사미인 도신은 나이가 14세였는데, 승찬 스님을 찾아
와 절하고 말했다.

도신 : 스님께서 자비를 베풀어 해탈법문을 들려주십시오.

승찬 : 누가 너를 묶었느냐?

도신 : 묶은 사람은 없습니다.

승찬 : 어찌 다시 해탈을 찾느냐?

도신은 말끝에 크게 깨달았다.(言下大悟)

승찬 스님은 여러번 현묘한 뜻을 가지고 도신을 시험해본 뒤, 그 인
연이 무르익은 것을 알고 드디어 의법(衣法)을 부축해 주고 게송을 하
였다.

꽃과 종자는 모두 땅에 인연해 있으나

땅에 있는 종자에서 꽃이 나온다

만약 사람이 종자를 뿌리지 않는다면

꽃도 땅도 없을 것이다.

이와 같이 승찬 스님은 도신을 얻고 나서, 곧 나부산으로 가서 2년을 머물다가 다시 옛날 있던 곳으로 돌아갔는데, 찾아오는 사람에게 심요를 자세히 설한 뒤 법회자리에 있던 큰 나무 아래에서 합장하고 서서 임종하였으니, 수 양제 대업 2년 10월 15일의 일이었다.

당 현종이 감지선사(鑑智禪師)라 시호하였고, 탑은 각적(覺寂)이라 하였다.

• 혜능 · 신수

하루는 홍인 대사께서 모든 문인들을 모으시고

"다 들으라, 너희들에게 할 말이 있다. 우리가 나고 죽는 것보다 더 큰 일이 없거늘, 너희들은 다만 복이나 구하려 하였지 생사고해에서 헤어나려고는 하지 않는구나. 만일 제 성품을 모르면 옳은 복인들 어찌 구하여질 것이냐? 너희들은 각기 돌아가서 스스로 지혜를 보고 제 본심의 반야성품을 잡아서 게송을 하나씩 지어 오너라. 보아서 만일 대의를 깨달았으면 의법을 전하여서 제6대조를 삼으리라. 불같이 급히 하여 지체하지 말지니 생각으로 헤아려서는 맞지 않느니라. 견성한 사람이면 이 말이 떨어지자 바로 될 수 있으리라" 하셨다.

대중이 이 부분을 받고 물러나와 서로 숙덕거렸다.

한 사람이 "우리는 공부를 옳게 못하였으니 이제 애쓰기로 무얼 하겠나? 신수 상좌(神秀上座)가 우리의 교수사인데, 그분이 틀림없이 될 것을 우리는 쓸데없이 몸닳을 것이 없다" 하니 모두들 따라서 그렇게 했다.

신수는 여러 사람이 게송을 짓지 않는 까닭을 알고 그 마음이 흥분하고 긴장되었다.

'여러 사람이 저렇게 나를 위하여 게송을 짓지 않고 있는데, 내가 만일 게송을 못 짓는다면 무슨 꼴이 되며, 화상께선들 어떻게 내 속을 아시랴? 그러나 내가 게송을 짓는 것이 법을 구하기 위해서라면 옳거니와 조사가 되려는 야심이라면 옳지 않은 것이다. 이제 내가 게송을 짓지 않으면 법을 얻지 못할 것이니 큰일이다.' 이런 생각으로 마음을 졸이었다.

그때 마침 5조께서 뒤에 전하여 공양하게 하실 목적으로 공봉 화가 노진을 청하여 당앞에 있는 복도 3간 벽에다가 "능가산은 신통력이 없이는 가지 못한다"고 하면서 (부처님께서 여기서 설하신 것이 능가경) 능가경을 설하실 때의 광경인 능가변상도와 5조 혈맥도를 그리게 하시었다. 신수가 게송을 다 지으매 이것을 바치려고 여러 번 당 앞에까지 갔으나, 마음이 황홀하여 온몸에 땀을 흘리고 그냥 돌아서기를 4일동안에 열 세 번이나 되풀이하다가 끝내 못 바치고는, 다시 생각하기를 차라리 저 복도에 이것을 써 붙여서 화상께서 지나시다가 보시도록 하는 것이 좋겠다. 그날 밤 3경에 아무도 모르게 몸소 등불을 들고 남쪽 복도 벽 사이에 가만히 게송을 써놓으니,

몸이 보리수라면(身是菩提樹)
마음은 밝은 거울틀일세(心如明鏡臺)

때때로 부지런히 털고 닦아서(時時勤拂拭)

먼지 앉고 때 끼지 않도록 하세(勿使惹塵埃)

신수가 이렇게 써놓고 가만히 자기 방으로 돌아가니 아는 이가 없었다.

5조께서 내일 보시구 좋아하시면 내가 법과 인연이 있는 것이지만, 만일 좋아하지 않으시면 이것은 내 스스로 어리석음이라. 성인(聖人)의 뜻은 알 수 없는 것이다.

5조께서는 신수가 아직 문안에 들어오지 못함을 이미 알고 계셨다.

이튿날 새벽에 5조께서 노공봉을 불러서 남쪽 복도 벽 사이에 그림을 그리려다가 문득 그 게송을 보시고 공봉에게 말씀하시기를 "그새 자네 수고 많이 하였네. 이제는 그림이 필요없이 되었네. 경에도 모든 모양이 다 허망한 것이다 하셨으니, 이 게송만 두고 그림은 그만 두겠네" 하시고 문인들에게 이르시기를 "이 게송대로 닦으면 악도에 떨어지지 않고 큰 이익이 있다" 하시면서 향 피워 예배하게 하고 또 모두 외우라 하시니, 문인들이 이것을 외우면서 크게 칭찬들을 하였다.

5조께서 그날 밤 삼경에 가만히 신수를 불러서 물으시기를 "게송은 네가 지은 것이지?" 하시니, 신수가 대답하기를 "실은 제가 지었사오나 감히 조사의 지위를 바라지 않나이다. 원컨대 스님께서는 자비로 보아 주소서. 제가 조그만한 지혜라도 있나이까?" 하였다.

"네가 지은 이 게송은 본성을 못 본 것이다. 겨우 문 밖에 이르렀고 문 안에는 못 들어온 것이니, 이러한 견해로는 무상보리를 찾아도 알지 못하리라. 무상보리는 모름지기 말이 떨어지자 바로 제 본 마음을 알고 나도 않고 죽도 않는 제 본성품을 보아야 하나니, 그리하면 언제든지 생각생각에 스스로 보아 모든 것에 걸림이 없으며 하나가 참됨에 모두 다 참되어 모든 경계가 그냥 그대로일세. 그냥 그대로인 마음이 곧 진실한 것이니, 만약 이렇게 되면 곧 이것이 무상보리의 제 성품인 것이다. 너는 다시 가서 새로 게송을 지어 오도록 하여라. 보아서 만일 문에 들어왔으면 네게 의법을 전하리라. 5조께서 이렇게 말씀하시니 신수가 절하고 물러나와 다시 며칠이 지났으되 게송을 못 지으니, 마음만 점점 꿈속처럼 황홀하고 불안하여 초조할 뿐이었다.

그때 한 동자가 그 게송을 외우면서 방앗간 앞을 지나는데, 혜능이 비록 가르침은 받지 못하였으나 이미 대의는 짐작하는 터였으므로, 그 게송을 듣고 견성한 사람의 글이 아님을 바로 알 수 있었다.

그래서 그 동자에게 묻기를 "외우는 게 무슨 게송인가?" 하니, 동자가 신이 나서 "너, 이 무지렁이야, 그것도 모르는가?" 하고 5조께서 문인들을 불러서 분부하신 말씀과 신수 상좌가 이 글을 지어서 남쪽 복도에 써놓은 것을 5조께서 보시고 칭찬하시며 모두를 외우라고 하셨다는 말을 하였다.

혜능이 듣고 다시 동자에게 "착한 사람아, 내가 여기 와서 여덟 달 동안이나 방아만 찧었으니 무엇을 알겠는가. 아직까지 당 앞에 가본 일도 없으니 나를 좀 인도하여 나도 그 게송 앞에 예배를 드리게 해달라"고 청하였다.

동자가 인도하는 대로 혜능이 게송 앞에 가서 예배하고 "내가 무식하여 글자를 모르니 누가 좀 읽어주오" 하니, 그때 거기 모인 사람 중에 강주별가를 지낸 장일용(張日用)이란 자가 소리 높여서 읽어 주었다.

혜능이 듣고 나서 "나도 게송을 하나 지어 볼 터이니 별가는 좀 써주오" 하였더니, 별가는 하도 뜻밖이라 같잖게 여기고 "너같은 게 다 게송을 짓겠다니 희한도 하여라" 하고 조롱하였다.

혜능이 엄숙한 태도로 "무상 보리를 배우려거든 처음 들어온 사람을 깔보지 마시라. 아무리 낮고 낮은 사람이라도 높은 지혜가 있을 수 있고, 높고 높은 사람이라도 어리석을 수 있나니, 사람을 업신여기는 것은 큰 죄가 됩니다"하니, 별가는 이 말에 눌리는 힘을 느끼고 "그렇다, 네 말이 옳다. 내가 써 줄 터이니 게송을 부르라. 네가 만일 법을 얻거든 부디 나부터 제도하여라"하고 붓을 들었다.

혜능이 게송을 부르기를,

보리에 본디 나무가 없고(菩提本無樹)
밝은 거울 또한 틀이 아닐세(明鏡亦非臺)
본래로 한 물건도 없는 것인데(本來無一物)
어디에 때가 끼고 먼지가 일까(何處惹塵埃)

별가가 이렇게 받아서 써놓으매, 온 대중이 모두 놀래어 서로들 웅성거렸다.

"정말 희한한 일이다! 참으로 모를 일이다! 사람은 겉만 보고는 모를 일, 저 사람이야말로 육신보살인 것을 우리가 몰라본 것이 아닌가?"

5조께서 이 소란한 것을 나와 보시고, 나쁜 사람이 해칠까 염려하시어, 짐짓 신짝으로 혜능의 게송을 문질러 지우시면서 "이것도 견성을 못한 글이다" 하시니, 대중이 다 그렇게 알았다.

다음 날 5조께서 가만히 방앗간에 오셔서, 혜능이 허리에 돌을 달고 방아를 밟는 것을 보시고 "도를 구하는 사람은 마땅히 그래야 하느니라" 하시고, "쌀이 얼마나 익었느냐?" 물으셨다.

"쌀은 익은지 오래되었사오나, 키질을 아직 못하였나이다" 대답하니, 5조께서 지팡이로 방아 확을 세 번치고 돌아가셨다. 혜능이 그 뜻을 알고 삼경에 조실에 들어가니 5조께서 둘레를 가리고 금강경을 설하시는데,

"응당 머무른 바 없이 그 마음을 낼지니라"하는 구절에 이르러서 혜능이 크게 깨달아 일체 만법이 제 성품을 떠나지 않음을 알고, 드디어 5조께 말씀드리기를,

"어찌 제 성품이 본래 청정함을 알았으리까?
어찌 제 성품이 본래 나고 죽지 않음을 알았으리까?
어찌 제 성품이 본래 구족함을 알았으리까?
어찌 제 성품이 본래 흔들림 없음을 알았으리까?
어찌 제 성품이 능히 만법을 냄을 알았으리까?"

하니, 5조께서 혜능이 본성품을 깨달은 줄 아시고 이렇게 말씀하셨다.

"본 마음을 알지 못하면 아무리 법을 배워도 유익할 것이 없느니라. 제 본 마음을 알고 제 본성품을 보면 곧 이것이 대장부며 천상과 인간의 스승이며 부처인 것이다."

이렇게 하여 3경에 법을 받으니 아는 이가 없었다. 돈교 의발을 주시면서 "이제 너는 제6대 조사가 되었다. 잘 지키어 나가며, 널리 중생을 제도하여 앞으로 끊어짐이 없이 하여라. 내 게송을 들으라."

뜻이 있는 데서 씨가 내리어(有情來下種)
원인 되는 곳에 과가 도로 나네(因地果還生)
뜻이 없으면 씨도 없나니(無情既無種)
성품 없으므로 남도 없느니라.(無性亦無生)

이렇게 게송을 설하시고, 다시 말씀하시기를

"옛날 달마 대사께서 처음으로 이 땅에 오시매, 사람들이 믿지 않으므로 이 의발을 전하여 믿음의 표적을 삼았던 것이 이렇게 대대로 전해 내려와서 네게 이른 것이다. 그러나 원래 마음으로써 마음에 전하여 모두 스스로 알고 스스로 깨닫게 하는 것이니, 예전부터 부처마다 오직 본체(本體)를 전하시고 조사(祖師)마다 가만히 본심(本心)만 부치셨던 것이다. 그런데 이 의발은 자칫하면 서로 다투는 빌미가 되기 쉬우니 네게서 그치고 다음부터는 전하지 말아라. 이제 너는 빨리 떠나도록 하여라. 나쁜 사람이 너를 해칠지도 모른다" 하셨다. 혜능이 여쭙기를, "어디로 가면 좋으리까?"

"회(懷)자 든 고장에서 머무르고, 회(會)자 든 데에 가서 감추어라" 하셨다.

혜능이 의발을 지니고 3경에 떠나오는데, 5조께서 친히 구강역(九江驛)까지 배웅 나오셔서 배에 오르매 또 손수 노를 저으려 하셨다.

그래서 혜능이 "스님, 노를 제가 저으오리다. 스님께선 앉으십시오."

"아니다, 내가 너를 건네어 주리라."

"아니올시다, 제가 모를 때에는 스님께서 건네어 주시지만, 알고 나서는 제 힘으로 건넘이 옳은가 하나이다" 하고 떠나갔다.

• 영가 현각(永嘉玄覺 665~713)

절강성 사람 영가 현각은 혜능이나 다른 선사들에게 의존하지 않고 어느 정도 자신의 선가 풍을 이루고 있었다.

그러나 주위 도반의 권유에 따라 혜능을 찾아가 자신의 증득을 인증받기로 하였다. 도착하는 길로 그는 육조의 주위를 세 바퀴 돌고 석장을 떨치고 혜능 앞에 우뚝 섰다.

혜능은 그를 시험하기 위하여 "대개 사문인 자는 3천의 위의와 8만 가지의 세행을 갖추어야 하는데, 대덕은 어디에서 왔기에 이와 같이 오만 무례 불손한가?"

이 물음에는 들은 척도 안하고 현각이 말했다.

"생사의 일은 크고 세월은 빠릅니다."

"어찌하여 생함이 없음을 바탕에서 붙잡아 빠름이 없음을 깨닫지 않는가?"

"바탕이라면 생함이 없으며, 깨달으면 본래 빠름이 없습니다."

"그렇다. 그렇다."

현각이 드디어 위의를 갖추어 인사를 드리고는 곧 작별인사를 하였다.

육조가 말했다.

"돌아가는 것이 그렇게 빠른가?"

"근본은 본래 움직이지 않는 것인데, 어찌하여 빠름이 있겠습니까?"

"누가 움직이지 않음을 아는가?"

"스님께서 스스로 분별을 내십니다."

"너는 분명히 생겨남이 없다는 것을 알아차렸구나."

"생겨남이 없는데 어찌 뜻이 있겠습니까?"(존재이지 개념이 아니다)

"뜻이 없는데 누가 분별을 하는가?"

"분별을 하더라도 역시 뜻(개념)은 아닙니다."

육조가 감탄하여 말했다.

"훌륭하구나, 훌륭하구나."

육조는 현각에게 하룻밤 쉬어가라고 붙들었다. 이로부터 당시 사람들은 현각을 일숙각이라고 불렀다.

• 마조 사구백비(馬祖 四句百非)

한 승려가 마조대사에게 물었다.

"4구를 떠나고 100비를 끊고 달마 조사가 서쪽에서 온 뜻을 가르쳐 주십시오."

마조 대사는 "오늘은 피곤하니 네게 말해 줄 수가 없다. 지장에게나 가서 물어보거라" 하고 대답했다.

중은 지장을 찾아가서 물었다. 그랬더니 "어째 백장 화상께 묻지 않느냐?" 한다. "화상께서 여기 와 물으라셨습니다" 하고 중이 다시 말하니까, 지장은 "오늘은 머리가 아파 말해 줄 수가 없다. 회해 형에게나 가 물어보라"고 했다. 중이 이번에는 해 형을 찾아가 물었더니 "나도 아직 그건 몰라" 하고 대답했다.

중이 다시 마조대사에게로 돌아와 그동안 있은 일들을 말했다.

그러자 마조대사는 "뛰고 날고 잘들 한다"고 평했다.

이사구절백비(離四句絕百非) ─ 4구란 유(있음, 긍정) · 무(없음, 부정) · 역유역무(亦有亦無, 있지도 않고 없지도 않음) · 비유비무(非有非無, 있지도 않고 없지도 않음)이며 모든 것은 이 네 가지 중 어느 한 가지에 해당됨. 백비는 그 일구 중에 각 4구를 포함하고 그것을 과거 · 현재 · 미래로 배당한 뒤 다시 이기 · 미기(已起 · 未起로 나누면 백이 됨. 결국 모든 이론이나 논설은 이 4구 100비 속에 든다는 불교의 이론임. 이 사구절백비 청사직지모갑서래의는 "온갖 이론이나 논설을 떠나 부디 제게 선의 궁극적인 뜻을 가르쳐 주십시오" 란 뜻임.)

서래의는 조사서래의며, 달마가 중국에 전하려 한 뜻이란 뜻임.

• 유정 선사

당의 문종황제가 대합조개를 좋아하였는데, 어느 날 수라상에 껍질이 벌어지지 않는 대합이 있었다. 황제가 이상히 여겨 향을 피우고 기도를 하였더니 이내 열리면서 관음보살의 모습으로 변했는데 청정상을 모두 갖추고 있었다. 황제가 종남산 선사를 불러 물으니, 선사가 말했다.

"신이 듣건대 이런 몸으로 제도해야 할 이에게는 이런 몸을 나타내어 설법해준다고 하였습니다.

황제가 말했다.

"보살의 몸은 이미 나타났지만 설법은 아직 듣지 못하였소."

유정 선사가 말했다.

"폐하 이런 일을 예사로운 일로 보십니까? 예사롭지 않은 일로 여기십니까? 믿습니까? 믿지 않습니까?"

황제가 말했다.

"드물고 기이한 일이라 짐은 믿소."

선사가 말했다.

"폐하께서는 이미 설법을 다 들으셨습니다."

황제가 크게 기뻐하며 천하의 모든 절에 분부하여 각각 관음상을 세우도록 하였다.

• 황벽희운과 백장야호(百丈野狐)

백장회해(百丈懷海, 720~814) 선사께서 설법할 때마다 한 노인이 있어 늘 대중들과 함께 앉아서 설법을 듣다가, 대중이 물러가면 함께 물러가곤 하였다.

그런데 어느 날은 물러가지 않고 남아있자, 스승은 이상히 여겨 "여기 내 앞에 서 있는 사람은 누구냐?"라고 물었다.

노인이 답하기를, "네, 저는 인간이 아닙니다. 먼 옛날 가섭불이 계실 때 이 절의 주지였습니다. 어느 날 한 승려가 '많이 수행 한 사람도 인과에 떨어집니까?'하고 묻기에 제가 '인과에 떨어지지 않느니라. '(不落因果·불낙인과)'라고 잘못 답하여 오백생 동안 들여우가 되었습니다. 원하옵건대 화상께서 부디 저를 위하여 한 마디 말로 여우의 몸을 벗어나게 해주십시오."하고는 노인이 백장 선사께 여쭈었다.

"많이 수행한 사람도 인과에 떨어집니까?"

그러자 스승께서 가로되, "인과에 어둡지 않느니라(不昧因果)."

그 말끝에 여우 노인이 크게 깨닫고 절하며 말하기를, "저는 이제 여우의 몸을 벗어나 뒷산에 있으니 스님께 바라건대 부디 '죽은 스님'의 경우와 같이 장례를 치뤄주십시오."

그러자 백장 선사께서 유나로 하여금 대중에게 점심식사 후 장례식이 있다는 것을 알리게 하였다.

대중이 수군거리기를 "대중이 모두 건강하고 열반당에도 병든 스님이 한 분도 없는데 도대체 어찌된 일일까?" 하며 이상하게 생각했다.

식사 후 스승께서 대중들을 이끌고 뒷산 바위 밑에 이르러 주장자로 죽은 여우를 끄집어 내서 이를 화장했다.

저녁 때 스승께서 법석에 올라 그 사연을 대중에게 들려주셨다.

그러자 황벽이 묻기를 "고인이 그릇되게 대답하여 오백생동안 여우 몸을 받게 되었다는데, 만일 그가 그때 그릇되게 대답하지 않았다면 무엇이 되었겠습니까?"

스승께서 답하기를 "앞으로 가까이 오너라. 그대를 위해 가르쳐 주겠노라."

황벽이 몇 발짝 앞으로 나아가 스승의 빰을 한 대 후려갈겼다.

스승께서 박수치며 웃어 가로되 "달마 수염이 붉다더니, 과연 붉은 수염 달마가 여기 있구나".

· **위산영우**(대위산 개산)

위산영우 화상이 백장 선사의 회상에서 선화자로 있었다. 백장 스님께서 장차 대위산의 주인을 뽑으려고 수좌를 비롯해 모든 대중들을 함께 모아 역량이 뛰어난 자를 보내겠다고 하셨다.

드디어 백장 스님께서 물병을 땅에 내려놓고 가로되, "물병이라 부르면 안 된다. 그대들은 무엇이라 부르겠는가?"

수좌가 곧 가로되, "나무말뚝이라 부를 수는 없습니다."

백장스님께서 위산에게 물으니, 위산이 즉시 물병을 걷어차고 나갔다.

백장 스님께서 웃으며 가로되, "제일좌! 자네가 시골 촌놈에게 졌느니라."

그리고는 위산에게(대위산으로 가서) 개산하라고 명하셨다.

• 조주종심

조주종심 선사가 사미였을 때 일이다. 남전보원에게 갔더니, 남전이 누워 있다가 선사가 오는 것을 보고는 곧 물었다.

"어디를 떠나 왔는가?"

"서상원(瑞像院)입니다."

"그래, 상서로운 형상은 보았느냐?"

"상서로운 형상은 보지 못했고, 다만 누워있는 여래는 보았습니다."

남전이 물었다.

"너는 주인 있는 사미냐, 주인 없는 사미냐?"

"주인 있는 사미입니다."

"누가 네 주인이냐?"

"첫봄이나 아직도 차가우니, 바라건대 화상의 존체 보중하오소서."

• 임제

임제(臨濟)의 이름은 의현이고 조주의 남화 사람이다. 속성은 형씨이고, 어려서부터 총명하고 남달랐다. 머리 깎고 구족계를 받을 즈음에는 선종에 뜻을 두었다.

처음 황벽의 법하에 있을 때였다. 그의 행업이 순일함을 안 수좌가 감탄하며 말했다.

"비록 후배이긴 하지만 보통 사람들과 다르구나!"

이윽고, 수좌가 임제에게 물었다.

"상좌는 여기에 얼마나 있었는가?"

"3년 있었습니다."

"황벽 스님께 도를 물었던 적이 있는가?"

"없습니다. 무엇을 물어야 될지를 모르겠습니다."

"그대는 어찌하여 조실스님께 가서 불법의 뚜렷하고 큰뜻이 무엇인지 묻지 않는가?"

임제는 곧장 가서 그대로 물었는데, 묻는 말이 끝나기도 전에 황벽이 바로 몽둥이로 20대를 쳤다. 임제가 하릴없이 돌아오니 수좌가 물었다.

"물어보니 어떻던가?"

임제가 말했다.

"저의 묻는 말이 끝나지도 않아서 스님께서 바로 저를 때렸습니다. 저는 알지 못하겠습니다."

수좌가 말했다.

"한번 더 가서물어보게."

임제가 다시 가서 물었으나, 황벽은 역시 때리기만 하였다. 이와 같이하여 세 번을 물었으나, 세 번을 다 두들겨 맞았다. 그러자 임제는 수좌를 찾아가 말했다.

"다행히 자비를 입어서 스님께 법을 물어서, 세 번을 묻고서 세 번다 두들겨 맞았으나, 한스럽게도 그 깊은 뜻을 알지 못하겠습니다. 저는 이제 떠나려고 합니다."

"그대가 떠나려 한다면 스님께 인사는 꼭 드리고 가게."

임제는 절하고 물러갔다. 수좌가 먼저 황벽에게 가서 말했다.

"법을 물었던 후배가 매우 여법합니다. 작별인사를 드리러 오거든 방편으로 이끌어 주십시오. 뒷날 법을 얻으면 한 그루 큰 나무가 되어 천하의 사람들에게 시원한 그늘을 드리울 것입니다."

임제가 인사를 드리러 오자 황벽이 말했다.

"다른 곳으로 가지 말고 대우 화상에게로 가거라. 반드시 너를 위하여 말해줄 것이다."

임제가 대우에게로 갔더니, 대우가 물었다.

"어디에서 오는가?"

"황벽 스님 계신 곳에서 왔습니다."

"황벽 스님은 무슨 말을 하던가?"

"제가 세 번이나 불법의 뚜렷하고 큰 뜻을 물었는데, 세 번 다 두들겨 맞았습니다. 저에게 무슨 잘못이 있었는지 모르겠습니다."

대우가 말했다.

"황벽이 그와 같은 노파심으로 그대를 위하여 애를 썼는데, 아니, 다시 여기에 와서 허물이 있느니 없느니 하고 묻느냐?"

임제는 이 말을 듣자 크게 깨닫고는 이렇게 말하였다.

"황벽의 불법이란 게 원래 간단하구나!"

이에 대우가 임제의 멱살을 움켜쥐고 말했다.

"이 오줌싸개 같은 놈! 아까는 허물이 있느니 없느니 하고 말하더니, 이제는 도리어 황벽의 불법이 별 거 아니었다고 말하는 구나. 네가 무슨 도리를 보았느냐? 얼른 말해라, 얼른!"

임제는 대우의 옆구리 아래를 주먹으로 세 번 쿡쿡 쥐어박았다.

대우가 임제를 탁 놓으며 말했다.

"그대의 스승은 황벽이니 내가 상관할 일이 아니다."

임제는 대우에게 작별 인사를 하고 황벽에게 돌아갔다. 황벽이 임제가 오는 것을 보고 곧 말했다.

"이놈 왔다 갔다만 하여서 언제 끝마칠 날이 있겠느냐?"

임제가 말했다.

"그저 노파심이 간절하기 때문입니다."

그리곤, 곧 인사를 마치고 곁에 서 있으니, 황벽이 물었다.

"어디에 갔다 온 거냐?"

"어제 자비로운 뜻을 받들어 대우스님께 다녀 왔습니다."

"대우가 무슨 말을 하더냐."

임제가 앞의 이야기를 하니, 황벽이 말했다.

"어떻게 해야 이 작자를 불러와서 아프도록 한 방 먹일까?"

임제는 "뭐 오기를 기다린다고 말하십니까? 지금 바로 맛보십시오!"라고 말하고는, 곧 손으로 스승 황벽의 뺨을 쳤다. 그러자, 황벽이 말했다.

"이 미친놈이 도리어 여기 와서 범의 수염(본래 면목)을 만지는구나."

임제가 곧바로 "왁!" 하고 소리를 지르니, 황벽이 말했다.

"시자야, 이 미친놈을 데리고 가서 선방에 참여시켜라."

• 구지

금화구지(金華俱指) 화상은 누가 무엇을 묻더라도 다만 손가락 하나를 세웠다. 뒤에 한 방문객이 (구지화상 출타 중에) 시봉하는 동자에게 "당신의 스승은 어떤 묘법을 가르치고 있습니까?" 하고 물으니, 동자 역시 손가락 하나를 세웠다.

뒤에 이 말을 들은 구지 화상께서 (다시 흉내를 내려는 순간) 마침내 칼로 동자의 그 손가락을 잘라버렸다. (그러자) 동자, 너무 고통스러워 울면서 도망가는데 구지 화상께서 다시 그를 불렀다. 동자가 머리를 돌리자마자 구지 선사, (즉시) 손가락 하나를 세우자, 이때 동자가 홀연 깨달았다.

그후 구지 선사께서 장차 세상을 떠나려 할 때 대중들에게 일러 가로되 "나는 천룡 선사의 일지두선(一指頭禪)을 체득해 한 평생을 써왔으나 다 쓰지 모하고 가노라."하며 이 말을 마치고 시적하셨다.(무문관 제3칙)

• 경청 졸탁동기(鏡淸 啐啄同機)

어느 날 한 중이 경청 화상에게 찾아와 "저는 이미 대오 개발의 준비가 되어 있어서 마침 껍질을 깨뜨리고 나가려는 병아리와 같으니, 부디 화상께서 밖으로부터 껍질을 깨뜨려 주십시오" 그렇게 이끌어 주시면 곧 절대의 경지에 뛰어 나갈 수 있습니다 하고 말했다. 경청 화상이 "과연 그래 가지고도 살 수 있을까 어떨까?" 하자, 그 중은 만약 살지 못하면 그건 화상에게 줄탁의 솜씨도 살활의 칼도 없는 셈이 되니 화상이 세상의 웃음거리가 되는 거죠했다.

그러자 경청은 "이 건달 놈! 하고 꾸짖었다.

· 동산양개

동산은 중국 강서성 서주 고안현에 있는 산인데, 거기서 동산양개와 조산본적이 묵조선 선풍을 드날렸는 바, 조동종 개조이다. 동산양개 (洞山良价)가 스승 운암담성 밑에서 수행을 할 때다.

양개 스님이 "100년 후 참모습을 그릴 수 있습니까?"라고 물었다.

이에 대해 운암 화상은 묵묵히 있다가 "이것뿐이다"라고 했다.

그후 동산양개는 깨치려고 이곳 저곳을 새처럼 행각할 때인데, 어느 날 다리를 건너다가 물에 비친 자신의 그림자를 보고 몰록 깨달은 바가 있어 다음과 같이 시 한수를 읊었다.

남에게서 구하지 마라

나와는 점점 멀어지네

내 이제 홀로 가나니

도처에서 저를 만나네

저는 분명 나인데

나는 저가 아니네

이렇게 깨달아 알면

비로소 진리와 하나가 되리.

한때 마조도일의 제자 영묵과 남양혜충 · 남전보원 · 위산영우 스님들을 선지식으로 모셨고, 조동종 5위현결을 지은 동산양개 스님은 "스승님이 일찍이 깨달음을 설명하지 않으시고, 스스로 터득하게 한 것이

대자대비다"라고 했다.

• 석옥청공과 태고보우

석가세존의 법은 마하가섭으로 이어지고 쭉 내려와 28대 보리달마 조사가 인도에서 중국으로 법을 전하여 동토 초조가 됐으며 달마는 혜가로 이어져 원나라 56대 석옥청공(石屋淸珙 1272~1352)으로까지 이어졌다.

이 석옥청공의 법을 이은 분은 고려의 태고보우(太古普愚, 1301~1382)인 바 법이 해공으로 와 5대이며, 해동 초조이다.

이 법은 (58)혼수 (59)각운 (60)정심 (61)지엄 (62)영관 (63)대 서산휴정(休靜)으로 이어졌다. 그 다음이 평양언기 – 풍담의심 – 월담설제 – 환성지안 – 호암체정 – 청봉거안 – 율봉청과 – 금허법첨 – 용암혜언 – 영월봉율 – 만화보선 – 경허성우(가섭존자부터 75대)로 이어졌다.

강소성 출신의 석옥청공은 임제선사 임제종의 18대 손으로, 원나라 때 크게 깨달아 선풍을 드날렸으며 주로 절강성 호주(湖州)시 묘서진 하무산(하막산이라고도 함) 전호암, 운림사 가흥 복원사(福源寺) 등에 주석했다.

석옥청공은 태고보우에게 법을 전한 후 5년 있다가 천호암에서 열반에 들면서 사라질 장작더미일뿐, 삼매의 불이 없다는 무화정계(無火定偈)와 사세송(辭世頌)이라는 임종게를 남겼다.

백운매료매청풍 (白雲買了賣靑風)

산진가사철골궁 (散盡家私徹骨窮)

유득수간모초옥 (留得壽間茅草屋)

임별부여병정동 (臨別付與丙丁童)

흰구름 사려고 청풍을 팔았더니

집재산이 흩어져 철저히 곤궁하네

단지 몇간의 띠풀집에 머물다가

이제 네게 주노니 불살라다오.

석옥청공이 열반한 후 정자평 산림공이 직접 천호암에 가서 사리를 모시고 와 고려 태고암에 모셨다.

석가세존 법맥 제57대 태고보우는 경기도 양평사람으로 (옛 홍주) 부친 홍연(洪延)과 모친 정씨 사이에서 태어났다. 19살 때 가지산 선문 회암사에서 광지선사를 은사로 출가했다.

그는 "만법귀일 일귀하처"를 화두로 참구했으며, 화엄선과에 합격했고(26세) 33살 때 감로사에서 죽음을 각오하고, 7일간 불면불식으로 용맹전진하여 초견성을 얻었다.

그후 조주 '무(無)'자 화두로 참구하여 삼각산 태고암에서 큰 깨달음에 이르렀다.(38세)

그 오도송은 다음과 같다.

조주고불로(趙州古佛老) 조주 옛 조사가,

좌단천성로(坐斷千聖路) 앉아서 천성인 길 끊었네

취모적면제(吹毛覿面提) 취모검을 눈발에 들이대도

통신무공규(通身無孔竅) 온몸에 구멍 하나 없어라

호토절장종(狐兎絶潛踪) 여우, 토끼는 자취가 없는데

번신사자로(飜身師子露) 사자가 문득 뛰어들어

타파뇌관후(打破牢關後) 철벽관문 때려 부수니

청풍취태고(淸風吹太古) 청풍이 태고를 불어버리네.

그는 이어 삼각산 태고암에 머물며 '태고암가'를 지었다.

이어 그는 통불교 정혜쌍수, 이사무애, 성불도생, 원융불교로서 9산 선문을 통합하여 선교 일치의 조계종을 만들었다.

소요산 백운사에서 원나라 승려 무극과 선에 관한 법거량할 때 무극이 태고에게 석옥청공을 만나도록 권유했다. 태고보우는 원나라 수도로 가서 순황제에게 '반야경' 강의도 하고, 강릉대군(후에 공민왕)도 만나며, 연경 영령사 주지도 했다.

태고보우는 원 입국 1년만에 호주 하막산 천호암에서 석옥청공을 만나 '태고암가'를 바치고 인정받아 석가세존법을 이어받게 된다.

이때 태고는 "스승의 도풍을 흠모하여, 만리 길 멀다 않고 하막산 찾아왔다. 스승님을 만나뵈니 곤궁아들이 아버지 만난듯 보름동안 열심히 배웠다. 이 큰 은혜는 분골쇄신도 모자랄 것이다"라고 했다.

이어 석옥과 태고의 대화이다.

태고 : "더 일러주실 말씀이라도……."

석옥 : "노승도 3세 제불도 다 이같을 뿐이니라"하면서 신표로 영축산서부터 전해온 가사를 전했다. 그리고 "노승이 오늘에야 300근의 무거운 짐을 당신에게 넘기니, 두 다리 편히 쉬고 잘 수 있게 되었다"고 술회했다.

태고보우는 귀국하여 경기도 용문산 소설산암에 주로 주석하여(약 20년) 선농일여의 삶을 살면서, 공민왕 등의 왕사와 국사를 지내고 불교개혁에 힘썼다. 여말 신돈과의 충돌도 있었다. 태고보우 국사는 1382년 소설산으로 돌아와 다음과 같은 임종게(열반송)를 남기고 열반하였다.

인생명약수포공人生命若 水沒空
팔십여년춘몽중八十餘年 春夢中
임종여금방피대臨終如今 放皮帶
일륜홍일하서봉一輪紅日 下西峰

사람 생명이 물거품 같으니
80여년이 봄 꿈속이로다
지금 임종 맞아 가죽포대 놓으니
둥그런 붉은 해가 서산에 내리는구나.

• 방 거사

  방 거사는 인도 유마힐 거사와 한국 부설 거사와 함께 불교계 3대거
사로 존경받는 깨달은 이다. 이름은 온, 자는 도현인 방 거사는 마조
의 법을 이었으며 형양에서 태어났다. 한번은 마조 대사에게 가서 다
음과 같이 물었다.

  "만 가지 법과 짝이 되지 않는 사람은 누구입니까?"

  마조가 대답했다.

  "거사가 한 입에 서강의 물을 다 마셔 버린 뒤에 말해 주리라."

  거사가 이 말에 활짝 깨닫고, 곧 창고로 가서 벼루와 붓을 가져다가
다음과 같이 오도송을 지었다.

  十方同一會 各各學無爲
  此是選佛處 心空及第歸
  시방의 무리가 한 자리에 모여서
  제각기 무위의 법을 배운다.
  여기가 부처를 고르는 곳이니
  마음이 공하면 급제하여 돌아간다.

  방 거사는 결혼하여 1남1녀를 두고, 300여 개의 게송을 남겼다. 아
들, 딸이 모두 결혼하지 않았다. 방 거사는 물론 부인과 자녀도 모두
깨달음에 이르렀다. 깨달음이 쉬우냐, 어렵냐는 의견이 달랐다.

  방 거사가 입적할 무렵, 딸 영조를 시켜 물을 데우게 하여 목욕을 하

고, 옷을 갈아입고는 평상에 단정히 앉아서 딸에게 뒷일을 당부한 뒤 다음과 같이 말했다.

"너는 해가 한나절 되는 것을 보거든 와서 이야기하라. 그때 입적하겠다."

딸이 분부대로 보고 와서 알렸다.

"오시가 된 듯한데 일식을 하고 있어 태양이 보이지 않고 있습니다."

방 거사가 말했다.

"어찌 그럴 수가 있겠는가?"

그리고는 벌떡 일어나서 직접 보러 밖으로 나갔다. 그 딸이 그 틈을 이용해 얼른 평상을 찾아 걸터앉고서 단정히 합장하고 먼저 입적했다. 아버지가 돌아보면서 말했다.

"장하구나. 말은 내가 먼저 했으나 떠나기는 나중이 되었구나."

이 일로 인해 거사는 이레를 늦게 입적하였다.

이를 보고 방거사 아내가 "무지한 늙은이와 딸이 알리지도 않고 가 버렸으니 어찌 할 것인가?"라고 했다.

그 보살은 이어서 아들이 농사 짓고 있는 밭으로 찾아가서 "방 거사님과 딸 영조가 열반했다"고 말했다.

아들은 그 말을 듣자마자 "오!" 하고 선 채로 열반했다.

이를 보고, 어머니는 "어리석은 아들아, 어리석음이 어찌 이다지도 한결같은가!"

어머니는 다비식을 다 치루고, 마을에 감사잔치를 한 후, 흔적없이 입산하여 해탈했다 한다.

깨달음은 어렵지도 쉽지도 않다

방 거사가 초암에서 혼자 앉아 있다가 갑자기 말하였다.

"어렵고도 어렵구나! 백 섬의 참깨를 나무 위에 거는구나."

부인 방 노파가 듣고는 그 소리에 맞춰 말하였다.

"쉽고도 쉽구나! 백 가지 풀 위에 조사의 뜻이구나."

그의 딸 영조가 말하였다.

"어렵지도 않고 쉽지도 않구나. 배고프면 먹고 피곤하면 잠을 잔다."

방 거사가 어느 날 단하가 오는 것을 보고서도 말도 하지 않고 일어서지도 않았다. 단하가 불자를 들어 올리니 방 거사는 바로 망치를 들어 올렸다.

단하가 말하였다.

"그뿐이오? 다른 게 또 있소?"

"이번에 그대를 보니, 전과는 같지 않군."

"참으로 남의 이름값을 낮추는군요."

"이번에는 그대를 한 번 꺾어보리다."

"그렇다면 이 천연의 입을 틀어막으시오."

"그대의 입이 막히는 것은 본래 그렇거늘, 아직도 내가 막는다고 그러시오?"

단하가 불자를 던져버리고 나가니, 거사가 불렀다.

"천연 스님, 천연 스님!"

단하가 돌아보지 않자, 방 거사가 말하였다.

"벙어리일 뿐만 아니라 귀도 먹었군."

단하가 혜림사를 지나가다가 대단한 추위를 만났다. 이윽고 불전 안에 목불이 있는 것을 보고 곧 가져 와서 불을 피웠다. 원주가 우연히 보고는 꾸짖어 말하였다.

"왜 우리 목불을 태우시오?"

단하가 주장자로 재를 뒤적이면서 말하였다.

"불에 태워서 사리를 가질려고."

"목불에 무슨 가리가 있겠소?"

"사리가 없다면, 양쪽의 불상도 가져와서 태워야겠군."

원주는 나중에 눈썹이 빠졌다.

- **부설 거사**

백제말 의자왕 시절에 전라도 고현(김제만경) 두릉골에 구무원이 외동딸 묘화(묘법연화경에서 따옴)를 두었다. 그때 고흥 능가산 능가사와 망월사, 청학동 묘객암 등에서 수행하던 스님 부설, 영조, 영희가 경주 등으로부터 와서 다대포항에서 중국 유학하려다 좌절되어 그 마을을 지나다 구씨 집에 머무르게 되었다. 묘화 나이 20세였다.

벙어리 묘화는 부설을 보자 말문이 열리고 시집 가고 싶어했고, 자비로운 부설은 이를 받아들여 결혼하여 부설 거사가 되고, 영조, 영희는 이를 내려보면서 오대산으로 수행차 떠났다.

부설은 십년을 결혼생활과 훈장으로 지내다가 심기일전하여 보안산 토굴로 들어갔다. 오년의 세월을 한결같이 조그만 창구를 통해 조석으로 넣어 드리는 공양을 말없이 받아들이는 외에 외부와의 소식을 모두 끊은 부설은 이미 심여장벽(心如墻壁)의 경지를 넘어서고 있었다. 온갖 잡념이 탁 가라앉아서 한 생각도 일어나지 않는 경지, 그러나 그 경지가 구경일 수는 없다.

당나라 조주 선사와 엄양 존자와의 사이에 이런 문답이 있었다.

엄양 존자가 조주 선사에게 묻되,
"한물건도 가져오지 않았을 때가 어떠합니까?"
조주 선사 이르시되,
"놓아 버려라(放下着)"
"한 물건도 이미 가져오지 않았거늘 무엇을 놓으라 하십니까?
"놓지 않으려거든 짊어지고 가려므나."

이 문답에서 보이는 한물건(一物)이란 한생각(一念)을 가리킴이다. 마음속에서 한생각도 일어나지 않는 경지에 비록 도달하였다 해도 한 생각도 일으키지 않았노라 하는 생각이 남아서는 안 된다.

그래서 조주 선사는 '놓아버려라'라고 말씀하셨는데 엄양 존자는 도리어 알아듣지 못하고 반발하기를,

"한물건도 이미 가져오지 않았는데 무엇을 놓으라 하십니까?"

하니 조주 선사는 "놓지 않으려거든 짊어지고 가라"고 일갈한 것이다. 엄양 존자는 놓지 않으려고 짊어지고 가라는 엄한 호령을 듣는 순간 그제야 크게 깨칠 수 있었다. 한물건도 가져오지 않았거니 하는 그 생각마저도 완전히 놓아버린 것이다. 부설은 이 경지에 이르러 마치 아무것도 모르는 치둔한이 되어 멍청히 앉아 몇 해를 보내다가 마침내 칠통을 타파하니 그게 바로 본고향에 이른 소식이었다.

부설은 내면에서 우러나오는 환희를 못이겨 몸을 일으켜 방안을 빙빙돌면서 춤을 덩실덩실 춘다.

"얼씨구 저얼씨구, 얼씨구나 저얼씨구나."

그의 입에서는 절로 이런 말이 튀어나왔다. 한식경을 춤을 추다가 어스름한 달밤의 좁은 뜨락으로 나와서 여전히 춤을 추는 것이었다. 가을이 바야흐로 무르익으려는 듯 약간 싸늘한 밤공기이건만 부설의 환희어린 춤 앞에는 얼음장도 이내 녹을 판국이었다.

'내 이제 이뤘노라. 내 이제 타파했노라. 내 이제 알았노라. 내 이제 모두를 놓았노라. 내 이제 모두 다 얻었노라. 아! 부처여, 마음이여, 중생이여, 그게 그거고 그게 그거고 그게 그거구나, 아! 부처여, 마음이여, 중생이여……'

'중생이 본시 부처인 것을… 부처가 본시 마음인 것을… 마음이 본시 중생인 것을….'

'아니다 아니다 아니다. 부처도 아니요, 마음도 아니요, 중생도 아니로다….'

'아! 일천 강에 달 비추니 일천 강에 달이요, 만리에 구름 스러지니 만리에 하늘이로다….'

부설거사는 오도송을 하나 남겼다.

共把寂空雙去法 (공파적공쌍거법)

同棲雲鶴一間庵 (동서운학일간암)

已和不二歸無二 (이화불이귀무이)

誰問前三與後三 (수문전삼여후삼)

閑看靜中花艶艶 (한간정중화염염)

任聆窓外鳥喃喃 (임영창외조남남)

能令直入如來地 (능령직입여래지)

何用區區久歷參 (하용구구구력참)

공적의 오묘한 법 함께 잡고서

구름 속에 암자 하나 짓고 사노라.

불이에서 무이(無二)로 돌아갔거니

뉘라서 전후삼삼(前後三三) 물어오는가.

고운 꽃 바라보며 한가로이 졸고

창밖에 새소리도 때로 듣누나.

곧바로 여래지(如來地)에 들어간다면

구구히 오래도록 닦아 뭣하리.

15, 6년 전에 부설과 헤어져서 강원도 오대산으로 떠난 영희 · 영조 두 스님은 도반을 세속에 떼어놓고 부설의 나약함을 비웃으며 오대산에 당도하여 먼저 적멸보궁(寂滅寶宮)으로 올라갔다. 수련을 열심히 하고 불국사로 돌아가는 길에 부설 거사 생각이 나서 부설 거사가 머문 보안산(변산) 토굴로 갔다. 부설 거사 가족은 두 스님을 따뜻이 맞이했다.

세 사람이 작설차를 마시며 해묵은 얘기로부터 오늘에 이르기까지의 잡다한 이야기를 나누며 담소를 이어갔다. 거의 세 시간 가까이 얘기를 나누던 그들은 마지막으로 공부 얘기가 오갔다. 이때 부설은 문밖에 대령하고 있는 등운을 불러 병 세 개에 물을 가득 담아 오라 이른다. 병에 물을 담아 가져오자 부설은 노끈으로 병을 시렁의 서까래에 각각 매달은 뒤 두 도반에게 이른다.

"공부는 말로써 피력하는 것보다 실제 행동으로 보이는 것이 정확할 것이오. 자! 이 세 개의 병에 물을 가득 담았으니 이 방망이로 병을 치되 물은 그냥 두시오. 두 도반께서 문수진신이 계신 성지에서 수행하셨으니 이런 시험쯤은 거뜬히 통과하실 것으로 믿겠소이다. 스님께서 먼저 법력을 보이시기 바랍니다."

두 스님은 실로 난감한 일이었으나 여지껏 성지에서 공부한 것을 뽐낸 뒤인지라 회피할 수도 없었다. 그래서 영희 스님이 먼저 부설이 내미는 방망이를 들어 병을 후려쳤다. 그 순간 병이 깨짐과 동시에 병 속의 물이 방바닥에 와르르 쏟아지는 것이었다. 그 다음은 영조 스님의 차례다. 영조 스님은 방망이들 들고 한동안 심호흡을 하며 마음을 가

다듬은 다음 병을 때리니 영희 스님의 경우와 마찬가지로 병과 물이 동시에 깨어져 쏟아진다.

부설은 두 스님의 결과를 지켜보고는 고개를 끄덕인 다음 방망이로 병을 치며 기합을 지른다.

"에잇!"

헌데 실로 기이한 현상이 일어났다. 병은 여러 조각으로 깨어져 방바닥에 흩어졌는데 병 속의 물은 병의 형태 그대로 매달려 있지 않은가!

"엇?"

두 스님은 깜짝 놀란다. 병 속의 물이 대롱대롱 매달려 있다니! 한동안 넋을 잃고 매달린 물을 바라보고 있는 두 도반을 향해 부설은 나직이 이른다.

"수행은 언어 · 문자로 하는 것이 아니라 실참실구해야 하는 것이 아니겠소? 도량에 가서서 비싼 시주밥을 삭이며 정진하셨거든 이만한 일쯤이야 쉽게 보여야 할 게 아니겠소? 나는 숙생의 업연을 떨치지 못하여 세속에 묻힌지 오래였소만 촌각을 다투어 정진하여 오늘에 이르렀소. 내 만일 방일하여 정진하지 않았더라면 어찌 병 속의 물이 공중에 매달릴 수 있었겠소이까? 두 도반께서는 아직도 세월이 남았으니 부지런히 정진하여 금생에 기필코 대사(大事)를 판가름하시길 빕니다. 나는 벌써 열반에 들려 했으나 두 도반께서 필시 방문해주실 것 같아 열반을 미루고 기다려 왔소이다만, 오늘 이렇게 뵈었으니 먼저 가려 하외다."

두 스님은 부끄러운 마음도 앞섰지만 부설이 먼저 가겠단 말에 정신이 바짝 들었다.

"부설 형, 형이 먼저 가면 안 되오. 우리를 깨우쳐주고 가야 하오."

"아니오, 두 스님께서는 이제 한 생각만 돌이키면 견성할 것이오. 내가 제일이노라 하는 아상(我相)만 떼면 곧 심지를 밝힐 것이오."

"정 가시려거든 공부의 요긴한 법어를 주시고 가시오, 부설형."

부설은 입을 다물고 잠시 생각에 잠기더니 마침내 임종게를 읊조린다.

목무소견무분별(目無所見無分別)

이청무성절시비(耳聽無聲絶是非)

분별시비도방하(分別是非都放下)

단간심불자귀의(但看心佛自歸依)

눈으로 보는 바 없으면 분별이 없고

귀로 듣는 소리 없으면 시비 끊이도다.

분별과 시비일랑 모두 놓아버리고

다만 마음부처를 보아 스스로 귀의할진저.

두 스님은 게송을 들으며 전에없이 숙연해진다. 부설은 두 도반을 둘러보며 인사말을 하고 대적삼매에 들었다. 후에 묘화부인, 아들, 등운, 딸 월명은 월명암, 망해사, 변산 봉대산 쌍선봉, 토굴, 계룡산 등

운암 등에서 정진하여 무명의 탈바가지를 벗고 모두 도인이 되었고, 영조·영희스님은 불도를 이루었다 한다.

• 경허성우

억불숭유의 조선왕조하에서 전주 자등리에서 출생하고서 근현대에 이르러 불교를 크게 중흥시킨 송동욱 경허 대선사는 어느 날 환속한 스승 계허를 만나 그리운 정을 나누고자 했다.

한 마을을 지날 때였다. 날은 어둡고 폭풍을 동반한 폭우가 내렸다. 그는 인가를 찾아 대문을 두드렸다. 그러나 그 집의 대문은 잠겨 있었다. 그때 저편 집에서 송장을 업고 나오는 사람을 만났다. 그는 지금 이 마을에는 악성 전염병(콜레라)이 돌아 온 마을이 송장으로 가득하다는 것이었다. 그는 전신이 오싹함을 느꼈다. 이 전염병은 일본에서 들어온 병으로 많은 백성이 죽어간다는 소리를 듣기는 했다. 그러나 그 전염병에 대한 설명을 듣는 순간 경허 스님은 말문을 닫았다. 그는 자신도 병에 걸렸으리라는 불안에 쌓이게 된 것이다. 온몸에 식은 땀이 나고 오한이 왔다. 그는 순간 그동안 참선과 간경, 그리고 후학에 대한 교육도 결국 자기 위선이라는 것을 발견할 수 있었다. 그동안 그는 많은 선지를 통해 해탈의 경지에 스스로 도달했다고 자부해왔다. 그런데 그런 것들이 '앎'에 불과하지 않는가. 죽음 앞에 이렇게 무력할 수 있을 것인가.

날이 밝자 계허 스승을 만나려던 일을 포기하고 그는 동학사로 돌아왔다. 그 길로 학인들을 모아놓고 강원을 해산한다고 선포했다. 스님은 그날부터 방문을 닫아 잠그고 철저한 자기와의 싸움을 벌였다. 그는 그동안 사구(死句, 뜻말)에 매달려 온 것을 부끄럽게 생각했다. 그는 턱 밑에 뾰죽한 송곳을 세워놓고 정진하고 바늘로 제 살을 꽂아가며 수마와 싸우는 피나는 정진을 해나갔다.

'인간은 어디서 와서 어디로 가는가. 이 세상에서 태어나기 전의 나는 무엇인가. 그리고 죽은 후에는 어디로 가는가?'

이러한 의단은 의단을 낳았다. 공안타파에 전력투구를 했다. 경허 스님이 잡은 공안은 '여사미거마사도래(驢事未去 馬事到來)'였다. 그러나 마치 은산철벽 같아서 귀가 열리지 않았다.

그런 어느 날 한 사미승이 경허 스님에게 "콧구멍 없는 소(無鼻孔牛)가 무슨 뜻입니까?" 하고 물었다. 이 사미의 이런 질문은 자기 속가 부친과의 이야기가 전제돼 나온 말이지만, 아무튼 경허 스님은 이 소리에 우레와 같은 큰 충격을 받았다. 그리고 그는 그동안 품었던 모든 의단을 풀 수 있었다. 사구(死句)가 사라지고 활구(活句)를 찾았다. 그는 개오의 법열을 이기지 못하고 덩실덩실 춤추며 경계를 노래로 읊었다.

경허의 오도송이다. 1880년 11월, 그의 나이 31세 때였다.

忽聞人語無鼻孔 頓覺三千是我家
六月燕岩山下路 野人無事太平歌

문득 콧구멍 없다는 소라는 말에
삼천세계 전체가 내 집이라는 것을 알았다.

6월 연암산 아랫길에

할 일 없는 들사람이 태평가를 부른다.

그리고는 "네 곳을 돌아보아도 사람이 없어 의발을 누구에게 전할
꼬, 의발을 누구에게 전한단 말이냐" 하고 탄식하였다.

• 한암중원

강원도 화천 출신으로 22세에 출가하였다. 경허 스님의 제자요, 김
탄허 스님의 스승인 방한암 스님은 올곧은 대선사로 유명하다.

장안사에는 행름(行凜)노사가 있었는데 그를 은사로 하여 방한암은
머리를 깎았다. 그는 그후 불교교리를 더 배우기 위하여 신계사로 가
보운강회에 들어갔다. 그런데 어느 날 보조국사의 '수심결'을 읽다가
문득 다음 대목에 눈길을 멈췄다.

"만일 마음 밖에 부처가 있고, 자성밖에 법이 있다는 생각에 집착하
여 불도를 구하고자 한다면, 티끌처럼 많은 겁을 지나고 몸을 불사르
고 연비(몸을 태워 기도하는 불교수행의 방법)하는 고행을 하고 **뼈**를 두
드려 골수를 내고, 피를 내어 경전을 쓰며 눕지 않고 언제나 앉아 좌선
하며, 하루에 아침 한 끼만 먹으며 8만대장경을 모조리 독송한다 하더
라도, 이는 모래를 쪄서 밥을 지으려는 것과 같이 오히려 수고로움만
더할 뿐이다."

이 구절로 인하여 '모골이 송연토록' 크게 깨달은 바 있었던 한암에
게는 뜻밖의 사건이 돌발했으니, 또 다른 정신세계의 일대변혁이 있게

된 것이다.

그것은 장안사 해운암의 화재였다. 해운암이 하룻밤 새에 불에 타 잿더미가 되었다는 소식을 들은 한암은 별개의 무상관(無常觀)을 갖지 않을 수 없게 된 것으로, 말하자면 몽외청산(夢外靑山)의 경계를 체득한 것이다.

한암 스님은 이후 도반인 함해 선사(涵海禪師)와 더불어 산과 바람, 구름과 별빛을 벗삼아 떠돌아다니는 운수의 길에 오르니, 이 길에서도 오직 자성찾기를 게을리 하지 않았다. 이러하기를 수개월, 그는 대기 선사를 만나게 되니 그가 바로 당대의 선지식 경허 대선사였다.

경북 상주 청암사는 당시 많은 스님들이 경허문하에서 수행을 하고 있었는데, 이해 가을 한암이 이곳에 들르게 된 것이었다. 경허 스님은 당시 51세, 9척장신의 호걸스런 선승으로 그 누구의 추종을 허락지 않는 밝은 선지로 많은 수좌들을 제접하고 있던 터였다. 한암 스님 역시 24세의 약관이긴 하나 이내 서로 상통함이 없을 수 없었다.

어느 날 한암 스님은 경허스님에게 법을 청했다.

경허 스님은 곧 『금강경』의 유명한 4구게 가운데 한 구절을 읊었다.

'대개 눈에 보이는 형상 있는 것이 모두 허망한 것이니, 만일 모든 형상 있는 것이 상 아님을 알면 곧 여래를 볼 것이니라(凡所有相 皆是虛妄 若見諸相非相 卽見如來).'

한암 스님은 이 구절을 듣는 순간 안광이 홀연히 열리면서 한 눈에 우주의 전체를 환희 들여다 보게 되었다. 일찍이 9살에 가졌던 '반고씨 이전 의문'이 환희 트인 것으로 그의 입산 3년째인 24세였다. 실로 '반

고씨 이전 의문' 15년만에 경허의 법문으로 하여 그것을 해결케 되는
오도의 경지에 몰입케 된 것이었다. 이른바 '최초 일구자(最初 一句子)'
의 경계로, 그는 이때의 개오의 심경을 다음과 같이 시 한수로 읊어보
이니 이것이 곧 그의 '오도송'인 것이다.

脚下靑天頭上巒 本無內外亦中間
跛者能行盲者見 北山無語對南山

발 아래 하늘 있고 머리 위에 땅 있네
본래 안팎이나 중간은 없는 것
절름발이가 걷고 소경이 봄이여,
북산은 말 없이 남산을 대하고 있네.

이러한 일이 있은 후 어느 날 한암 스님이 경허 스님과 더불어 차를
마시고 있었는데, 경허 스님이 문득 『선요(禪要)』의 한 구절 '어떤 것이
진실로 구하고 진실로 깨닫는 소식인가? 남산에 구름이 일어나니 북
산에 비가 내린다'라는 대목을 인용하면서 대중에게 "이것이 무슨 소
리냐" 고 물었다.

이 물음에 한암이 "창문을 열고 앉았으니 와장(瓦墻)이 앞에 있다"고
대답했다.

이는 범인에게는 상식밖의 문답이겠으나, 언어논리의 초월이 선리
(禪理)에는 다반사로, 다만 이때 경허 스님은 한암 스님의 경지가 예사

아님을 분명 인정한 것이다.

경허 스님은 이튿날 법상에 올라 대중을 돌아보며 "한암의 공부가 개심(開心)을 초과했다"고 말하니 그의 득법(得法)을 정식 인가해 준 것이다.

• 김혜암 스님

성관 김혜암 스님(전남 장성 출생, 1920~2001)은 1999년 대한불교조계종 제10대 종정을 지내시고, 대선사로서 "공부하다 죽어라"라고 하신 가야산의 정진불이다. 일일일식, 50여년 장좌불와와 전생에 의병대장을 하신 것으로 유명하다.

혜암 스님은 1945년 일본서 동양철학을 공부하는 중 '선관책진'이란 책을 보고 감동을 받았다. 25세에 해인사로 출가하여 인곡스님을 은사로 처음 만났다.

인곡 스님 : "어디서 왔느냐?"

혜암 스님 : "악" 하고 할로 답했다.

혜암은 젊은 시절로부터 탄타루스적 고통이 많았다.

"눈은 왜 두 개이며, 앞에만 붙어 있는가?"등이다.

혜암 스님은 가야총림 방장 효봉 스님으로부터 '무(無)'자 화두를 받아 수행하며 환적굴에 들어가 일주일간 용맹정진하기도 했다.

혜암 스님은 억울한 일을 당해도 마음에 동함이 없고 미운 마음도 없었다 한다. 한때 오대산 상원사에서 수행하던 중, 점심공양할 때 오해로 무지막지하게 매를 맞았다 한다. 그는 이유도 묻지 않고 변명도

하지 않았다. 뒤에 오해가 밝혀진 뒤에도 때린 사람을 원망하지 않았다고 한다.

김혜암 스님은 1957년 오대산 상원사 사고암 토굴에서 참선수행 용맹정진 중 돌 떨어지는 소리를 듣고 홀연히 모든 의심이 사라졌다 한다. 오도송은 다음과 같다.

미즉생명실(迷則生滅心) 미혹할땐 나고 죽더니
오래진여성(悟來眞如性) 깨달으니 청정법신이네
미오구타료(迷悟俱打了) 미혹 깨달음 모두 쳐부수니
일출건곤명(日出乾坤明) 해가 돋아 하늘과 땅이 밝도다.

혜암 스님은 저자에게 '부모미생전, 본래면목 이 뭣고?'라는 화두를 원당암에서 결택해 주신 바 있다.

• 김경봉 스님

1908년 3월 통도사에서 설립한 명신학교(明新學校)에 입학한 김경봉 스님은 그 해 9월 통도사 금강계단에서 청호 스님을 계사로 사미계를 받았다.

1991년 명신학교를 졸업, 다음 해 4월 해담 율사를 계사로 비구계와 보살계를 받았으며, 그후 통도사 불교전문강원에 입학, 경학을 공부했다. 그러나 경학보다는 참선에 마음을 두던 중 문득 '종일토록 남의 보배를 세어도 반푼어치의 이익이 없다(終日數他寶 自無半錢)'는 구절에 이르러 큰 충격을 받았다. 자기의 본심을 깨닫지 못하면 무슨 소용이 있겠는가. 스님은 그때부터 참선공부에 몰두한다.

스님은 사리탑 앞에서 '모든 인연을 끊고 일대사를 해결하겠다'는 결심을 하고 통도사를 떠났다. 곧 내원사로 가 당대의 선지식 혜월(慧月) 선사를 찾았으나 흡족치 않아, 그 길로 해인사 퇴설당으로 가 그야말로 피나는 정진을 했다. 스님은 그후 선지식을 찾아 금강산 마하연, 석왕사 등을 찾아 수선(修禪)했다. 그런 중에 직지사의 만봉(萬峰) 선사와의 만남은 그를 기쁘게 했다.

스님은 그 길로 다시 통도사로 와 극락암에 자리를 잡았다. 이때 3개월간의 장좌불와는 너무도 유명하다. 통도사 극락선원 화엄선림 법회에서 철야정진 중에 새로운 세계를 만난다. 이때 이런 게송을 읊었다.

天地口呑最上機 石猿乘鶴遂泥龜
花林鳥宿江山靜 蘿月松風弄阿誰

천하를 삼키는 큰 기틀이여
돌 원숭이 학을 타고 진흙 거북 쫓아가네
꽃숲엔 새가 자고 강산은 고요한데
칡넝쿨 달과 솔바람 뉘라서 완상하리.

그러나 만족한 경계는 아니었다. 스님은 인간의 원초적인 고뇌와 씨

름했다. 생사문제도 여전히 제자리였다. 스님은 '이뭣고' 화두를 들고 백척간두를 넘나들었다.

엉덩이에 물집이 생기기도 했다. 이러기를 얼마간, 1927년 11월 20일 새벽 2시경이었다. 스님은 방안의 촛불이 일렁이는 것을 보고 무릎을 치고 껄껄 웃으며 자리를 차고 밖으로 나갔다. 새로운 세계를 얻은 것이다.

오도송은 이러한다.

我是訪吾物物頭 目前卽見主人樓
呵呵逢著無疑惑 優鉢花光法界流

내가 나를 온갖 것에서 찾았는데
눈앞에 바로 주인공이 나타났네
허허 이제 만나 의혹 없으니
우담발화 꽃빛이 온 누리에 흐르네.

• 하동산 스님

하동산 스님은 일상생활에서 좌우명으로 감인대(堪忍待) 즉, "견디고 참으며 기다리라"라는 글귀를 좋아하시고 불자들에게 많이 써 주셨다.

1927년 원효암에서 내려와 범어사 금어선원에서 정진하고 계실 때였다. 스님은 선원 동쪽에 있는 대나무 숲을 평소에도 유난히 좋아하시어 방선시간이면 자주 그곳을 거닐었다. 7월 5일, 그날도 방선시간에 대나무숲을 거닐다가 바람에 부딪치는 댓잎 소리를 들었다. 늘 듣는 소리건만 그날의 그 댓잎 소리는 유난히 달랐다. 실은 소리가 다른 것이 아니라 다르게 들렸던 것이다. 스님은 그 순간 활연히 마음이 열렸다. 그간의 가슴속 어둠은 씻은듯이 없어지고 수천 근의 무게로 짓누르던 의심의 무게는 순식간에 사라지고 만 것이다. 스님은 그 순간을 "서래밀지(西來密旨)가 안전(眼前)에 명명(明明)하였다"라고 하셨다.

다음의 글은 그때의 그 소식을 표현하신 오도송이다.

書來畵去幾多年 그리고 그린 것이 몇 해던가
筆頭落處活描兒 붓끝이 닿는 곳에 살아 있는 고양이로다
盡日窓前滿面睡 하루종일 창 앞에서 늘어지게 잠을 자고
夜來依舊捉老鼠 밤이 되면 예전처럼 늙은 쥐를 잡는다.

의사의 꿈을 버리고 진리를 궁구하여 출세간의 장부로서 만중생들을 고해로부터 건지겠다는 원력을 세우고 전국의 선지식을 찾아 헤매인지 어언 15년이 지나고서 이제 그 쉴 곳을 찾은 것이다.

곧바로 스승 용성 스님을 찾아가서 이 벅찬 사실을 말씀드렸다. 용성 스님은 흔연히 인가를 해주시고 자신의 법맥이 사자상승됨을 크게 기뻐하시었다.

범어사 동쪽 대나무숲에서 오도의 인연이 있은 후 스님은 그 대밭을 특별히 아끼시고 직접 돌봤다. 죽순이 나는 계절에는 혹시 사람들의 손이라도 타지 않을까 하여 자주 들렀다. 스님은 별호를 스스로 순창(筍窓)이라고까지 지어서 쓰셨다. 오늘도 그때의 그 자리에는 큰스님의 화신인양 사리탑과 비석이 묵묵히 지키고 서 있다. 참으로 큰스님과 대나무숲은 숙세의 지중한 인연이라고 생각할 수 밖에 없다. 중국 향엄 스님은 돌로 대나무치는 한 소리에 몰록 깨닫기도 했다.

댓잎소리를 듣고 크게 깨달은 스님께서는 2년 후 보림을 위한 정진의 고삐를 늦추지 아니하였다. 보림(保任)이란 보호임지(保護任持)의 준말로서 자신의 깨달은 바를 잘 보호하고 깊이 간직한다는 뜻이다. 이해에 범어사 조실이 되었고, 참선납자들을 제접하였다.

이듬해 3월 15일 범어사 금강계단에서 첫 보살계를 설하였는바, 깨달음을 얻은 후 보림과 보살도 실천으로 성불제중의 길로 들어선 것이다.

하동산 스님은 오도후 대처승 등 친일승려와 싸우고 청담·효봉·금오 스님 등과 더불어 불교정화에 나서며 결국 한국정화불교의 중흥조가 되었고, 그 문하에 해인사 백련암으로 처음 찾아온 성철 대종사(1935년 음력 4월 15일 출가 득도)를 시작으로 광덕·지효·능가·지유·종산·월문·진경·보성·인환·초우·벽파·자운·정관·무진장 스님 등 130여명 상좌제자를 비롯 기라성 같은 고승 대덕을 배출했으며, "설법제일 하동산"이라는 말을 들을 정도로 동산 대종사의 법회는 언제나 인산인해를 이루었다. 아무리 가난한 절도 동산 대종사가 한번 다녀가고 법회를 열기만 하면, "3년 먹을 양식이 들어온다"고 할 만큼 "복을 몰고 다니는 큰스님"으로 4부대중의 추앙을 받았다. 하동

산 대종사는 1936년 범어사 대원암에서 용성 대선사로부터 지리산 칠
북계맥을 이어받는 전계증을 받게 된다.

생로병사는 모든 사람이 겪는 과정이다. 본래 진여문에 생사는 없는
것이지만!

1965년 음력 3월 23일 오후 6시 지혜와 자비와 용기를 갖추시고 생
불소리를 듣던 하동산 스님은 계전 수좌가 지키는 가운데 여여하게 본
래 자리로 돌아가셨다. 한국 불교계의 큰별이 사라지면서 대적삼매(大
寂三昧)에 드신 열반이었다. 대종사의 나이는 76세요, 법랍은 53년이
었다.

당일 평일과 다름없이 새벽 예불, 정진, 도량청소를 하고 점심공양
후 약간 피로한 기색을 보이시더니 제자들을 불러놓고 종단의 앞날을
염려하시면서 "방일 말고 부디 정진에 힘쓰도록 하라"라고 하시고 아
래의 열반송을 남겼다.

元來未曾轉 원래 일찍이 바꾼 적이 없거니
豈有第二身 어찌 두번째의 몸이 있겠는가
三萬六千朝 백년 3만6천일
反覆只這漢 매일 반복하는것 다만 이놈뿐일세.

하동산 대종사의 열반소식을 접하고 황망히 달려온 스님들이 2천명
에 달하였고, 신도들은 줄잡아 3만여 명이나 되었다. 가히 하동산 큰
스님의 거룩한 족적과 크신 덕화가 그렇듯 많은 사람들의 흠모와 추앙

을 받기에 부족함이 없었다 할 것이다.

대한불교조계종 종정 이청담 스님은 이날 동산 큰스님의 덕화를 기리는 조사를 바쳤으며, 그 조사를 접하는 수많은 대중들 또한 큰스님의 극락왕생을 빌며 눈물을 떨구었다.

큰 법당이 무너졌구나!

어두운 밤에 횃불이 꺼졌구나!

어린 아이들만 남겨두시고

우리 어머니는 돌아가셨구나!

동산이 물 위에 떠다니니

일월이 빛을 잃었도다

봄바람이 무르익어

꽃이 피고 새가 운다.

• 백봉 거사

필자가 한번 만나 뵈었던 백봉 김기추(1908~1985) 거사님은 한의사의 아들로 태어나 민족독립운동과 사회적 약자를 돕느라고 파란만장한 생애를 보내고 50살 넘어 불교에 입문했다. 신원경 선생의 권유였다 한다.

그는 한때 다라니 공부도 하고, 무(無)자 화두를 주로 탐구하면서 내면의 목소리를 듣고 내면변화를 주시하였다. 그러다가 백봉 선생이 화두공부에 집중한 후 7개월 후인 1963년 1월, 산사 밖 바위에서 눈 내리는 가운데 참선하다가 새벽 4시경, 마을사람들이 화광이 암자에서 나는 것을 보고 찾아오니 백봉 선생 몸에서 방광을 한 것이다. 그때 절에 있던 도반들이 이를 보고 대오했다고 삼배를 했다 한다.

백봉 김기추 선생은 다음의 오도송을 남기셨다.

忽聞鐘聲何處來 홀연히 들리나니 종소리는 얼로 오나
寥寥長天是吾家 까마득한 하늘이라 내 집안이 분명하다
一口吞盡三千界 한입으로 삼천계를 고스란히 삼켰더니
水水山山各自明 물은 물 산은 산 스스로가 밝더라

중생불(보살)의 보임·보살도

흰머리산 등반할 때는 정상에 올라가야 일망무제로 전체가 보인다. 가장 높이 나르는 바다 갈매기가 가장 멀리 본다.

깨달음에 이른 것은 자기와의 싸움에서 이긴 승리자이다. 자기 혁명에 성공했으므로 크게 축복받을 일이다. 이제 해탈의 나룻터에서 바다 저편으로 건너가기 시작한 것이다. 자기 생각의 감옥을 깨고 나서 해탈하기 시작한 것이다.

깨달으면 도오원지 스님의 촉목보리(觸目菩提)여서 눈에 보이는 모든 게 각(覺)이다.

깨달은 사람을 우리는 깨달은 중생이라 하여 중생불(衆生佛) 또는 보살(菩薩, 菩提薩陀 Bodhisattva)이라고 한다. 중생불이 되었다 해서 구름밥 먹고, 바람똥 싸는 것도 아니고, 이슬 먹고, 발바닥으로 숨쉬며 사는 것도 아니다.

보살이란 뜻을 풀어 '깨달은 유정물'(각유정, 覺有情)이라고 한다. 보살이 되면 돈오돈수한 석가세존이 아닌 한, 위로 상구보리(上求菩提)가 남아있고 아래로 하화중생(下化衆生) 즉 중생을 교화하는 일이 남게 된다.

우리 말에 "공부해서 남주냐?"라고 공부는 자기를 위한 것임을 반어적으로 표시한 것이 있다. "공부해서 남주랴?"는 것이다. 그런데 보살이 되면 "공부해서 남주는 단계"에 온 것이다. 깨달은 후 사람이 나아가는 것을 크게 보면, 달마 대사처럼 보살의 길을 가기도 하고, 그냥 인연에 순응만하는 아라한(arhat, 應供)의 길을 가기도 한다.

보살이 된 후에 할 일은 보임(保任)과 보살도이다.

보임은 보호임지(保護任持)의 준말로 보림이라고도 한다. 가장 귀한 것(깨달음, 견성)을 지녀 뜻대로 두텁게 보호하는 것을 말한다. 깨달음에는 '이즉돈오(理卽頓悟) 사비돈제(事非頓除)'여서 진리는 몰록 깨치지만 일(습업)은 곧 제거되지 않기 때문에 자기 체험을 거듭 확인하고, 삼매에 들며, 자기 생각이나 말 다른 사람 말에 속지 말고, 성불할 때까지 향상일로로 나아가야 한다. 삼매에 늘상 들 수 있어야 한다.

불경에는 금강삼매경의 금강삼매 · 무주처삼매 등 수많은 삼매가 나오나, 대표적으로 모두 28품으로 되어 있는 법화경을 보면, 모두 28개의 삼매가 나온다. 그것은 부처님이 들어가는 무량의처삼매(無量義處三昧)와 보살들이 들어가는 현일체색신삼매 · 묘당상삼매 · 무연삼매 · 정광명삼매 · 일체정공덕장엄삼매 등 27가지 삼매이다.

습업이나 업장에 익숙했던 것으로부터 결별하여 멀어지고 새로운 지평의 광명세계에 익숙해가야 한다. 도가 높아질 수록 마(魔)가 성해진다는 말이 있으니, 미혹하지 말고, 우선 일심정진으로 인격완성과 사회완성을 향하여 불퇴전의 지위까지 나아가야 한다. '한로축괴 사자교인(韓獹逐塊 獅子咬人)'이라는 말이 있다. 사람이 거세게 돌을 던질 때 한나라 개는 돌덩이를 쫓아가고, 사자는 돌 던진 사람을 문다는 것이다. 핵심을 잡아야 한다.

석가세존은 금강경에서 보살의 길은 무주상보시와 멸도 중생의 발원을 기본이라고 하셨고, 그 길을 찬탄 요약한 것이 용수보살의 「화엄경 약찬게」와 보장보살의 「법화경 약찬게」이다.

그 보살이 업장을 녹이려면 참회, 해원, 보은, 역지사지, 상생, 감인대 생활을 하는 게 필요하다.

중생상을 가진 부처인 보살이 가는 길이 보살도이다. 보살이 중생과 더불어 광명으로 화합하며 사는 것이다. 보살도는 우선 부처님의 4무량심인 자비희사심(慈悲喜捨心)에 기초를 둔 4섭법(四攝法)이 있다. 보시(布施, 베풀어 줌) 애어(愛語, 사랑스런 말) 이행(利行, 남에게 이로운 행동), 동사(同事, 함께 일함)이다.

요즈음 동서양이 하나가 되어가면서 우리나라 도판에는 각가지 특징에 중점을 둔 수많은 수행기법들이 생겨나고 있다. 그 가운데, 4섭법의 하나인 '동사섭'을 주로 하여 행복마을을 연 분이 용타 스님이다. 동사섭은 불보살이 중생과 고락을 같이하며 일하여 향상일로를 가는 것이다. 그 방법가운데 하나는 스트레스 해소방법으로 '나지사 명상'을 제시하고 있다. 그것은 화가 나거나 스트레스가 생길 경우에 "~구나"(그렇구나, 있는대로 받아들임), "~겠지"(그렇겠지, 그럴만한 사연이 있겠지)하고, 이해를 한 후 "감사"한 마음을 갖는 것이다. 끝에 말을 따서 나지사 명상법이라고 이름 붙였다.

수행하거나 보살의 길을 가는 경우에 세속에서 부딪히는 결정적인 경우는 삼독의 진심(瞋心, 진애, 화(火)내는 것, anger)이 일어나는 것이다. 화가 날 때는 즉각 반응을 말고, 그 상황을 있는 그대로 받아들여 2분간 바라본다. 아랫배로 심호흡을 하면 더욱 좋다. 그때 마음이 차분하면 반응하고, 마음이 차분치 못하면, 24시간 후에 반응하라. 우주는 텅텅 비어 있으니, 욕심을 줄이고 만족할 일이다. 소욕지족(小慾知足, 욕심을 줄여 만족함을 알다) 이 보살의 길이다.

보살도는 또 6바라밀을 포함한 10바라밀로 얘기한다.

①보시 ②지계 ③인욕 ④정진 ⑤선정 ⑥반야 ⑦방편 ⑧원 ⑨력 ⑩지(智)다. ⑥번의 지혜는 성소작지, 묘관찰지, 평등성지, 대원경지이고 ⑩번의 지혜는 법계체성지(法界体性智)이다.

보살도를 줄여서 말하면, 보시와 전법이 그 요체라고 할 수 있다.

보시는 크게 재시(財施), 법시(法施), 무외시(無畏施)로 나눌 수 있다. 재시는 재물을 베풀어 주는 것이요, 법시는 진리를 전하고 깨달음을 전교하는 것이며, 무외시는 다른 사람이 가진 공포나 불안감을 없게 해주는 것이다.

보시·전법을 하면 하는 일이 점점 잘 되어간다. 사람들 가운데는 가진 것이 없어서 보시를 못한다고 얘기하는 사람도 있다. 무소유자, 아무 가진 게 없는 빈털터리도 할 수 있는 보시가 우선 7개가 있다. 그것은 무재7시(無財七施)라 한다.

화안시(환하게 웃는 얼굴 미소보시)

언시(좋은 말, 착한 말, 사랑스런 참말로 보시)

심시(마음의 문을 열고 따뜻한 마음을 주는 보시)

신시(몸으로 하는 보시, 무거운 짐 들어준다든지…)

좌시(자리를 양보하는 보시, 지하철 좌석 같은 경우)

찰시(상대방에게 묻지 않고 살펴서 도움을 주는 보시)

그런 보시로 행운을 얻고, 운명을 바꿀 수 있는 것은 일체가 마음이 만들기 때문이다.

• 백은 선사

백은(白隱, 1685~1768) 선사는 일본 임제종을 중흥시키고 3조법(三調法)으로 활력선을 널리편 대 선승이다.

그는 16세 때 출가하여 법화경을 읽고 '일승적멸'을 빼곤 대단치 않다고 비판했다. 그는 '선관책진'을 읽고 자명 스님이 참선 중 잠이 쏟아질 때 송곳으로 자기 허벅지를 찌름으로서 성성적적 하려한 데 감동을 받았다.

백은 스님은 42세 때 가을철에 옆의 스님이 법화경 '비유품'을 읽을 때 돌담사이 귀뚜라미 우는 소리를 듣고 깨치고는 법화경을 존중했다. 부처님 소리를 들은 것이다. 백은 선사는 선화자들에게 화두로 "외짝(한쪽)손이 내는 소리를 들어라"라는 화두를 결택해 주었다 한다.

백은 선사가 주석하는 절에 한 신도가 있었는데, 시장에서 어물전을 하고 있었다. 그의 딸이 미혼인데, 아기를 낳게 되었다.

부모가 "애 아비가 누구냐?"고 다그쳤다.

급하게 된 그 미혼모는 국민의 존경을 받는 "백은 선사요"라고 둘러 대어 위기를 모면했다. 미혼모의 아버지는 백은 선사를 절로 찾아가서 "에이! 이 아기가 당신 아이니 받으시오"했다. 아무 관계가 없는데도 백은 선사는 "그런가?"라고 답하며, 아기를 받았다.

그는 아기를 살리기 위해 젖어미를 찾아다니며 키웠다. 전국적으로 저명한 선사가 애기를 낳았다는 소문이 퍼지자, 스님들은 흩어지고 신도들은 절에 나오지 않게 되었다.

백은 선사가 주석하는 절은 퇴락하여, 산짐승들의 놀이터가 되어 갔다. 그런데 미혼모 딸은 백은 선사와 아버지를 속인 죄로 괴로움이 깊어가자 아버지에게 이실직고하여 진짜 아기 아빠인 어물전 점원과 결혼하게 되었다. 그 어물전 주인은 백은 선사를 찾아가 딸 때문에 크게 잘못했다고 사과하고, 아기를 돌려달라고 했다.

백은 선사는 "그런가?"하고 아기를 돌려주었다. 살아있는 불보살이었다.

하루는 백은 선사가 큰절에 가서 법문을 하고 자기 절로 돌아가고 있었는데, 산 중간에서 추위에 떠는 남루한 문둥이를 만났다. 백은 스님은 자기 옷을 벗어 입혀주고 공양물을 주었다. 그런데 그 문둥이는 아무 말도 없었다.

백은 스님은 "고맙다는 말이라고 해야 하는 것 아닌가?"

문둥이 "여보시오, 대사! 내가 오늘 옷을 입어주어 복 짓게 했으니, '문둥이님! 보시를 받아주어 감사합니다'라고 해야 하는 것 아닙니까?"

백은 스님은 엎드려 문둥이에게 절을 하면서 "제 수행이 부족하여 성현을 몰라봤습니다. 거룩한 깨우침에 감사합니다."

백은 선사가 고개를 드니, 문둥이는 간 곳 없고, 그 자리엔 아름다운 연꽃 한 송이가 피어 있었다. 백은 선사는 문수보살의 화현으로 알고, 무주상보시를 깨달았다 한다.

세존의 보살행

여기서 우리는 석가세존의 전생에 하신 보살행을 『전세 삼전경』을 통해 살펴보기로 한다.

옛적 바라왕이 다스리던 우바라월국에 얼굴이 예쁜 한 음녀가 있었다. 그녀는 어느 날, 남의 집에서 애기 낳는 여인을 보았는데, 그 어미가 너무 굶주려 애기를 잡아먹으려 했다. 음녀는 자기 젖을 베어 그녀에게 먹였기 때문에 엄마와 애기 모두 살았다.

음녀가 집으로 돌아왔는데, 한 남자가 음욕을 품고 찾아왔다. 음녀가 베인 젖가슴을 그에게 보여줘 음욕을 끊게 하고 "내 정성이 하늘을 감동시켰다며, 가슴이 원래대로 돌아오리라" 하니 가슴이 원래대로 돌아왔다.

그때 석제 환인이 음녀가 보시하는 공덕을 받고 바라문이 되어 그 여자와 그녀 집에 갔다. 바라문이 물었다.

"그대는 가슴을 보시한 것이 후회되지 않습니까?"

"제가 지극한 마음으로 가슴을 보시한 것이라면 저의 몸을 남자의 몸이 되게 하소서."

음녀가 말을 마치자 몸이 남자로 바뀌었다.

이때에 바라왕이 죽자, 사람들이 음녀가 바뀐 그 남자를 왕으로 삼았다. 그 왕은 계속 보시하기를 좋아하여 모든 것을 다 내주려 하였다. 그는 자기 몸도 보시하려고 몸에 온갖 향과 향유를 바르고 산으로 들어가 쪼아먹는 새와 짐승들에게 생명을 보시했다.

그 왕은 다시 바라문 집에 태어났다.

그는 저잣거리에서 가난하고, 병든 사람들을 보고 이를 구제하기 위해 부모 허락을 받아 출가사문이 되었다. 그는 어느 산에서 5신통을 얻은 두 도인을 만났다. 그도 참선과 고행, 수행 등을 통해 5신통을 얻은 후 향상일로를 갔다. 그때 세 도인은 산 숲에서 새끼를 밴 채 해산달이 가까운 호랑이를 만났고, 그 호랑이가 굶주려 자기가 낳은 새끼를 잡아먹을 가능성이 컸다. 이를 놓고 누가 새끼대신 먹이가 될 것인가를 논의했다.

호랑이가 해산(解産)했다. 호랑이는 세 도인 앞에 서자 두 도인은 허공으로 날아 그 자리를 피했다. 그러나 바라문 아들 도인은 몸을 던져 호랑이에게 잡아먹혔다.

석가세존께서는 아난 등에게 "그때 음녀, 왕, 바라문도인이 바로 지금의 나다. 두 도인은 지금의 가섭과 미륵보살이다. 부처님께서는 60겁 동안을 정진하고, 몸을 보시했으므로 9겁을 뛰어넘어 미륵불이 나기 전에 성불한 것이다"라고 덧붙이셨다.

사람이 부처가 되는데는, 석가세존처럼 돈오돈수할 수도 있으나 (단번에 여래지에 들어감) 습업으로 인하여 여러 단계를 거칠 수도 있다. 이를 간략히 살펴본다.

비로자나불의 『대방광 불화엄경』은 범부의 성불로, 범부인 선재(善財) 동자의 성불을 입법계품에서 52지위로 다루고, 보살성불로는 10지 보살행을 십지품에서 다루며, 끝으로 대일여래인 비로자나불의 성불을 비로자나품에서 다룬다. 앞으로 순서에 맞추어 앞의 3주인과(三周因果: 불, 보살 범부 5위인과)를 살피는데 평등불성과 본진덕용과 동진불 염하는 이생상도(利生常道)와 망수절증한 이종상도(二種常道)를 내용으로 한다.

먼저 범부인 선재동자의 보살 성불도를 보기로 한다.

선재동자는 보살행을 배우고 보리도를 성취하는데 맨 처음 문수보살(동자)의 법문을 듣고 발심하고 이어 승낙국 묘봉산 덕운 비구를 만나 염불해탈 법문을 듣고 초발심주에 들게 된다.

그리하여 선재동자는 계속 52선지식(53으로 기록된 것은 처음 문수동자와 끝 문수보살이 겹치므로 52다)을 만나 도를 이루게 된다.

선재가 역참한 선지식은 보살이 5(문수, 관음, 정취, 미륵, 보현보살) 비구 5(덕운, 해운, 선주, 해당, 선견, 비구) 비구니 1(사자빈신 비구니) 청신녀 4, 장자거사 11, 주야신 9, 천신 1, 천녀 1, 여신 1, 바라문 2, 선인 1, 왕 2, 동자 3, 동녀 2, 뱃사공 1, 외도 1, 유녀 1, 구바녀태자비 1, 태자모 1 등이다.

선재동자는 나중에 비로자나 장엄장 대누각에서 미륵보살로부터 무상정등정각심 일으킴을 칭찬받고 미륵보살이 손가락을 튕겨 소리내어 해탈문을 여니 선재는 갖가지 장엄과 불가사의한 자재경계를 보고 문으로 들어갔다.

선재는 이어 보문국 소마나성에서 문수보살을 만나니, 문수보살이 보배영락을 주며 선재의 정수리를 만지고 신근공덕을 칭찬하며, 보현행원 성취를 결심하게 하였다.

선재는 이어 보현보살을 만나 자유로운 신통을 보고, 10가지 보현행원을 믿고 실천하여 보현보살과 부처님의 해탈자재와 같이 모두 평등하여 성불하였다.

범부인 선재가 닦아 보살행으로 성불하기 까지는 보살수행 52단계의 계위가 있다.

10신(信) 10주(住) 10행(行) 10회향(廻向) 10지(地) 등각(等覺) 묘각(妙覺, 佛)등이다.

10신은 신심(信心), 염심(念心), 정진심(精進心), 혜심(慧心), 정심(定心), 불퇴심(不退心), 호법심(護法心), 회향심(廻向心), 계심(戒心), 원심(願心) 등인데 1위부터 10위까지다.

10주는 발심주(發心住) 치지주(治地住) 수행주(修行住) 생귀주(生貴住) 구족방편주(具足方便住), 정심주(正心住), 불퇴주(不退住), 동진주(童眞住), 법왕자주(法王子住), 관정주(灌頂住, 정수리에 정수를 붓다) 등인데 11위부터 20위까지다.

10행은 환희행(歡喜行), 요익행(饒益行), 무진한행(無瞋恨行), 무진행(無盡行), 이치란행(離癡亂行), 선현행(善現行), 무착행(無着行), 존중행(尊重行), 선법행(善法行), 진실행(眞實行) 등인데, 21위부터 30위까지다.

10회향은 불과를 향하며 일체중생을 구호하려는 뜻에서 이중생상회향(離衆生相 廻向), 불괴회향(不壞廻向) 등 일체제불회향(等一切諸佛廻向) 지일체처회향(至一切處廻向), 무진공덕장회향(無盡功德藏廻向), 입일체평등선근회향(入一切平等善根廻向), 등수순일체중생회향(等隨順一切衆生廻向), 진여상회향(眞如相廻向), 무박무착해탈회향(無縛無着解脫廻向), 입법계무량회향(入法界無量廻向) 등인데 보살수행계위 52위 중 제31위에서 제40위까지이다.

10지는 보살수행계위 41위부터 50위까지인데 환희지, 이구지, 발광지, 염혜지, 안승지, 현전지, 원행지, 부동지, 선혜지, 법운지 등으로 10지보살의 지위에 오르는 것이다.

화엄경의 '십지품'을 보면,

환희지(歡喜地)는 늘 기쁜 지위로서, 본래 환희의식(bli ss consciousness) 자리에 들어간 것이다. 깨달음이 부처와 통한 것이다.

이구지(離垢地) 일체 때가 없어진 지위이니 악업이 사라진 것이다. 이성이 불이로 들어가 동일법성이 된 것이다.

발광지(發光地)는 3법인을 관하여 지혜광명이 나타나는 지위로 마음이 지극히 맑아져 밝음(光明)이 생긴다.

염혜지(焰慧地)는 사섭법과 정진바라밀이 치성하여(火光) 일체 인연의 그림자가 다 타 없어지는 지위로 밝음이 극진하여, 깨달음 즉 자각, 각타, 각행이 원만한 것이다.

난승지(難勝地)는 진제와 속제가 조화해야 하는데, 일체의 같고 다름이 2분법으로 지극한데 이르지 못했으므로 선정을 깊이 닦아 「차별 방하착」하여 향상일로로 가야하는 지위이다.

현전지(現前地)는 성품이 맑고 밝은 무위진여가 밝게 드러나는 지위이다. 현전지에서는 세간, 출세간의 일체지혜가 다 나타난다.

원행지(遠行地)는 무위진여가 광대한 세계에 이르는 지위로서 10바라밀을 구족하고 진여의 끝가지를 다한 것을 말한다.

제48위인 부동지(不動地)는 한결같은 진여심뿐인 지위로, 무생법인을 얻어 불퇴전의 지위로서 이제는 성도에서 물러남이 없는 허공같은 법에 든다. 일체종지를 관하여, 중생들을 인연따라 교화한다. 이 지위 이상 보살은 애쓰지 않아도 자기 지혜가 진여에 계합한 무공용지(無功用智)를 가져 대보살(마하사트바)이라 한다.

제49위인 선혜지(善慧地)는 진여의 온전한 체를 얻어 진여의 작용을 발휘하는 지위이니 여래의 4무애지와 10력을 얻어 대법사로 법륜을 굴리게 된다.

제50위인 법운지(法雲地)는 여래의 큰 법의 구름과 비를 받아 자비로운 비를 내리는 대자운(大慈雲)의 지위로서, 수습위의 마지막이며, 등각의 무학(無學)으로 넘어가게 된다. 중생을 골고루 어루만지고, 지혜와 자비가 원만해져 여래의 대적멸 바다에 합한 것이다. 그러나 아직도 자기 밖에 무엇이 있는 것 같은 생각이 때로 든다 한다.

제51위가 등각(等覺)으로서, 무등등(無等等)한 법을 깨치고, 물속에서 나온 연꽃같은 존재로 한 발짝만 나아가면 성불인데, 여래와 어울리고 여래의 뜻에 따라 중생구제의 뜻을 실천하는 여래사(如來使)이다. 근본무명까지 끊었으므로 인극(隣極)이라 하여 여래묘각(極大妙覺)에 인접했다 한다. 등각이 금강심중 건혜지라 하여 금강혜(金剛慧)라고도 한다. 문수보살, 보현보살, 관음보살, 대세보살, 약왕보살, 지장보살, 미륵보살 등이 대표적인 여래사 등각보살들이라고 할 수 있다.

제52위가 무상정등정각으로 위없는 도를 이룬 묘각(妙覺)이니 부처이고 여래위다.

부처와 부처의 세계는 불가사의요, 언어도단, 심행처멸의 세계이니, 맨 마지막 장에서 상론하기로 한다.

금동미륵보살반가사유상(국보 제83호)　　　　　　　　미륵보살반가사유상(일본 국보 제1호)

깨달음의 노래

　여기에서는 앞에서 부분적으로 살핀 바 있지만, 불조선(佛祖禪) 등을 통하여 깨달음에 이르러 부른 노래인 오도송(悟道頌)과 전법게(傳法偈), 임종게인 열반송, 그밖에 출가시나 한국 시조, 일본의 하이꾸, 중국의 시불(詩佛)이라는 왕유(王維, 마힐) 등 시인들의 선시 등을 광범위하게 살펴보기로 한다.

　눈과 마음의 확인이 중요한 일이기 때문이다.

　• 비바시불(毘婆尸佛) 게송

　성은 구루요, 종족은 찰리 왕종(刹利王種)이며, 아버지의 이름은 반표요, 어머니의 이름은 반두말타요, 다스린 나라의 이름은 찰말제이다. 게송은 다음과 같다.

身從無相中受生 猶如幻出諸形像
幻人心識本來無 罪福皆空無所住

형상 없는 가운데서 몸이 태어남이
비유하자면 마치 요술에서 갖가지 형상이 나는 듯하다.
허깨비의 마음과 식, 본래 없으니
죄와 복도 모두 공하여 머물 곳 없다.

• 가섭 - 아난존자 전법게

범어인 아난은 무염(無染)이라 번역되니 '아'는 무요, '난'은 염이 된
다. 이 무염이란 이름을 또 둘로 나눌 수 있으니 첫째는 모든 번뇌를
끊어 버리므로 무염이라 하고, 둘째는 수행과 증득을 벗어났으므로 무
염이라 한다. 번뇌를 끊어 버리므로 무염이라 한 것은 교법(敎法)을 전
한 아난을 말함이요, 벗어나서 닦아 증득하므로 무염이라 한 것은 선
법(禪法)을 전한 아난을 이르는 말이다.

아난이 가섭 존자에게 물었다.
"부처님께서 금란가사(金襴袈裟) 이외에 또 무엇을 전하셨습니까?"
가섭 존자가 불렀다.
"아난아."
아난이 대답을 하니, 존자가 말하였다.
"문 밖의 깃대를 꺾어 버려라."

아사세왕이 조사에게 설법을 청하자 존자가 그 청을 받고는 법상에 올라 한참 있다가 도로 내려오니, 왕이 물었다.

"어째서 제자에게 법을 들려주시지 않습니까?"

가섭 존자가 대답하였다.

"대왕님은 지위도 덕망도 크십니다."

가섭 존자는 일승법을 드날리어 중생을 이롭게 하고, 2교(대승과 소승)를 펴서 백성들을 제도하니, 진실로 타심통을 얻으셨으며, 끝끝내 '나(我)'라는 생각은 없으셨다. 45년 동안 세상에 설법하시면서 한량없는 중생을 제도하고는 아난에게 말하였다.

"여래께서 정법안장을 나에게 맡기셨는데, 나는 이제 늙어 부처님의 승가리 옷을 가지고 계족산(鷄足山)에 들어가서 자씨(慈氏: 미륵불)의 하생을 기다리겠다. 그대는 부처님의 분부를 잘 받들어 바른 법을 펴뜨려서 끊이지 않게 하라. 나의 게송을 전해 받아라."

法法本來法 無法無非法
何於一法中 有法有非法
법을 법답게 하는 본래의 법에는
법도 없고 법 아닌 것도 없다.
어찌 한 법 안에
법과 법 아닌 것이 있을 수 있으랴.

그때에 가섭이 게송 읊기를 끝내고는 왕사성으로 들어가서 아사세 왕에게 하직하려 했으나, 왕이 잠들어 만나지 못하였으므로 문지기에게 당부했다.

"나는 계족산으로 간다고 왕에게 여쭈어라."

• 아난 – 상나화수존자 전법게

아난존자는 부처의 해를 높이 달아 미혹한 무리를 널리 비추고, 널리 통달하고 잊지 않아 다문(多聞)제일이었다.

조사가 거닐다가 어느 대밭 가에 이르니, 어떤 비구가 부처님의 게송을 잘못 외웠다.

"사람이 1백년을 살아도 큰 강물이 마르는 것을 보지 못하면 하루를 살아서 그것을 보는 것만 같지 못하다."

아난이 이 말을 듣고 탄식했다.

"세상의 어떤 범부는 뭇 부처님의 뜻은 알지도 못하고, 공연히 4베다만을 쌓아두고 있으니, 빈 몸으로 조는 것만 못하리라. 이는 부처님의 말씀이 아니다. 지금 내가 부처님의 게송을 읊으리니 비구들은 들어라."

그리고는 다음과 같이 읊었다.

사람이 1백년을 살아도
부처님의 기틀을 알지 못하면
하루를 살면서 분명히 알아

깨닫는 것만 못하다.

그때에 아난존자가 상나화수(商那和修)에게 말했다.

"여래의 정법안장을 내가 전해 받았고, 내가 이제 그대에게 전하나니, 그대는 이 가르침을 널리 펴서 끊이지 않게 하라."

그리고는 다시 말전지에게 말하였다.

"부처님께서 그대에게 예언하시기를 '내가 멸도한 지 120년에 계빈국에 말전지라는 비구가 있어 불법을 크게 떨치리라' 하셨느니라."

그때에 상나화수가 말전지와 함께 아난존자를 섬겼는데, 말전지는 제자가 없었고, 상나화수는 제자가 하나 있었으니 우바국다(優婆趜多)라 하며, 인도 나한종의 우두머리였다. 그때에 아난이 법을 전하고 다음과 같이 읊었다.

本來付有法 付了言無法

各各須自悟 悟了無無法

본래 있음의 법을 전하지만

전한 뒤에는 없음의 법이라 하니라.

제각기 깨달았으니

깨달은 뒤에는 없음의 법도 없으리라.

· 용수(龍樹) – 가나제바존자 전법게

서천축(西天竺) 사람인 용수가 제바에게 말했다.

"내가 이제 이 정법안장을 그대에게 전하노니, 그대는 받아 간직하라. 내가 게송을 말하리라."

爲明隱顯法 方說解脫理
於法心不證 無嗔亦無喜

숨거나 드러난 법을 밝히기 위해
비로소 해탈의 이치를 말하네.
법에 대하여 깨쳤다는 생각 없으면
성냄도 없고 기쁨도 없네.

용수 존자가 조용히 선정에 드니, 때는 진(秦)의 제2대 시황제(始皇帝) 35년 기축이었다. 정수선사가 찬탄하였다.

菩薩龍樹 化龍是務
心曉佛心 住而非住

용수보살이여
용을 교화함이 임무였네
마음은 부처의 마음을 깨치니
머무르되 머무름이 아니더라.

• 마나라(摩拏羅) — 학륵존자
나제국 사람이며, 종성은 찰리요, 이름은 대력존(大力尊)이요, 아버지의 이름은 다만 상자재이다. 그때에 마나라 존자가 학륵(鶴勒)에게 말하였다.

"내가 이제 이 정법안장을 그대에게 전하나니, 그대는 잘 지니어 끊이지 않게 하라. 그리고 나의 가르침을 받아라."

그리고는 다음과 같이 송했다.

心隨萬境轉 轉處實能幽
隨流認得性 無喜亦無憂
마음은 온갖 경계를 따라 굴러다니니
구르는 곳마다 참으로 그윽하다.
흐름에 따라 성품 깨달으면
기쁨도 없고 근심도 없으리라.

조사가 열반에 든 것은 중국 후한의 제9대 환제 18년 을사였다. 정수 선사가 찬탄하였다.

변재의 탑으로 코끼리 떼를 무찌른
상자재의 왕자였네
우레가 겨울잠 자는 벌레 구멍을 흔들 듯
삿된 자들이 할 말을 잃었다.

• 반야다라–보리달마 전법게

반야다라 조사가 달마에게 말하였다. 달마는 남천축국 향지대왕의
3남이었다.

"내 이제 이 정법안장을 그대에게 주노니, 나의 게송을 들어라."

心地生諸種 因事復因理

果滿菩提圓 花開世界起

마음에서 모든 종자가 나되

현상으로 인하고 또 이치로 인한다.

과만(果滿)이면 보리가 원만해지리니

꽃이 피듯 세계가 일어난다.

조사가 화삼매(火三昧)에 들어 몸을 태우니, 송의 제5대 무제의 효건
4년 정유였다. 정수 선사가 찬탄하였다.

般若多羅 幼名瓔珞

父母淪亡 東西盤泊

반야다라 존자는

어릴 때의 이름은 영락이다.

부모가 모두 죽으니

동서로 떠나녔도다.

一曉龜毛 恒嗟水涸

果滿菩提 道源遼廓

한번 거북의 털을 깨친 뒤에는

항상 물이 마름을 개탄하였다.

과만(果滿)의 보리(菩提)여

도의 근원이 멀고도 넓도다.

• 청 · 순치황제 출가시

청(후금) 3대 황제인 순치제 김복림(金福臨, 愛新覺羅 복림)은 한민족 출신이다. 신라 마의태자 김함보의 7대손이 금나라 건국자 김 아골타이고 순치제는 후금(청)을 세운 김 누르하치의 손자이다. 순치제는 역사상 아들 강희제에게 선위하고 불교에 출가한다. 이 출가시는 선위를 위해 "자기 장례식"을 내려다보며 지은 출가시다.

天下叢林飯似山 천하총림반사산

鉢盂到處任君餐 발우도처임군찬

黃金白璧非爲貴 황금백벽비위귀

惟有袈裟被最難 유유가사피최난

천하가 수행처이고 산은 음식과 같으니

발우가 이르는 곳이 임금의 반찬이네

황금이나 좋은 집만이 귀하다 여기지 마소

오직 어려움이 있다면 승복을 입는 것이니.

朕乃大地山河主 짐내대지산하주
憂國憂民事轉煩 우국우민사전번
百年三萬六千日 백년삼만육천일
不及僧家半日閒 불급승가반일한

짐은 다만 산하대지의 주인이어서
나라와 백성을 사랑하는 일이 걱정될 뿐이다
백년은 삼만 육천일이나
승가의 반나절에 미치지 못하네.

悔恨當初一念差 회한당초일념차
黃袍換却紫袈裟 황포환각자가사
我本西方一衲子 아본서방일납자
緣何流落帝王家 연하류락제왕가

당초 한번의 그릇된 생각을 후회하고
황포를 자주 빛 승복으로 바꿔 입었네
나는 본래 서방 정토의 승려이었는데
무슨 연유로 황실에 태어났는가.

未生之前誰是我 미생지전수시아

我生之後我是誰 아생지후아시수

長大成人裳是我 장대성인재시아

合眼朦朧又是誰 합안몽롱우시수

태어나기 전에 누가 나이고

태어난 후 나는 누구인가

장성하여 잠시 내가 되고

눈 감으면 몽롱하니 또 누구인가.

百年世事三更夢 백년세사삼경몽

萬里江山一局碁 만리강산일국기

禹疏九州湯伐傑 우소구주탕벌걸

秦呑六國漢登基 진탄육국한등기

백년의 세상일들은 한 밤의 꿈이요

만리강산은 장기판이라

우왕의 구주를 나누나

탕왕이 걸왕을 멸망케하고

진시황이 유국을 멸하고 한나라를 일으켰네.

兒孫自有兒孫福 아손자유아손복

不爲兒孫作馬牛 불위아손작마우

古來多少英雄漢 고래다소영웅한

南北東西臥土泥 남북동서와토니

자손들은 스스로의 복을 타고나니

자손을 위한다고 말과 소 노릇은 하지 말지어다

예부터 많은 영웅들은

동서남북에 흙이 되어 누워있네.

時來歡喜去時悲 시래환희거시비

空在人間走一回 공재인간주일회

不如不來亦不去 불여불래역불거

올 때나 기쁘나 갈 때는 슬프니

부질없이 인간세계에 와서 한 바퀴 걷고 가는 구나

오지 않는 것 또한 가지 않는 것만 못하니.

也無歡喜也無悲 야무환희야무비

每日淸閑自己知 매일청한자기지

紅塵世界苦相離 홍진세계고상리

기쁨이 없으면 슬픔 또한 없다네

매일 도를 닦아 나를 깨달으니
번거로운 속세 괴로움의 상을 떠나네.

口中吃的淸和味 구중흘적청화미
身上願被白衲衣 신상원피백납의
四海五湖爲上客 사해오호위상객
逍遙佛殿任君棲 소요불전임군서
莫道出家容易得 막도출가용이득
昔年累大重根基 석년루대중근기

입으로 먹는 음식은 정갈한 맛이요
몸 위에는 거친 흰 승복을 입으나
온 세상에 귀한 손님이 되어
불당과 궁궐을 자유롭게 거닐도다
출가한 객이여 도를 쉽게 얻으려 하지마라
예부터 누대에 걸쳐 내린 토대가 중하다네.

十八年來不自由 십팔년래부자유
山河大戰幾時休 산하대전기시휴
我今撒手歸山去 아금철수귀산거
那管千愁與萬愁 나관천수여만수

십팔년이 흐르는 동안 자유는 없었다

강산에 큰 전쟁으로 쉴 날이 있었던가

내 오늘 손을 털고 산으로 돌아가니

천만 가지 근심 걱정 아랑곳할 일 없네.

• 영운(靈雲) 화상 오도송

영운 화상은 위산의 법을 이었고, 복주에서 살았다. 선사의 휘는 지근(志勤)이며, 복주 사람이다. 한번 대위(大潙)에 들어가 그의 설법을 듣고 밤낮으로 피로를 잊어, 마치 돌아가신 부모를 그리워하는 것처럼 정진하니, 그와 견줄 수 있는 이가 아무도 없었다.

어느 봄날, 우연히 꽃송이의 꽃이 무성하게 핀 것을 보다가 갑자기 깨달음을 얻어 기쁨을 이기지 못해 게송을 한 수 지으니, 다음과 같다.

三十年來尋劍客 幾回落葉又抽枝

自從一見桃花後 直至如今更不疑

30년 동안 검(劍)을 찾던 나그네

몇 차례나 꽃이 피고 몇 차례나 잎이 돋았는가?

복사꽃을 한 차례 본 뒤로

지금까지 다시는 의심하지 않는다.

이로 인하여 위산 화상에게 깨달은 취지를 말하니, 위산이 말했다.

"인연 따라 깨달아 통달한 것은 영원히 물러남이 없다. 그대가 이제 그러하니 스스로 잘 보호해 가지라."

• 한산과 습득의 선시

만당시대 전설적 선종거사인 한산과 습득은 절친한 도반이다.

〈한산, 내 마음은 가을달〉

吾心似秋月 碧潭淸皎潔

無物堪比倫 敎何如何說

내 마음 가을 달이어라,

푸른 연못의 맑은 물이어라.

어느 것에도 비할 수 없는데,

어떻게 날 보고 말하라 하는가?

〈습득, 열반의 경지〉

그대여, 무엇 때문에 평생토록 근심하는가.

인생이란 인연따라 지내면 되는 것을

해와 달 바뀌는 것은 물결 따라 흐르는 강물

세월은 돌 부딪쳐 나는 불꽃 같구나.

천지의 움직임에 모든 것 맡기고

나는 편안히 바위 사이 앉았노라.

• 묘연 비구니 오도송

五蘊山頭 古佛堂 오온산두 고불당

毘盧晝夜 放毫光 비로주야 방호광

若知此處 非同異 약지차처 비동이

卽時華嚴 遍十方 즉시화엄 변시방

오온 산머리 옛 불당에

비로자나불이 주야로 방광하네

이곳이 같고 다르지 않음을 알면

즉시 화엄이 시방에 두루하네.

• 시불 왕유의 선시(당, 699~761)

〈녹채(鹿柴)〉

空山不見人但聞人語響

退景入深林復照天苔上

텅빈 산, 사람은 보이지 않고

단지 두런거리는 소리만 들릴 뿐,

석양빛이 숲속 깊숙이 들어와

다시금 푸른 이끼 위에 비치네.

〈종남산 별장(終南別業)〉

中歲頗好道 晚家南山陲

興來每獨往 勝事空自知

行到水窮處 坐看雲起時

遇然值林叟 談笑無還期

중년 들어 자못 불도를 좋아하더니

만년에 남산 기슭에 거처를 마련했네.

흥이 일 때마다 혼자 나가 거닐다

좋은 일, 좋은 경치는 저절로 알고 즐기네.

흐르는 계곡 물이 다 끝나는 곳에 이르면

앉아서 뭉게뭉게 이는 구름을 쳐다보곤 하네.

우연히 산속에 사는 노인을 만나면

서로 이야기를 나누다 집에 돌아갈 것도 잊어버리네.

• 도연명 선시-음주(飮酒)

동진의 저명한 시인 도연명 「음주 20수」중 제5수 선시이다.

結廬在人境而無車馬喧

問君何能爾心遠地自偏

採菊東籬下 悠然見南山

山氣日夕佳飛鳥相與還

此間有眞意欲辨已忘言

초가집 짓고 마을 근처에 살아도,

수레나 말 시끄럽지 않다.

그대에게 묻노니 어떻게 그럴 수 있는가,

마음 멀어지면 사는 곳도 자연 외진 곳이 된다오.

동쪽 울타리 밑에서 국화를 따다가

한가로이 눈을 돌려 남산을 바라보네,

산 기운은 저녁에 아름답고,

날던 새들도 무리지어 돌아오누나

이 가운데 참뜻이 있나니,

그 뜻을 밝히려다 말을 잊었도다.

• **이태백 선시(청련거사) 산중문답**

問余何意棲碧山 문여하의서벽산

笑而不答心自閑 소이부답심자한

桃花流水杳然去 도화유수묘연거

別有天地非人間 별유천지비인간

푸른 산에 사는 뜻을 나에게 물으니

웃고 대답 않으니 마음이 한가롭네

복숭아꽃 물에 띄워 묘하게 가니

사람이 살지 않는 별유천지로다.

• 소동파 선시 - 남화사(南華寺)

云何見祖師要識本來面

亭亭塔中人問我何目卯見

可憐明上座萬法了一電

飮水卽自知指月無復眩

我本修乃人三世積修煉

中間日念失受此百年言

褊衣禮直相感動泪雨霰

借師錫端泉洗我綺語硯

어찌하여 조사를 알현코자 하는가

나의 본래면목 알고자 함이네.

탑 중에 계신 조사께서는

'무엇을 보았는가?' 물어오시네.

가련한 명 상좌, 만법을 한 순간에 전광석화로 요달한다.

물을 마시고는 스스로 차고 더움을 알 듯이

다시는 손가락을 보고 달이라 하는 일 없네.

나는 본래 수행인이라서,

과거 · 현재 · 미래의 삼세식을 닦으려 했는데,

중간에 한 생각 잘못 일으켜

일생 동안 무수한 시달림과 고난을 당했네
옷깃을 여미고 6조의 진신상을 참례하니
감동의 눈물이 비 오듯 싸락눈 내리듯 하네
조사께서 석장 꽂아 파놓으신 석단천의 물로,
이제 벼루를 씻고 다시는 글을 쓰지 않겠노라.

• 장계의 선시 – 풍교야박
중국 역사상 천고의 명작으로 유명한 칠언절구 선시이다.

月落烏啼霜滿天 江楓漁火對愁眠
姑蘇城外寒山寺 夜半鐘聲到客船

달 지고 까마귀 울며 하늘엔 서리 가득한데,
강가 풍교 밑 어선의 불빛 설친 잠자리를 마주하네.
고소성 밖 고찰 한산사의,
한밤 종소리 객선의 뱃전에 와 닿는다.

• **백제 겸익(謙益) 율사**는 무령왕 22년 인도에 유학해 수행하고, 인도 배달다 삼장 스님과 함께 5부 율장 등을 가지고 성왕 4년에 돌아와 흥륜사와 성흥산 대조사를 세우고, 크게 법을 펴며, 일본에 율종을 전하고 임종게를 남겼다.

산속에서 마지막 잠을 맞으니

요는 대지요, 나뭇잎 이불이라.

버리고 사는 마음이 부처일세

나무아미타불, 나무아미타불.

• **가야 장유(長遊) 화상**은 허보옥 선인으로, 그 누이 허황옥이 김수
로왕과 국제결혼 할 때, 불경과 파사석탑을 가지고 와서 크게 전법했
고, 지리산 운상원에서 입적하고, 다음과 같은 게송을 남겼다.

人生富貴如浮雲 인생부귀가 뜬구름 같으니

佛母山入長遊定 불모산 들어 오랜 정에 드네

至成無上菩堤道 무상의 깨달음에 이르니

無量無邊福德果 무한한 복덕과 보가 오노매.

• **담시 백족(曇始 白足) 스님**은 고구려 때 명승으로 광개토대왕 5년
구마라집을 만나 제자가 됐으며 삼귀오계법과 불경을 갖고와 고구려
요하주변 지역에서 불법을 전했다. 발이 얼굴보다 희다하여 백족화상
이라 불린바, 다음과 같은 게송을 남겼다.

願此鐘聲遍法界 원차종성변법계

鐵圍幽暗悉皆明 철위유암실개명

離三途苦破刀山 이삼도고파도산

一切衆生成正覺 일체중생성정각

이 종소리가 법계에 두루하기 바라니
철위산의 유암도 이미 모두 광명이고
삼도의 고통을 떠나고 칼산을 부수니
일체 중생이 바른 깨달음 이루었네.

• **신라 자장(慈藏) 율사**(590~6587)는 중국 오대산에서 문수보살을 친견하고, 많은 수행을 하다 643년 선덕여왕 요청으로 귀국하여 황룡사 주지를 하고, 황룡사 9층탑과 통도사 · 정암사 · 안심사 등 많은 사찰을 세우고, 신라의 대국통을 맡았다.

자장 율사가 수마노탑이 있는 정암사에 주석할 때이다(자장 율사가 문수보살 계시로 마지막 지은 절이 정암사였다).

그때 걸인 하나가 망태기에 강아지를 담고 와서 "자장 있는가?" 라고 고함을 질렀다. 자장율사는 "미친 영감이니, 돌려보내라"고 했다.

그때 그 노인은 망태기를 털어 강아지를 사자로 바꿔 타고 숲속으로 사라지면서 "아상을 가진 자가 어찌 나를 보랴"했다.

자장율사가 마지막 남긴 게송이다.

자장자장 자장자장 찰나한번 못깨어서
문수보살 오셨는데 예의를 잃었구나
오신손님 화가나서 망태기 털고가네

뒤늦게 쫓았으나, 천애절벽 낭떠러지.

• 혜초 스님(사막의 달)

인도 불교성지 구법여행자로 '사막의 달'로 불리며 세계4대 여행기
중 하나인『왕오천축국전』을 쓴 신라의 혜초 스님(704~787)은 신라 성
덕왕 22년(723) 당나라 광주에서 인도승 금강지를 만난 후, 인도로 떠
났다. 그는 인도(천축국) 페르샤 파밀고원 등을 지나 727년 11월 신강
성 쿠차로 돌아와 인도 여행을 마무리지었다. 그는 중국 밀교의 시조
인 금강지, 불공 스님의 법맥을 이었으며, 다음을 포함한 몇 개의 선
시를 남겼다.

月夜瞻鄕路 달 밝은 밤에 고향 길을 바라보니
浮雲颯颯歸 뜬 구름 너울너울 고향으로 돌아가네,
緘書添去便 그 구름 편에 편지 한 장 부쳐 보지만
風急不聽廻 바람이 거세어 회답이 안 들리는구나.

我國天岸北 내 나라는 하늘 끝 북쪽에 있고,
他邦地角西 지금 이 나라는 땅 끝 서쪽에 있네,
日南無有雁 더운 남방에는 기러기마저 없으니.
誰爲向林飛 누가 계림(신라)으로 날아 소식 전할까.

- 대각국사 의천(1055~1101)의 선시 - 금석암(金石庵)

의천은 고려 제11대 문종의 아들로 법화경을 소의경전으로 하는 천태종의 개조 스님임.

老苔班似錦 瑞石列如屏

時有高僧倚 長眼養性靈

이끼는 얼룩져 비단결 같고

상서로운 바위들은 병풍같이 둘렸네

거기 노승이 그림같이 기대어

긴 안목으로 신령한 성품을 닦네.

- 보조지눌-진각혜심 전법

선문염송을 지은 혜심 진각국사는 백운암 밑에서 잠깐 쉬었다. 이때 목우자 지눌은 시자를 부르고 있었다. 그 육성이 메아리처럼 진각의 귀에 울려왔다. 텅 비어있던 마음의 공간에 등불이 밝혀졌다. 이때의 환희와 법열의 무중력 자유를 진각혜심은 다음과 같이 표현하였다.

呼兒響落板蘿霧 煮茗香傳石經風

歲人白雲山下路 己參庵內老師翁

아이를 부르는 소리 소나무에 떨어지고

차를 끓이는 향기는 석경 바람이 전한다.

비록 도반과 같이 백운산 아래 있지마는

이미 암자에 계신 노사를 참배하네.

육조단경을 보고 크게 깨달은 스승 보조를 친견하고 진각은 위에 인용한 개안의 면목을 밝힌 게송을 받쳤다. 보조는 진각의 안목을 환희의 침묵으로 점두하면서 손에 들고 있던 부채를 건네주었다.

제자의 안목이 자기의 오도와 일치하고 있음을 자증해 준 것이다. 그리고 그가 수선사(정혜결사) 제2세 재목으로 합당함을 자족하면서 자신의 정혜불교를 진각에게 인계하였다.

昔在師翁手裏 今來第子掌巾

若過熱忙狂走 不妨打起淸風

전에는 스승의 손에 있더니

지금은 제자의 손에 와 있네

만일 더위에 허덕이며 달릴 때면

맑은 바람 일으킨들 그 어쩌하리.

진각혜심은 벗어버릴 육체의 고통을 잊고 다음과 같은 게송으로 열반을 확인하여 주었다. 열반송이다.

衆苦不到處別有一乾坤

旦問足何處大寂涅槃門

사바세계 괴로움이 다한 곳에

따로 한 세상이 있나니

거기가 어데냐면 대적열반문이다.

진각은 게송을 읊고 나서 다시 주먹을 쥐고 말했다.

"이 주먹이야말로 또한 선을 설할 줄 안다. 너희들은 믿는가? 안 믿
는가?"

이번에는 주먹을 펴고 말하였다.

"이것을 열면 5지가 각각이다."

다시 주먹을 쥐고 "이렇게 합하면 한덩어리다. 이와 같이 개합이 자
재하고 일다(一多)가 무애하다. 그러나 아직 이 주먹은 본분의 설화가
아니다. 어떤 것이 본분 설화인가?"하고 부르짖었다.

진각은 눈을 감으면서 선종사에 화두 하나를 남기는 난해한 의미만
을 던졌다.

"이것이 선사의 콧구멍을 꿰어 끌어왔다가 끌고 간 고삐다."

• 원감국사 열반송

원감(圓鑑)국사는 스승 원오의 추천으로 조계산의 6세가 되었고 입
적할 때까지 7년간을 송광사에 주석하였다. 그의 행상도 다른 국사와
같이 역사의 망각지대에 묻혀 버리고 상세하지 않다. 다만 그가 스승
원오국사의 감화에 의해 출가의 계기를 갖게 되었다고 밝히고 있는 점
이 그의 생애에 접근할 수 있는 유일한 기록이라 할 수 있다. 그리고

다른 국사에 비해 그는 상당한 기간 관직에 머물러 있었음이 엿보이고
있다.

전남 장흥에서 태어나 9세부터 공부를 시작하여 이때부터 경서와
자사를 읽어 총명을 발휘하여 주위 사람들을 놀라게 하였다. 그리고
17세에 사원시를 마쳤고 19세에 장원하여 영가서기의 관직에 있기도
하였다. 또 하나 특이한 사실은 이 무렵 일본에 사신으로 건너가 국위
를 선양하였음이 밝혀져 있다. 고려 국사로는 처음 있는 일이지만 이
것은 출가 전에 이루어진 일이다.

春日花開桂苑中 暗香浮動川林風

今期果熟甘露無 限人天一味同

봄날 꽃이 계수나무 동산에 피니
그윽한 향기 소림의 바람을 타고 전해온다.
오늘 아침 익은 과일은 감로를 머금고
한량없는 인과 천이 한 가지 맛을 누린다.

스승 원오국사의 법석에 참석한 것이 인연이 되어 출가를 하게 된
그는 훗날 충렬왕의 청에 의해 원나라에 건너가 고려불교의 진수를 전
하였고 충렬왕 12년 8월 68세로 입적하였다.

이때 왕은 원감국사라는 시호와 함께 보명(寶明)이라는 탑액을 내렸
다. 국사의 비를 제자들이 감로암에 세웠다. 그리고 장흥군 부산면 구
룡리에는 속칭 병풍방위라고 하는 수십 척이 되는 단애가 있는데 이

단애는 오랜 비바람에 씻겨 알아보기 어려울 정도로 희미한 초상이 부조되어 있다. 낡고 늙었던 육체는 바람으로 떠나 버리고 벼랑의 석벽에 그의 민영이 덩그렇게 걸려 있듯이 역사의 상흔을 안고 각인되어 있다.

「동문선」에 남아있는 원감국사의 열반송은 다음과 같다.

오온이 크게 밝으니 진광은 무궁히 비치고
사생출몰은 달이 공중에서 구르는 것과 같도다.
내 이제 쉬고자 하니 누가 그윽한 자취를 알리오
너희 제자들에게 고하노니 헛되이 허공을 더듬지 말라.

고려불교의 정좌라고도 할 수 있는 송광사의 16국사들은 개산조 불일 보조국사를 비롯해 진각국사까지는 생멸연대와 문헌이 남아있으니 그밖의 국사들은 무량수 하늘에 밤에만 뜨는 별처럼 확실한 기록과 문헌이 없어 그들이 남긴 역사적 삶을 만날 수가 없다. 다만 송광사 사적비와 진영각에 영정이 노유(老幼)를 모르는 체 그림자처럼 남아 있을 뿐이다.

• 나옹 – 지공화상 선시교류

나옹 화상이 원나라에 유학을 하게 된 동기는 많은 문헌 속에서도 밝혀져 있지 않다.

다만 그 당시 고려가 원나라와 깊은 유대관계를 맺고 있었던 것만이 전해지고 있을뿐이다.

나옹이 원나라에 갈 무렵 그의 나이는 스물 여덟살이었고 11월이었
다고 나옹집은 전해주고 있다.

그는 원나라 서울 연경에 있는 법원사(法源寺)에 도착하여 그 당시
유명한 인도출신 지공 화상(指空和尚)을 만날 수 있었고 지공은 그에게
극진한 예우를 하였다.

"그대는 어디서 왔는가?"

"고려에서 왔습니다."

"배를 타고 왔느냐? 육로로 왔느냐? 아니면 신통으로 왔느냐?"

"신통으로 왔습니다."

"그렇다면 지금 내 앞에서 신통을 보여라."

그러나 나옹은 그저 한 손으로 다른 한 손목을 움켜잡고 있을 뿐이
었다.

이에 지공 화상은 다시 묻기 시작했다.

"누가 그대더러 여기까지 오라고 하던가?"

"스스로 왔습니다."

"무슨 일로 왔느냐?"

"후세 사람을 위하여 왔습니다."

그제서야 지공 화상은 나옹을 대중에게 소개하고 함께 머물도록 하
였다. 지공과 나옹의 사제교분은 이렇게 맺어졌고 여말선종을 진작시

키고 현양한 나옹의 법맥도 이러한 개안의 인연으로 해서 선맥이 전승되었던 것이다.

〈나옹화상 선시〉

打破虛空出骨 閃電光中作窟

有人間我家風 此外更無別物

허공을 찢어서 뼈다귀 꺼내들고

번쩍하는 저 빛 속에 굴택을 짓는다.

어떤 놈이 내 家風을 물어 온다면

이밖에 또 다시 별난 것이 없다 하리라.

二四元來八 無疑者是誰

更求玄妙處卽落二三頭

2×4는 원래 8이다

의심없는 자 누구 있느냐

이것 밖에 현묘한 곳 구하러 들면

문득 저 23두에 뚝 떨어질 것이다.

全氷是水水成氷古鏡不磨元有光

風自動兮塵自起本來面目露堂堂

얼음 녹아 물이 되고 물이 곧 얼음되니

옛거울 안 닦아도 찬란한 그 빛

제 스스로 바람 일고 먼지가 일뿐

본래의 그 모습은 또렷도 하네

• 백운경한(白雲景閑) 선사의 선시

백운(1299~1374) 스님은 석옥청공 스님의 법제자이고, 또 서역 지공 스님의 제자로 무심선의 대표인 바, 백운화상어록을 남겼다.

백운 스님은 1377년 충청도 청주 흥덕사에서 금속활자로 『백운화상 초록 불조 직지심체요절』을 세계 최초로 펴내어, 서양 독일의 구텐베르그가 1455년에 금속활자로 간행한 '42행 성서'보다 78년이나 앞선다.

백운 스님은 1354년 해주 안국사에서 지공 선사를 만나, 다음과 같은 선시를 올렸다.

벙어리가 높은 소리로 묘한 법을 설명하며,

귀머거리가 멀리서 작은 그 말을 듣는다.

마음 없는 만물들이 모두 한탄하며

허공에 가부좌 틀고 앉아 밤에 와서 참석한다.

백운 스님은 또 다음의 선시 외에 125수의 선시를 남기셨다.

流水出山無戀志 유수출산무연지

白雲歸洞亦無心 백운귀동역무심

一身去來如雲水 일신거래여운수

身是重行眼是初 신시중행안시초

흐르는 물이 산을 나가도 연연치 않고

흰 구름이 골짜기에 들어도 역시 무심하다

일신 오고 감이 구름과 물 같으니

몸이 거듭 가도 눈은 처음 그대로다.

• 함허 선사 선시

生也一片浮雲起 死也一片浮雲滅

浮雲自體本無實 生死去來亦如然

태어나는 것은 구름 한 조각 떠오르는 것이요

죽는 것은 뜬 구름 한 조각 사라지는 것이네

뜬 구름 자체는 원래 실상이 없으니

태어나고 죽고 오고 가는 것 또한 이러하네.

• 김시습 오도송

조선왕조 단종 때 생육신의 한 사람으로 스님 명은 설잠(雪岑)이고,

신선도 명은 매월당(梅月堂)이다. 설잠은 18세 불법 공부에 뜻을 두고

정진하다가 출가하고 23세 전후 어느 날, 경주를 지나다 대오하고 다음의 오도송을 남김.

　菩提涅槃路非遙參介工夫在半朝
　一句透時千口透聖心消處妄心消
　祖燈似續皆吾分心印傳持不外激
　但得惺惺方寸地何論三句與三要

보리와 열반의 길 아득한 것이 아니니

그까짓 공부래야 반나절의 일일 뿐

일구를 꿰뚫을 때 친구가 딸려오고

성심 지운 곳에 망심 따라 지워지네

조등을 잇는다지만 다만 나의 일일 뿐

심인의 전지라지만 그게 밖에서 맞아들이는 것인가?

그저 이 마음 성성하면 그만일뿐

삼구와 삼요를 따져서 무엇하리.

• 서산대사 열반송

서산대사는 묘향산을 타고 내려오는 붉은 낙조를 바라보았다. 자기 육신 속에 담겨진 맑은 피가 흐르는 것 같았다. 생의 절망과 슬픔을 신고 일생을 헤매이던 육체가 어둡고 깊은 침묵에 갇혀 더 이상 움직일 수 없음을 자각하였다. 서산은 문득 눈을 감고 어둠 속에 갇혀 있는 자

기 육신을 스스로 버리기로 결심하였다. 그리고 맑고 텅빈 내면의 뜰
에 버릴 수 없는 분신을 생성하였다.

八十年前渠是我 八十年后我是渠

팔십년 전에는 저것이 나였더니
팔십년 후에는 내가 저것일세.

선조 37년 1604년 1월 22일 아침, 묘향산 원적암에서 젊었을 때 그
려놓은 자신의 초상화 앞에서 위와 같은 게송을 읊었다. 그는 이 게송
을 통해 스스로 깊은 고요에 들 것을 예감하였고 입적하고 난 텅빈 공
간에 젊었을 때 그려진 초상화의 모습이 풍진 세상을 엿보고 있으리란
것을 간파하였다. 그리고 그려진 죽음에 속박 당하지 않고 죽음이 만
들어 놓은 깊은 침묵의 통로를 따라 버려도 버릴 수 없는 자기 분신을
데리고 가게 됐다. 제자들은 그의 눈빛을 훔쳐보며 마지막 임종게(열
반송)를 기다렸다.

千計萬思量 紅爐一點雪
泥牛水上行 大地虛空裂

온갖 것 꾀하던 팔만사천 번뇌
불빛에 타고 있는 눈송이 같다.

진흙소가 물 위로 가고
대지와 허공이 찢어지고 있다.

　그는 사랑하는 제자 사명대사가 참석치 못함을 애석하게 생각하다
눈을 감고 말았다. 그의 몸에서 진한 향내음이 났고 뭇새들이 조상을
금치 못하였다.

- **진묵일옥(震默一玉) 스님 선시**
  조선 명종 선조때 생불로 알려진 큰 스님
  자탄(自嘆)

天衾地席山爲枕月燭雲屛海作樽
大醉居然仍起舞却嫌長袖掛崑崙

하늘은 이불, 땅은 자리, 산은 베개삼고
달은 촛불, 구름은 병풍, 바다는 술단지로 삼는다
크게 취하여 일어나 춤을 추니
오히려 긴 소매자락이 곤륜산에 걸릴까 하노라.

- **영허대사 선시(1792～1880)**
  山閑流水遠寺古白雲深
  人去無消息鐘鳴萬古心

산 한가로워 흐르는 물 멀고,

절 예스로워 흰 구름 깊다

사람 가고 소식 없지만,

종은 만고의 마음을 울리네.

(춘천 청평사)

• 석우보화 스님 열반송

설석우(1875 ～ 1958) 스님은 조선왕조 말기에 태어나 늦깎이로 불문
에 들었으나, 일의일발 · 일일부작 · 일일불식 · 장좌불와로 정진하고,
눈 내리는 바위에서 선정에 들어 눈덩어리 몸이 되는 것을 잊을 정도
였다.

진제 종정스님 등 수많은 제자를 키워낸 석우보화 스님은 한 때 금
강산 영원암에서 만해 스님 · 백성욱 스님과 같이 하안거를 보내기도
하였다.

조계종 초대종정을 지내신 석우보화 스님은 한때 금강산에서 어머
니셨던 경담 스님을 만나자 "접니다, 어무이!" 했다가 경담 스님으로
부터 경책을 받았다.

"뭐가, 어무이라고? 세속인연에 빠져 성불 못하는 죄를 짓지 말라"
고 말했다.

그 어머니에 그 아들이었다.

원효 스님의 아들 설총의 45대 손인 설석우 스님은 다음과 같은 열
반송을 남겼다.

囊括乾坤方外擲
杖挑日月袖中藏
一聲鍾落浮雲散
萬蘿青山正夕陽

하늘 땅 바랑 속에 넣어 저리 밀쳐 놓고
해 달을 지팡이로 따 소매가운데 감추네
한 종소리 울리니 뜬 구름은 흩어지고
만 봉우리 청산이 석양에 들고 있네.

• 숭산행원 스님 오도송과 열반송

현대 세계의 4대 성불(달라이라마, 틱낫한, 마하고사난다 캄보디아 불교
종정, 숭산행원)의 한 분으로 알려진 화계사 조실이며 세계일화로 세계
포교에 나서신 분이 숭산행원 스님이다. 세계 30여 국에 120개 홍법
원(선원)을 세우고 푸른 눈의 제자만 현각 스님을 비롯 5만여명이 넘었
다.

〈오도송〉
圓覺山下非今路 背囊雲客非古人
濁濁履聲貫古今 可可鳥聲飛上樹

원각산 아랫길은 지금 길이 아니고

배낭 메고 가는 길손 옛사람이 아니다
탁탁 걸음소리 예와 지금 꿰었는데
깍깍 까마귀는 나무 위에서 날더라.

〈열반송〉

"스님께서 열반에 드시면, 저희 제자들은 어찌합니까?"

"걱정하지 마라, 걱정하지 마라, 걱정하지 마라. 만고 광명이요, 청
산유수니라."

• **만공 스님 오도송과 전법게**

가슴에 꽉 차있던 일체의 의단이 화엄경의 "일체유심조"란 구절을
보는 순간 무너졌다. 존재의 근원, 법칙의 변화, 그 모두가 마음이 만
들어낸다는 것을 알게 된 것이다. 그가 기쁨에 젖어 한 수를 지으니 바
로 만공 스님의 오도송이다.

空山理氣古今外 白雲淸風自去來
何事達摩越西天 鷄鳴丑時寅日出

빈 산에 서릿기는 고금 밖이요
흰 구름 맑은 바람 스스로 가고 오네
무슨 일로 달마는 서천을 넘어 왔나
축시엔 닭이 울고 인시엔 해 뜨네.

경허성우 스님의 3월(月) 제자인 만공월면 스님은 그후 소요자재한 삶을 즐겼다. 34세 되던 해 7월 15일, 스승 경허가 함경도 갑산으로 가던 중 천장사에 들러 그동안 제자의 경계가 트인 것을 알고 인가를 하고 '만공'이란 법호와 함께 전법게를 주었다. 그후 만공 스님은 주로 덕숭총림에 주석하였다.

> 雲月溪山處處同 曳山禪子大家風
> 慇懃分寸無文印 一段機權活眼中

> 구름 달 산과 내가 도처에 같으니
> 자네의 끝없는 대가풍 같네
> 은근히 글자 없는 인을 분부하노니
> 한 조각 기와 권이 눈 속에 살아있네.

· 효봉 스님 오도송과 열반송

판사출신으로 오판을 하여 법복을 벗고 엿장사를 하다가 출가하여 '절구통 수좌'로 불리던 정진수행의 효봉 스님이 토굴에 들었다. 무자(無字) 화두를 깨뜨리기 위한 정진은 1년이나 계속됐다. 1931년 여름, 스님은 마침내 개안 종사가 됐다. 그때의 오도송은 이러했다.

> 海底燕巢鹿抱卵 火中蛛室魚煎茶
> 此家消息誰能識 白雲西飛月東走

바다 밑 제비집에 사슴이 알을 놓고
타는 불 속 거미집엔 고기가 차 달이네
이 집안 소식을 뉘라 알리오
흰 구름 서쪽으로 달은 동으로 가네.

효봉 스님은 전국 산하를 순례하고 조계총림과 가야총림 방장을 지내시고 한국불교 중흥운동으로 통합 조계종 초대종정을 지내셨다.

입적하시기 직전 시봉자가 "스님, 마지막 한 말씀 남기시렵니까?"
하니,

"나는 군더더기 소리 안 할란다. 이제껏 한 말들도 다 그런 소린데…" 하고 어린애처럼 웃었다고 한다. 그리고 다음과 같이 읊었다. 열반송이 된 것이다.

吾說一切法 都是早馬并拇
若問今日事 月印於千江

내가 말한 모든 법 그것은 다 군더더기
오늘을 묻는다면 천강에 달이 비치리.

• 김해안 스님 오도송과 열반송

김해안 스님은 불연을 맺은 지 4년째인 1918년, 마침내 '환골탈퇴'의 순간을 만난다.

조실 학오 스님으로부터 "은산철벽(銀山鐵壁)을 뚫으라"는 화두를 받고 생사의 간두에서 자신을 정리하고 있었다. 정진 7일째 되던 날, 저녁공양 목탁소리와 종소리가 울리고 선실의 방선 죽비소리에 순간 '은산철벽'이 무너졌다.

그는 환희와 새로운 경계를 만난다. '장벽'이 헐리고 '대자유'가 나타났다.

그 순간을 노래한 '오도송'은 이러했다.

鐸鳴鍾落又竹篦 鳳飛銀山鐵壁外
若人問我喜消息 會僧堂裏滿鉢供

목탁소리, 종소리 또한 죽비소리에
봉황은 은산철벽을 넘어 날으네
내게 기쁜 소식을 묻는가
회승당 안의 말발공양이라 하노라.

74회 생일(74년 3월 7일)날 법문을 마친 김해안 스님은 9일 새벽 문도들에게 열반을 알렸다. 의지처를 묻는 제자들에게 '법'을 의지할 것을 당부한 스님은 혜산 스님에게 후사를 당부하고 '마지막 말씀'을 묻자 "따로이 새삼스레 할 말은 없다. 다만 내가 가거든 제사는 생일날에 지내라. 실은 생일날 가고 싶었지만 너무 번거로울 것 같아 오늘 가는 것이니라. 혹 사리가 나오더라도 물에 띄워버리고 비 같은 것은 세우지 말라."

그러나 문도가 '자취'는 있어야겠다는 말에 '범부해안지비(凡夫海眼之碑)'와 '생사어시시무생사(生死於是是無生死)'라고만 쓰라고 일렀고 다음과 같은 열반송을 남겼다.

生死不到處 別有一世界
垢衣方落盡 正是月明時

생사 없는 곳에 따로이 한 세계 있도다
때묻은 옷을 벗으면 바로 이 달 밝은 때이니라.

• 송담 스님 오도송

송담 스님이 개오의 경지에 든 것은 그의 나이 27세 때였다. 담양 보광사에서 아침공양을 하면서 새로운 세계를 홀연 깨달았다.

당시 심경을 송담 스님은 다음과 같이 옮겼다.

黃梅山庭春雪下 寒雁天向北飛去
何事十年枉費力 月下蟾津大江流

황매산정 봄 눈 아래에
찬 기러기 하늘 북북 날고
어찌타 10년 왕비력이

달빛아래 섬진대강에 흐르네.

그후 스승인 전강스님이 열반하기 3년 전까지 전국 선원을 돌면서 만행(萬行)을 가졌다. 인천 용화선원을 여시고 선법을 크게 폈다.

• **무주청화 스님 오도송과 열반송**

평생 토굴생활과 일일일식, 장자불와로 살아오신 무주청화(無住淸華) 스님은 삼매를 강조하며 『정통선의 향훈』 등 많은 저서를 남기고, 국내외 포교에 힘쓰셨다.

〈오도송〉

迷故三界城 悟故十方空

本來無東西 何處有南北

미혹하니 3계가 성인데

깨달으니 시방이 공이다

본래 동서가 없는데

어느 곳에 남북이 있으리오.

〈열반송〉

此世他世間 去來不相關

蒙恩大千界 報恩恨細澗

이 세상 저 세상 사이

오고 감을 상관않네

입은 은혜 대천계인데

보은은 시냇물보다 적어 한하네.

· **고산 윤선도 (1587~1671) 선시조**

뫼흔 길고 길고 물은 멀고 멀고

어버이 그린 뜻은 많고 많고 하고 하고

어디서 외기러기는 울고 울고 가느니

· **김춘수 – 꽃**

내가 그의 이름을 불러 주기 전에는

그는 다만 하나의 몸짓에 지나지 않았다

내가 그의 이름을 불러주었을 때

그는 나에게로 와서 꽃이 되었다.

· **헤르만 헤세 – 행복**

행복을 추구하고 있는 너는

행복할 만큼 성숙해 있지 않다.

가장 사랑하는 것들이 모두 너의 것일지라도.

잃어버린 것을 애석해하고

목표를 가지고 또는 초조해하는 한
평화가 어떤 것인지 너는 모른다.

모든 소망을 단념하고
목표와 욕망도 잊어버리고
행복을 입 밖에 내지 않을 때

그때,
세상의 물결은 네 마음에 닿지 않고
너의 영혼은 비로소 평화롭게 쉰다.

• 라빈드라나드 타골 - 기도
위험으로부터 벗어나게 해달라고 기도하지 않게 하시고
위험에 처하여도 겁내지 말게 해달라고 기도하게 하소서.

고통에서 벗어나게 해달라고 기도하지 않게 하시고
고통에 처해서도 능히 그 고통을 이길 수 있는 지혜를
달라고 기도하게 하소서.

인생의 싸움터에서 동조자를 찾게 해달라고 기도하지 않게 하시고
인생과 싸워 이길 스스로의 힘을 달라고 기도하게 하소서.

근심스러운 공포 속에서 구원해 달라고 기도하지 않게 하시고

자유를 싸워 얻을 수 있는 인내를 달라고 기도하게 하소서

겁쟁이가 되지 않도록 도와주소서

내가 기쁘고 성공할 때에만 님이 나를 도와주신다고 생각지 않게 하옵시고

내가 슬프고 또, 남이 나를 핍박하고 내가 배고플 때

님께서 내 손목을 꼭 붙잡고 계신다는 것을 믿게 하옵소서.

• 쟝 · 콕도(佛) 선시

내 귀는 한 개의 조개 껍데기

그리운 바다의 물결소리여!

• 마쓰오 바쇼(1644~1694)등 일본 하이꾸(俳句)

"구름 따라서 사람을 쉬게하는 달맞이런가."(바쇼)

"달팽이 얼굴 자세히 보니 너도 부처를 닮았구나."(이싸)

"봄에 피는 꽃들은 겨울 눈꽃의 답장!"(유시화)

"달밝은 밤 연못에 개구리 한 마리 풍덩!"(바쇼)

"뻐꾸기가 밖에서 부르지만 똥누느라 나갈 수가 없다."(소세키)

"연꽃 잎사귀에 소변을 보니 사리가 알알이 맺히네."(시코)

"이 미친 세상에서 미치지 않으려다 미쳐 버렸네."(시메이)

"두견새야, 나머지 노래는 저 세상에서 들려다오."(한 사형수가 집행 직전 쓴 하이꾸)

"내가 죽으면 무덤을 잘 지켜주게. 귀뚜라미여."(이싸)

• 낙화유수(落花流水)

水流花開山無人

雲破月來花弄影

落花有意隨流水

流水無情送落花

물흐르고 꽃이 피는 산에 사람은 없는데

구름 새 달이 나와 꽃이 그림자를 농하고

낙화는 뜻이 있어 흐르는 물을 따라가고

유수는 무정하여 떨어진 꽃을 보내누나.

• 설두중현 · 원오극근과 대혜종고의 사자상승

『경덕 전등록』을 지은 5조 법연의 제자 설두중현 선사와 그 제자 원
오극근 선사는『송고 백칙』을 참조하여『벽암록』을 지었고,『벽암록』
은 간화선의 창시자이며 원오 스님의 제자인 대혜종고 스님이 불태워
버렸다. 지금은 보통 대혜종고의『서장』과 원오 스님의『심요』와『벽암
록』을 간화선의 삼서라고 한다.

오조법연 선사는 진제형 선화자에게 빈호소옥(頻呼小玉) 화염시(火艶
詩)를 아느냐고 물었다.

진제형은 스스로 만족스런 답을 못하니, 법연 선사는 원오 스님에게

"소염시 낙처를 살펴보라"고 했다.

　법연 선사는 원오 스님에게 "조사 서래의냐?" "뜰앞의 측백나무니라. 적(聻)!" 하니 원오 스님이 깨달았다. 그때 닭이 홰를 치면서 난간으로 날아가 날개 펴고 우는 것을 보고 다시 마음이 열렸다.

　"이것이 어찌 소리가 아닌가?" 하고 향을 옷소매에 넣고 법연 스님에게 알렸다.

　법연 스님은 "나의 시자가 조사선을 참구하여 얻었다"고 인가했다. "나는 그때 기쁨을 도우리라"고 했다.

　그 오도송은 다음과 같다.

　金鴨香鎖錦繡帷 笙歌叢裡醉扶歸

　少年一般風流事 只許佳人獨自知

　금오리향 타올라 비단 장막에 가득하고

　흥청대는 노래 숲 지나 취해 돌아가네

　소년의 멋들어진 풍류사야

　아름다운 그이 말고 아는 이가 없어라.

　원오극근 선사는 "삶도 전체로 끌어안고 죽음도 전체로 끌어안으라"고 상당 법문했다.

　원오극근 스님은 다음과 같은 임종게를 남겼다.

己徹無功 不必留頌

聊爾應綠 珍重珍重

평생 해놓은 것이 없어 게송 남길 일이 없네

오직 내가 얽은 인연 따를 뿐 그저 진중 진중할 뿐이네.

선종 제49대인 대혜종고(1089~1163) 스님은 스승인 원오 스님과 한 스님과의 법거량시(薰風自南來 殿閣生微凉: 훈풍이 남에서 불어오니, 전각에 미풍이 서늘하구나)를 듣고, 언하에 깨달았다. 대혜종고 스님은 다음과 같은 열반송을 남겼다.

生也祗麼(생야지마) 생이란 다만 이렇고

死也祗麼(사야지마) 죽음도 다만 이렇다

有偈無偈(유게무게) 말 있음과 말 없음이

是心麼熱(시시마열) 무에 그리 중요하던가.

• 향엄지한(香嚴智閑) 화상

향엄 화상은 위산의 법을 잇고 주로 등주에 살면서 크게 선법을 폈다. 그는 경공부만 하다가 스승 위산에게 '망신'을 크게 당했다.

"금생에는 불법을 배우지 않겠다. 난 오늘까지 나를 당할 자가 없다고 여겼는데 오늘 위산에게 한 방망이 맞으니 그 생각이 깨끗이 없어졌다. 이제는 그저 죽이나 먹고 밥이나 먹는 중으로 여생을 지내리라."

　그리고는 눈물을 흘리며 위산에게 하직을 고하고 향엄산(香嚴山) 혜
충국사의 유적에서 몸과 마음을 쉬었다. 그리고 초목을 없애면서 번민
을 덜고 있다가 어느 날 기와 쪽을 대나무에 던지던 끝에 부딪치는 소
리를 듣고 껄껄 웃으면서 크게 깨닫고는, 이어 다음과 같이 오도송을
읊었다.

　　一擊忘所知更不假修持
　　動容揚古路不墮超然機
　　處處無蹤跡聲色外威儀
　　諸方達道者咸言上上機
　　한번 치는데 알던 것 잊으니
　　다시 억지로 닦을 것 없구나.
　　얼굴 움직여 옛길 높이고
　　초연한 기에 떨어지지 않으니
　　이르는 곳마다 자취가 없고
　　성색(聲色) 밖의 위의(威儀)로다.
　　제방의 도를 아는 이라면
　　나를 일러 상상기라 부르겠지.

　그리고는 당장에 공부를 중단하고 방으로 돌아가서 향을 피우고, 위
의를 갖추고는 오체를 땅에 던져 멀리 위산을 향해 다음과 같이 찬탄

했다.

"진실된 선지식께서 큰 자비로써 이 어리석은 중생을 건져 주셨습니다. 그때 저에게 말씀해 주셨더라면 어찌 오늘이 있었겠습니까?"

그리고는 바로 위산으로 가서 앞의 일을 자세히 고하고 아울러 게송도 함께 화상에게 이야기하니, 화상이 바로 상당하여 유나로 하여금 함께 대중에게 알리게 했다. 대중이 듣고 모두가 치하했는데, 앙산만이 밖에 나가서는 아직 돌아오지 않았다. 나중에 앙산이 돌아오니 위산이 앙산에게 앞의 인연을 자세히 이야기 하고 아울러 게송을 보여 주었다. 앙산이 한 번 훑어보고, 모든 것을 치하한 뒤에 화상에게 다음과 같이 말했다.

"그렇게 발명했다고는 하나 화상께서 직접 시험해 보셨습니까?"

위산이 대답했다.

"시험해 보지는 않았다."

앙산이 당장에 향엄에게 가서 모든 것을 치하한 뒤에 말했다.

"지난날에는 이미 그러한 일이 있었다 하더라도 여러 사람들의 의혹을 쉬게 하진 못했습니다. 어떤 의심인고 하니, 적(聻)! 바야흐로 만들려고 하였더니, 사형이 이미 발명하셨구려. 다른 이치를 지어서 일러 보십시오."

이에 선사가 다음과 같이 게송을 지어서 대답하였다.

去年未是貧今年始是貧
去年無卓錐之地今年錐亦無

작년의 가난함은 가난함이 아니요

금년의 가난함이 참으로 가난함이라.

작년에는 송곳도 세울 자리가 없더니

금년에는 송곳마저 없도다.

앙산이 이 게송을 보고 말했다.

"사형께서는 여래선을 알고 계시지만, 조사선은 아직 모르시는군요."

향엄 선사가 어떤 스님에게 물었다.

"마치 사람이 높은 나무 위에서 입으로는 나뭇가지를 물고 발로는 가지를 밟았으나, 손으로는 가지를 잡지 못한 상태에서 나무 아래 어떤 사람이 '어떤 것이 조사께서 서쪽에서 오신 뜻입니까?'하고 물으면, 그에게 대답을 해야 하지만 대답을 하면 떨어져 죽을 것이고, 대답하지 않으면 그의 물음을 외면하는 것이니, 이럴 때에는 어떻게 지시해야 생명을 잃지 않겠는가?"

호두(虎頭)의 초(招) 상좌가 도리어 물었다.

"나무에 오른 뒤는 묻지 않겠습니다. 나무에 오르기 전에는 어떠합니까?"

선사가 "허허" 하고 웃었다.

"어떤 것이 현재의 배움에 의거하는 것입니까?"

선사가 부채를 돌리면서 말했다.

"보았는가, 보았는가?"

"어떤 것이 무표계입니까?"

선사가 대답했다.

"그대가 환속하면 그때 말해주리라."

"어떤 것이 소리와 빛을 떠나 만나는 한 구절입니까?"

선사가 대답했다.

"내가 향엄에서 살기 전에 어디에 있었다 하겠는가?"

"그러할 때에는 감히 있었다고 이를 수 없겠습니다."

"마치 환으로 된 사람이 마음으로 법을 생각하는 것과 같으니라."

"어떤 것이 음성 이전의 한 구절입니까?"

선사가 대답했다.

"대덕이 묻지 않을 때에 대답해 주리라."

"지금은 어떠하십니까?"

"지금은 묻고 있느니라."

"단박에 근원을 끊었다고 부처님께서 인가하시는것은 어떤 것입니까?"

선사가 주장자를 던지고 손을 모으고 나가 버렸다.

향엄 선사는 또 옛 사람의 행적을 가리키는 게송을 다음과 같이 송했다.

古人語中骨 如雲映秋月
光明時出沒 句裏隱不當

옛사람의 말은 말속에 **뼈**가 있어서
구름에 비치는 가을 달빛이
때때로 드러났다 숨었다 하는 것처럼
구절 속에 숨지를 않네.

當人玄會暗商量 唯自肯意不傷似 一物不相妨

누군가 현현하게 이해하고자 한다면
가만히 헤아려 보아
오직 스스로 긍정하여야 뜻이 상하지 않으며
한 물건이라 하여도 관계없다네.

다음은 도반 귀적(歸寂)에게 준 게송이다.

同住道人七十餘共辭城郭樂山居
身如寒本心芽絕不話唐言休梵書

같이 사는 70여 도인들

함께 고향을 떠나서 산중 생활 즐기시네.

몸은 고목 같고 마음은 말랐으며

중국의 말도 이야기하지 범서도 읽지 않는다네.

心期盡處身雖喪 如來弟子沙門樣

深信共崇針塔成 巍巍置在靑山嶂

마음속의 희망이 다한 곳에 죽어도 좋다고 여기니

여래 제자, 사문들의 바른 자세이다.

깊은 마음 함께 모아 탑 이루어

드높게 청산 속에 쌓아 두자.

有一語全規矩休思量不自許

路逢同道人揚眉省來處

路不着多疑廬却思量帶伴侶

一生參學事無成慇懃抱得栴檀樹

도를 참구하는 일 헛짓이 아니고

몸뚱이를 벗어나는 일, 최상의 경지로세.

한번도 오늘 아침 일을 이야기한 적 없으니

어둠 속에 머리를 묻고 현현한 진리를 감춰둔다.

향엄 선사는 최후 열반송을 읊으니, 다음과 같다.

한 마디의 말씀이 완전한 규칙이니

생각도 멈추고 스스로 인정함도 그만두어라.

길에서 같은 도인 만나면

눈썹만 까딱하여도 통하니

의심과 생각을 밟지 않기 때문이다.

사량 분별은 오히려 길동무를 데리고 가는 것이니

일생동안의 참선 공부가 이뤄지지 않으매

정성껏 전단나무만을 껴안아 본다.

여래사 등각보살들

부처는 절대적 진리이자 인격이다. 성불제중이라 하듯이 부처는 중생을 제도하는 것이 본임무이고, 자유자재로운 존재이나 미현(未現)의 존재이기도 하다. 그러므로 그런 절대의 부처뜻을 받들어 상대세계와 연결하는 여래의 화현이자 심부름꾼(如來使)이 등각보살들이다. 등각보살은 색과 공이 평등한 것을 깨닫고 불화 삼매에 드신 존재이다. 석가세존은 이런 큰 보살들만이 아는 세계를 말씀하신 게 선문염송에 전해온다.

석가세존께서 계시던 시절에 일곱 현녀가 시다림(시신을 매장하는 곳)을 지나는데, 한 현녀가 주검을 가리키며 다른 자매들에게 물었다.
"주검은 여기 있는데, 사람은 어디로 갔을까?"

그 가운데 한 현녀가 "어째서 그럴까, 어째서?" 하고 말하니, 모두들 자세히 보고는 각자 깨달음을 얻었다.

이에 감동한 제석천이 꽃을 뿌리며 말하였다.

"거룩한 자매들이여, 필요한 것이 무엇인가? 내 마땅히 죽을 때까지 공급하리라."

자매들이 대답하였다.

"저의 집에는 스님께 공양하는 네 가지(음식 의복 가구 탕약) 물품과 일곱 가지 보배가 다 갖추어져 있습니다. 오직 세 가지 물건이 있었으면 합니다. 첫째는 뿌리 없는 나무 한 그루요, 둘째는 음지도 양지도 없는 땅 한 떼기요, 셋째는 소리 질러도 메아리치지 않는 산골짜기입니다."

제석천이 말하였다.

"필요한 것이 모두 다 나에게 갖추어져 있으나, 그런 세 가지는 내가 전혀 갖고 있지 못하다."

자매들이 말하였다.

"만약 이것이 없다면 어떻게 남을 구제할 수 있겠습니까?"

드디어 제석천은 자매들과 함께 부처님께 가서 자초지종을 아뢰었다.

부처님이 말씀하셨다.

"교시가(제석천의 이름)야! 나의 제자들 가운데서 큰 아라한들도 모두 이 의미를 알지 못한다. 오직 모든 큰 보살들만이 이 의미를 아느니라."

석가세존의 말씀하신 대보살 가운데, 석가모니불의 좌우보처인 문수보살과 보현보살, 아미타불의 좌우보처인 관음보살, 대세보살 그리고 약왕보살, 지장보살, 미륵보살을 등각보살들로서 중점적으로 살핀다.

이런 보살 가운데는 생신보살과 화신보살이 있다. 생신보살은 육신을 갖고 태어나서 보살도를 따라 등각보살의 지위에 나아간 것이요, 화신보살은 중생제도 방편으로 나투시는 무량한 부처의 화신인 것이다.

• 문수보살

문수(文殊師利, Manjusri) 보살은 만주시리, 문수, 만수보살로도 불리는데 지혜, 묘덕, 묘길상을 상징하는 보살로, 바른손에 여의주, 왼손에 연꽃을 들고 사자를 타고 나툰다. 지혜, 용기, 위엄을 갖춘 것이다.

문수보살의 본신은 용존상불(龍尊上佛), 신선불(神仙佛)로 중생교화를 위하여 보살의 몸으로 나투는데, 모든 부처님 세상에 자재롭게 몸을 나툰다. 한국 강원도 오대산이나, 중국 산서성 오대산은 문수보살 상주도량으로 문수동자 등 많은 전설을 낳고 있다.

• 보현보살

보현(普賢, Samanthabhadra, Visbvabhadra)보살은 변길(邊吉)보살이라고도 하는데, 부처님의 큰 정(定)과 실천행(行)의 덕을 상징하여, 석가모니불을 보좌한다. 보현보살은 손에 연꽃을 들고, 어금니 여섯 가진 흰

코끼리 즉 6아백상 코끼리를 타고 나타나며 연화좌에 앉은 때도 있다. 중생들 수명 연장에 관여하여 연명보살이라고도 한다.

법화경 끝장인 '보현보살 권발품'에는 보현보살이 진리인 법화경 만나는 방법을 묻자 부처님이 다음과 같이 말씀하셨다.

"부처님을 호념하고, 덕의 근본을 심으며, 정정취(正定聚)에 들어가고, 일체중생을 구제하려는 마음을 내고 법화경을 만나면 최고의 정각을 얻어 성불할 수 있다"고.

화엄경 '보현행원품'에는 여래공덕이 무한함을 전제로 보현보살의 10종 행원을 말하여 보살행의 기본이 되고 있다. 이는 다음과 같다.

모든 부처님께 예배 공경하는 예경제불원(禮敬諸佛願), 부처님을 칭찬하는 칭찬여래원, 널리 공양수행하는 광수공양원, 업장을 참회하는 참회업장원, 남이 짓는 공덕을 기뻐하는 수희공덕원, 설법하여 주기를 청하는 청전법륜원, 부처님이 이 세상에 오래 계시기를 청하는 청불주세원, 늘 부처님을 따라 배우는 상수불학원, 항상 중생을 수순하는 항순중생원, 지닌 바 모든 공덕을 널리 회향하는 보개회향원(普皆廻向願) 등이다.

· 관세음보살

관세음보살(觀世音菩薩, Avalokitesvara, 아래를 내려다 봄, 自在天)은 극락정토 아미타불의 왼쪽 보처로서 관자재보살, 관세자재보살, 관음보살, 광세음(光世音)보살로도 불리는 자비의 화신보살이다. 구마라집은 관세음보살로, 현장은 관자재보살로 번역하였다.

한국에서 관음신앙은 종교를 넘어 백성들의 신앙으로 뿌리내렸고 천수천안관세음보살대원만무애대자비다라니경(천수경) 등을 통하여 민중에게 뿌리내림은 앞에서 살펴본 바와 같다.

반야심경을 설법한 것도 부처님 아래서의 관세음보살이다. 능엄경의 25원통법 중 최고 방편은 관세음보살의 이근원통법(耳根圓通法)이다.

관음경이라고도 불리는 묘법연화경 '관세음보살 보문품'에는 관세음보살을 일심 칭명하고, 염피관음력(念彼觀音力)하면, 삼재팔난이 제거되고 묘음 관세음과 범음 해조음이 세간의 모든 소리를 이긴다고 하였다. 또 관세음보살은 성관음, 대성자모관음, 천수관음, 아두관음, 11면관음, 여의륜관음, 준제관음 등 여러 가지로 나투어 보문시현하며, 중생을 상대에 따라 부처로부터 거사에 이르기까지 33종 응화신으로 나투어 구고구난한다고 법화경과 능엄경 원통장에 나온다. 관음삼매경에 의하면 관세음보살은 본래 석가세존 전에 깨달은 정법명여래(淨法明如來)인데, 정토신앙으로 짐짓 보살로 화현했다 한다.

관음신앙은 한국을 비롯 인도, 중국, 일본, 티벳, 스리랑카 등에 깊게 퍼져 관음보살상이 많이 생겨났다. 한국에는 동해 양양 낙산사, 서해 강화 보문사, 남해 금산 보리암 등이 유명한 관음도량이다.

인도에는 인도 남부 끝 서쪽 아라비아해가 보이는 케랄라 주 코친시 근처 말라야 지방 포타라카이다. 코친에서 660km 떨어지고, 코타얌에서 64km 떨어진 사바리마라(sabarimala, 현장은 사다나마라)에서 포타라

카산 정상 사원까지 4km를 등산해야 한다. 사원은 현장 법사 때도 8각형 산으로 바다가 보이고, 사원은 크고 연못엔 연꽃이 피었다고 했고, 150년 전까지 불교사원이었다. 지금은 신전에 힌두교신인 시바신 아들 로드 아야란(관음상 비슷)을 모셨고 아라비아해가 보인다고 단정석씨가 현장에 다녀와서 글을 썼다.

중국 관음성지는 절강성 주산군도 보타도 불긍거관음원, 만주 보타락사가 있고, 티벳에는 가지유강(알루창포강) 유역 랏사에 포탈라궁이 있다. 스리랑카엔 포타란(푸탈람), 일본에는 기이(紀已)의 보타락, 하야(下野)의 일광사 등이 관세음보살 상주처로 유명하다.

생신 보살로서의 관세음보살은 AD 250년 전 히말라야산맥 코탄국(興林國이라고도 함)에 묘장왕과 보아왕비가 딸 셋을 두었다. 차례로 묘원(妙元), 묘음(妙音), 묘선(妙善)이었다. 이 가운데 셋째공주 묘선이 7살 때 모친을 여의고, 불문에 귀의하여 갖는 고난 끝에 설산에 들어가 수행하여 큰 깨달음을 얻고 흰 연꽃송이를 받아왔다. 묘선 공주는 많은 보살도를 행하자, 관세음보살로 불리웠으며 금강명사 법주로 진산식을 갖고, 그 고난의 시대(동서양의 포에니전쟁, 춘추전국 병화)에 적극 중생구제에 나섰다. 뒤에 묘원은 보현보살로 묘음은 지혜의 묘음보살이 되었다 한다.(불설대승장엄보왕경, 김현도씨의 '대성관세음보살 일대기' 참조)

• 대세지(大勢至, Mahastbamaprapta) 보살
아미타불의 오른쪽 협시보살로, 득대세보살, 대세보살, 세지보살,

대정진보살로도 불리운다. 관세음의 자비, 대세지의 지혜인데, 이 지혜광명이 3악도에 빠진 중생을 모두 건지는 무상의 힘을 얻게 함으로 이런 이름이 붙었다.

대세지보살은 정수리에 보배병을 얹고 나투며, 염불수행자를 맞이할 때 합장하며 보통 극락전이나, 아미타전에 모셔진다.

대세지보살이 발을 한번 굴려 디디면, 3천대천세계와 마군의 궁정이 진동한다고 한다. 밀교계통의 태장계 만다라에서 관음원통에 자리한다.

• 지장보살

지장(地藏, Kisitgarbha) 보살은 땅을 감싼 보살, 대지의 자궁을 상징하는 보살로, 지옥에서 천상까지 중생을 교화, 해탈시키지만, 항상 지옥 등을 드나들며 6도를 교화하는 대원본존보살이다. 대지(大地)보살이라고도 한다.

지장보살본원경에는 모든 지옥 중생을 제도 않고는 성불하지 않겠다는 서원이 나온다. 지장보살은 선근을 끊고 믿음 갖지 못해 고통 받는 존재를 구제할 때까지 성불을 미루겠다는 대비천제보살(大悲闡提菩薩)이라고 할 수 있다.

본래 땅(地)에는 능생, 능섭, 능의(能依) 등의 뜻이 있으며, 장(藏)에는 비밀 포용, 함육의 뜻이 있는 바, 지장보살의 3덕은 중생교화 지혜인 지덕(智德) 무명번뇌 끊음의 단덕(斷德), 중생들의 대원에 은혜를 베푸는 은덕(恩德)이다.

한국인으로 생신 지장보살이 되신 분이 있다. 신라 성덕왕과 성정 왕후의 장자인 김수충 즉 김교각(金喬覺) 스님(696~794)이 바로 그분이다. 차자 중경이 성덕왕 왕위를 이었다. 지장보살 김교각 스님은 지금 등신불로 중국 안휘성 구화산 화성사(8세기초에 교각 스님이 세움) 육신 보전에 모셔져 있다.

김교각 스님은 성덕왕 19년(720) 중국에 유학하여 영파, 남경 등 절 강성, 안휘성을 거쳐 구화산에 입산한다. 그는 신라에서 당나라에 갈 때 풍산개, 볍씨, 차씨, 솔나무씨앗 등을 가지고 갔다 한다. 김교각 스님은 구화산의 바위나 동굴 등에서 참선, 염불 등 수련을 하여 깨닫고, 화성사를 지어 약 75년간 교화하고 열반에 들었다. 이태백과의 교류도 있었다. 제자들이 입적 3년후 유해가 담긴 항아리를 열어보니 생 전 모습 그대로 좌탈입망한 채였다.

불제자들이 그대로의 모습으로 만들어 화성사 육신보전에 지장왕보 살로 모시니, 참배객들이 수없이 몰려왔다. 중국 절강성과 무호시 남 령현을 비롯한 안휘성에는 교각스님 흔적이 많이 남아 있다.

저자가 구화산 화성사 등에 가보니, 김교각 지장보살의 유물 유적으로, 수도하시던 동굴 지장고동, 입선할 때 바위에 새겨진 발자국, 고 배경대, 칠척장신의 지장보살이 신었던 40cm정도 집세기 두 짝 등이 있었다.

• 약왕보살

약왕(藥王, Bhaiajyaraja)보살은 불교의 중생교화가 응병여약(應病輿藥)

즉, 아픈 데 맞추어 약을 주어 치료하는 것인데, 바로 약을 베풀어 중생들 심기신의 병을 치료하여 구원하는 보살이다. 관약왕약상이보살경에 의하면, 옛날 유리광조불 시대에 일장 비구가 있었는데 산하에 성수광 장자와 그 동생 전광명이 있었다. 성수광 장자는 약왕보살이 되고, 뒤에 정장여래가 되었으며 전광명은 약상(藥上)보살이 되고 뒤에 정안여래가 되었다.

법화경 '묘장엄왕 본사품'에도 정장, 정안 형제 이야기가 나온다. 과거 운뢰음왕 수왕화지여래의 광명장엄국에 묘장엄왕이 있었는데, 왕비는 정덕이고 아들은 정장, 정안이었다.

두 아들이 보살도를 닦아 삼매에 통달하고, 외도 바라문인 부왕에게 방편으로 허공에서 신통을 보여 불도를 믿게 하였다. 넓은 바다에서 눈먼 거북이가 구멍 뚫린 나무토막을 만나 살아나는 맹구우목(盲龜遇木)격이었다. 출가한 두 아들인 정장은 모든 삼매와 비밀법장을 얻었고, 정안은 법화삼매를 얻었다. 석가세존은 이에 대하여 "묘장엄왕이 지금의 화덕보살이고, 정덕부인은 광조장엄상 보살이고, 정장이 약왕보살이고 정안이 약상보살이다"라고 말씀하셨다.

법화경의 '약왕보살 본사품'에는 옛날 일월 정명덕불 시대에 일체중생 희견보살이 4만2천겁동안 중생을 교화했으므로 석가모니불 처소에 약왕보살로 출현했다고 한다. 약사여래는 중생 질병을 치료하고 재앙에서 구해주는 부처로서 연꽃위에 서서 양손에 약병과 시무외인을 맺는 모습으로 나타나며 약사유리광여래라고도 한다.

• 미륵보살

미륵(彌勒, Maitreya)보살은 사랑의 보살 또는 자씨(慈氏)보살로도 불리운다. 아함경에는 석존입멸 후 56억7천만년 후에 오는 미래 구제보살로, 지금은 도솔천에 머물면서 천인들을 위하여 설법하고 있다 한다.

석가세존 당시에는 바라나시국 브라만 가문에서 태어난 아일다로서 석가세존의 법문을 듣고 수기를 받고 수행했다고 법화경에는 나온다. 부처님 일을 갈음하는 화신 등각보살들을 알아보았는데 생신 등각보살은 향상일로하여 묘각 즉, 성불로 나아가게 된다.

먼저 "부처가 출현하는 곳이 어데냐?"는 질문에 "동산수상행(東山水上行)"이라고 했던 운문 스님은, 지금 여기, 만연도방하(萬緣都放下)하여, "날마다 좋은 날"(日日是好日)로 기쁨 의식 속에 살아갈 것을 얘기했다. 성상불이(性相不二)이기 때문이다.

앞으로 성상불이에 관련하여 일승경인 화엄경과 법화경의 핵심내용과 여래출현과 여래무량수명(영원한 한 생명)에 관한 것을 살피기로 한다.

현재 유통되는 화엄경은 한역본은 60권(60화엄), 80권(80화엄), 40권(40화엄) 등 3부 화엄경이 있다.

60화엄은 동진시대 불타발타라에 의해 번역되어 421년에 역출되었다.(晉本 또는 舊經) 80화엄은 대주(大周, 측천무후, 695~699)시대 실차난타에 의해 역출되었다.(周本 또는 新經) 40화엄은 당(唐, 795~798)의 반야다라가 역출하였으며, 정원본 화엄경으로 불리운다.

이 가운데 80화엄에 대한 주석으로 청량징관의 『화엄경소초』와 이통현 장자의 『신화엄경론』이 나왔다. 화엄경과 신화엄경론을 중심으로 화엄경 전체에 대하여 현토 역해하신 김탄허 스님이 20여년간 집필 출간한 책이 『현토역해신화엄경합론』 47권이다. 화엄경을 어디서 몇 회에 설했느냐는 데에 이 설이 있으나, 대체로 80화엄은(7처 9회 39품, 김탄허 스님의 10처 10회설도 있음) 60화엄은 7처 8회 34품으로 얘기한다.

화엄경은 진리에 관하여 사사무애법계 무진연기를 말한다. 우주만유인 법계는 사물이 천차만별하나 서로 인연화합관계를 중중무진하게 갖고 하나도 단독으로 있지 않은 바, 실제는 동등한 하나이니, 일 즉 일체요, 일체가 즉 하나라는 것이다. 10현연기나 6상원융도 같은 내용이다.

이 법계에 들어가 증득하는 방법을 법계삼관(法界三觀)이라 한다. 하나는 진공관(眞空觀)인데, 유와 공을 떠난 진공으로 관함, 둘은 이사무애관인데 차별 없는 이치와 차별 있는 현상이 서로 융합하여 걸림없음을 관함, 셋째는 주변함용관으로 우주간 모든 만물이 서로서로 일체를 함용하는 것으로 보는 것이다.

화엄종에서 보는 중요한 교의는 4법계(四法界)이다.(청량징관스님, 법계현경) 이는 사법계(事法界), 이법계(理法界), 이사무애법계(理事無碍法界), 사사무애법계(事事無碍法界) 등이다. 일반적으로 사법계는 우주만물의 낱낱 개별상이 있는 법계요, 이법계는 우주만물이 일관된 근본적 본체로 평등한 일심진여 법계이며, 이사무애법계는 이(理)와 사(事)는 낱낱이 독립된 게 아니고, 본체가 현상이고, 현상이 본체로 걸림이 없는 차별 즉 평등법계이다. 바닷물과 파도의 관계와 같다. 사사무애법계는 현상 외에 따로 이체가 있는 것은 아니며, 모든 현상들이 상즉상입하고 융통무애하여 일마다 현상마다 걸림이 없는 법계이다. 파도와 파도가 걸림이 없는 경우와 같다.

김탄허 스님은 1982년 월정사 화엄법회에서 우주는 일진법계이고 사사무애법계라고 말씀하셨다. 탄허 스님은 깨달음은 앎과 말이 끊어진 자리로, "오직 모를 뿐"이라는 차원에서보면 "사법계는 아는 게 끊어진 자리이고, 이법계는 견해의 옳고 그름이 끊어진 자리이며, 이사무애법계는 알지 못한다는 것이나 이제 알겠다는 것이 모두 끊어진 자리이고, 사사무애법계는 본래 안다 모른다 이전에 아는 것이 끊어져 우주 만물이 순수의식화나 순수이성화한 자리로서, 즉 알지 못할 줄 아는 자리다"라고 말씀하셨다.

우주는 너, 나, 구분이 없고 시방삼세가 시공무애(時空無礙)라고 한다. 세계제일의 철학자라는 독일의 임마누엘 칸트는 인식주체성에 주안점을 두어 그 순수이성은 절대적으로 없고, 만유경계는 절대적으로 있다고 하였다.

칸트는 또 불교의 5온인 색수상행식을 물질·감수·생각·행동·앎으로 파악하였다.(칸트는 순수이성비판, 실천이성비판, 판단력비판을 씀) 그런데 여기서 행(行)은 불교에서는 생각이나 의지, 식별의 과도기적인 행동으로 파악한데 반하여, 칸트는 행동만으로 해석함으로, 순수이성으로 끝나고 만유가 순수이성화하는 것이 빠졌다고 할 수 있다. 모든 생각이나 망상도 불교에서는 불성에서 나온 것으로 보고, 사색이나 명상·염불·다라니 등으로 전식득지(轉識得智)하여 우주만물이 순수이성화(순수의식화)함을 깨닫는다고 한다. 법화경은 이를 이 법(세간법)이 법위(불법위)에 머물러서 세간모양이 그대로 있다(세간상이 상주)고 했다.

탄허 스님은 생활 속에서 순수이성화된 결론이 없는 것이 뛰어난 철학자 칸트의 한계라고 하셨다. 탄허 스님은 또 유교의 '대학의 도'에 관하여, 명명덕(明明德, 밝은 덕을 밝힘) 신민(新民, 백성들을 새롭게 함) 지어지선(止於至善, 지극한 선에 머묾)을 불교의 깨달음인 자각·각타·각행원만에 배대하고, 그 내용이 구경의 깨달음 내용에 해당하며, 유교의 경(敬)을 불교의 선(禪)에 준한다고 하셨다. 시각이 본각이고, 본각이 구경각인 것이다.

화엄경의 핵심을 말하면, 다음과 같다.

사사무애 상즉상입 중중무진 불가사의 대일여래 해탈법계
(事事無碍 相卽相入 重重無盡 不可思議 大日如來 解脫法界)

일일이 걸림이 없이 서로 즉입하니,
거듭거듭 다함없이 생각도 말로도 할 수 없으며,
영계태양의 해탈법계이니라.

여기서 사사무애법계는 불이법으로서, 함용일(含用一, 한 방에 있는

100개의 전등이 서로 방해하지 않고 큰 빛을 냄)과 상즉일(相卽一, 개체가 죽어 전체가 산다. 강물이 바다에 이르면 바닷물이 된다)을 포함하는 개념이라고 할 수 있다.

법화경은 부처님이 2처 3회 출현하여 (왕사성 기사 굴산 2회, 허공 1회 28품) 설하셨다.

화엄경에서는 부처의 세계를 중생에게 펼쳐보이는데, 인과불이로 보현행으로 하고 있다. 보현행원 10가지는 청정지혜로 부지런히 닦아야 한다. 여기서는 특히 성내는 마음을 배격하며, 보살이 다른 보살에게 성내는 마음을 일으키면 100만 가지 장애물이 될 수 있다고 적고 있다.

화엄경의 생명이라 하여 실차난타가 잘 번역한 '여래출현품'은 '여래성기품'이라고도 하여, 법계연기와 함께 화엄성기(性起)사상을 합친 여래성기의 화엄세계를 상징적으로 나타낸 것이다. 이는 선과 화엄교의 통로가 되고 화엄선이 생겨난 계기가 되었다. 화엄경은 무진의 성품바다가 일승 한맛(一味)이고, 그 한맛마저 쓸어 없앤 것이 선인 바, 언어의 길이 끊어진 자리이다.

화엄경에서는 성기 묘덕보살인 문수보살이 여래가 출현하는 10가지 상(여래출현법, 여래몸, 여래눈, 음성, 마음, 경계, 여래행, 정각, 전법륜, 반열반, 견문, 친근, 선근)을 질문하고 이에 보현보살이 다음과 같이 답하고 있다.

여래출현은 무량법으로 되며, 텅빈 허공심이 돼야 한다.

여래몸은 알기 어려워 10가지 비유로 교설하는데, 그 특징은 허공광명이다.

여래의 눈 즉, 부처의 눈을 불안(佛眼)이라고 한다. 금강경과 대지도론을 보면, 눈에는 5가지 안(眼)이 있다. 5안은 육안(肉眼: 육신, 감각의 눈으로 장내場內만 본다) · 천안(天眼: 시공을 초월하여 장외場外도 본다) · 혜안(慧眼: 일체 사물을 꿰뚫어보는 깨달은 지혜의 눈) · 법안(法眼: 일체만법을 통달한 눈) · 불안(혜안과 법안을 합친 영원 청정한 근본 눈) 이다.

여래음성은 중생들의 좋아하는 마음을 따라 환희케하는 10가지 음성으로 교설하고 있다.

여래심은 여래성기심이며, 여래지혜는 의지할 데가 없는 무처부지(無處不至)의 여래심이다.

여래경계는 여래지혜가 활동하는 경계로서, 일체 유심조로 자유자재하나, 모든 중생계를 떠나 있지 않다.

여래행은 보살행이고, 무애행이며 진여행이고, 성기이고 성상불이행이다.

여래의 정각은 깨달음에 기초하여 허공과 바다같아서 모양도 없고 증감도 없는 해인삼매이다.

여래는 마음의 자유자재한 힘으로 법륜을 굴리니, 여래의 음성은 미치지 않는 곳이 없다.

여래의 반열반은 여래가 본래 생멸이 없으나 석가세존이 중생의 마음을 따라 방편으로 열반의 모습을 보였을 뿐이다.

화엄경에서는 보살들이 여래의 무상정등정각을 보고, 듣고, 친근하여, 심은 선근이 헛되지 않고 실효적임을 알아야 한다고 강조한다.

화엄경의 '여래수량품'에서 심왕보살이 "석가모니불의 사바세계 한 겁은 아미타불의 극락세계에서는 하루다"라고 부처세계 시간이 부처세계 국토에 따라 달라서 일즉다 다즉일(一卽多 多卽一)이나, 부처의 수명은 무량무변한 영원한 생명임을 말했다. 법화경의 본불에 관한 여래수량품은 여래수명이 무한함을 확인해주고 있다. 부처님께서는 "나는 참으로 성불한 지가 무량무변 백천만억 나유타 아승지 겁이니라"고 말씀하셨다.

석가세존께서 6년 고행 끝에 대각에 이르시고, 해인삼매에 37일간 드셨다가 나오셔서 화엄경을 처음 사자후처럼 설하셨다.

화엄경 전체의 서분이자 법보리장회의 서품이 '세주묘엄품'이다.

석가세존의 신통력으로 도량에는 빛으로 모든 장엄이 조화되어 있었다. 그 자리에는 보현보살을 위시한 보살대중과 집금강신을 비롯한 39류 화엄성중(신중)이 권속들과 함께 부처님 회상에 모여왔으며, 이들을 세주(世住)라고 했다. 그들은 게송으로 불계를 찬탄하여 장엄했으므로 세주묘엄품이라 하였다.

세존께서 세주들의 마음속 궁금증을 알아보시고 입과 치아, 미간백호로 광명을 놓으시니, 광명 입은 보살대중이나 백호광명으로 출현한 보살들이 부처님 공덕을 찬탄하였다.

부처님께서는 이어서 답해 주시니, 이를 여래 현상이라고도 한다.

각회 설주들은 보현삼매에 들어 설하게 되고, 보현보살은 세계해의 10사(事)를 10종으로 그 세계가 성취했음을 말했다.

　보현보살이 다시 화장세계의 장엄을 말했고, 이 화장장엄세계는 비로자나불이 지난 세계해의 미진수겁동안 보살행을 닦을 때에 부처님을 친근하고 큰 서원을 닦아서 깨끗하게 장엄한 것이다.

　광명각품에서는 세존께서 두 발바닥으로 광명을 내어 시방 일체세계를 비추시니 그 가운데 있는 것들이 모두 분명하게 드러났다.

　이제 무명 착각으로 고향 안에 타향을 설치해놓고 고향으로 돌아가려 애썼으나, 꿈을 깨고 눈을 뜨니 나는 지금 여기 고향의 고향집에 있는 것이다.

부처의 세계

佛界淨土

　사실 솔직히 저자는 부처를 모른다. 내가 듣고 본 것을 적을 뿐이다. 불가설, 언어도단, 심행처멸이라 하지 않던가? 어쨌거나 부처는 묘각이요, 마음이며, 청정무구심, 여래심, 영원한 한생명상생, 진여해탈이고 살아 있는 관계성 우주라고 할 수 있지 않을까?

　부처의 경우에는 정보(正報)와 의보(依報)가 있다. 예하면, 정보 석가모니불은 의보가 사바세계요, 정보 아미타불은 의보가 극락세계이다. 부처님의 연화장세계 가운데 하나가 극락정토인데 이곳은 즐거움이 충만하고 성불하기에 좋은 의보이다. 극락정토를 마음속에 이룬 것이 유심정토이다. 유마거사는 "마음이 청정하면 국토가 청정하다"(心淸淨 國土淸淨)고 했다.

　부처님 명호도 비로자나불, 일월정명덕불, 아미타불, 대통지승불,

석가모니불, 위음왕불, 아촉불, 비바시불, 가섭불, 약사여래불 등 셀수 없는 수많은 불명이 인구에 회자되고 있다.

법화경 '화성유품'을 보면 이러하다.

"무량무변겁 전에 대통지승불이 있었는데, 출가 전 16왕자가 있었다. 이들이 모두 출가하여 사미가 되고, 수행정진하여 4방 4유에 따라 2명씩 16부처가 되었다. 16사미 가운데, 두 사미는 동방에서 부처가 되었는데,

하나는 아촉불이니 환희국에 있고, 하나는 수미정불이니라.

동남방의 두 부처는 하나는 사자음불이요, 하나는 사자상불이니라.

남방의 두 부처는 하나는 허공주불이요, 하나는 상멸불이니라.

서남방의 두 부처는 하나는 제상불이요, 하나는 범상불이니라.

서방의 두 부처는 하나는 아미타불이요, 하나는 도일체세간고뇌불이니라.

서북방의 두 부처는 하나는 다마라발전단향신통불이요, 하나는 수미상불이니라.

북방의 두 부처는 하나는 운자재불이요 하나는 운자재왕불이니라.

동북방의 부처는 괴일체세간포외불이니라.

제16은 나 석가모니불이니 사바세계에서 아뇩다라삼먁삼보리를 이루었느니라.

여러 비구들이여, 우리들이 사미로 있을 적에 각각 한량없는 백천만억 항하사 중생들을 교화하였으며, 그들은 우리에게 법을 들었으니 아

녹다라삼먁삼보리를 얻기 위하였느니라. 9번째가 아미타불, 16번째가 석가모니불이었느니라."

그러면 불변의 절대자 청정법신비로자나불(大日如來, 명계의 태양)의 성불을 화엄경 '비로자나품'에서 화엄경 삼주인과의 하나로 알아보고, 이어서 여래의 제반능력·특징을 살펴보기로 한다.

보현보살이 비로자나불의 인연을 설했다.

그 옛날 승음세계에 일체공덕산수미승운 부처님이 출현하셔서 대광명을 놓아 중생을 조복하시니, 그 대성의 대위광 태자가 부처님 광명을 보고, 전의 선근과 신해행 닦은 힘으로 10가지 법문을 증득하였다. 이는 모든 부처님이 공덕륜삼매, 일체제법, 보문다라니, 반야바라밀, 대자(Maitreya), 대비(Ka runa), 대희(Mudita), 대사(Upeksa), 대신통방편, 대원, 요설변재 등이다.

대위광 태자는 그후 여러 부처님을 친견하고 공양하며 선법문을 듣고 부처 수기를 받은 다음 비로자니불이 되었다고 한다.

한때 석가세존은 사위국 제타숲 기수급고독원 대강당에서 문수·보현 등 5백 보살, 4부대중과 함께 계시었다. 그때 대중들은 부처님의 수행·지혜·힘을 보여주시길 원했다.

부처님은 대중의 생각을 아시고, 자비스런 방편으로 「사자분신삼매」에 드셨다. 제타숲 동산과 큰 강당이 별안간에 넓어지면서 수없는 세계가 되었고, 여러 가지 보배로 장식한 누각과 숲과 강에서는 찬란한 빛이 솟아 구름에 비치고, 하늘에서는 아름다운 음악이 흘러나와 부처님을 노래하였다. 보살들은 수없는 권속들과 함께 사방에서 구름처럼 몰려와 찬탄하였다.

깨달은 경지 한량이 있거나 없거나 부처님은 이런 것을 뛰어나셨네. 어둠을 사루는 밝은 해처럼, 보름달처럼 걸림이 없으시니.

바닷물이 맑고 고요하듯이 부처님은 목마름을 더시고, 수미산이 바다 위에 우뚝 솟듯이 부처님은 법 바다에 머무르시다.

여의주 보배 곳곳에 나타나듯 부처님 등불 모든 법속에 밝으시고, 물 맑히는 구슬 흐린 물 맑히듯이 부처님 뵈오니 몸과 맘이 깨끗해.

푸른 빛 보석이 모든 것을 푸르게 하듯 부처님 뵈오면 지혜 슬기롭고, 티끌 속마다 자재하신 부처님 수없는 보살들을 맑게 하시네.

깨끗한 생각 어리석음 여의고 온갖 법문을 들어 지니며, 부처님의 끝없는 미묘한 법 바다 깊고 밝은 지혜로 분별하오리.

믿음과 지혜 뚜렷이 갖추어 의심은 없어지고 고달픔 몰라 나고 죽는 가운데 있으면서도 이 마음 항상 물들지 않네.

보살들 하시는 일 헤아리기 어려워 온 세상 사람들 누가 알건가, 보리의 밝은 빛 시방에 비치니 어둠은 부서지고 중생을 제도하다.

끝없고 셀 수 없는 오랜 세월에 부처님 음성 못 들었거든 받들어 뵈옵고 의심 풀기란 하늘에 올라가 별을 따는 것.

온갖 법 다 아시는 세상의 등불.

중생을 건지시는 위없는 복밭.

부처님의 거룩하신 몸매 한없이 뵈온들 싫다 하리까.

공덕이 원만하신 부처님 햇빛 우리의 복과 덕 길러 주시니 그 빛 받은 이, 나쁜 길 여의고

괴로움 없어지고 지혜몸 되리.

우리들 건지시려 부처님 나시사 자비한 마음 법수레 굴리며 끝없는 세월 고통을 대신 받은

부처님 은혜 어이 갚으리.

부처님이 말씀하셨다. 「여래」는 이 세상의 괴로움을 깨달아, 이 세상의 속박을 떠났고, 이 괴로움의 원인을 깨달아 이 괴로움의 원인을 버리었으며, 이 괴로움의 없어짐을 깨달아 이 괴로움의 없어짐을 나타냈고, 이 괴로움을 없애는 길을 알아 이 괴로움을 없애는 길을 닦았다. 비구들이여, 이 세계에 있어서, 모든 물질과 모든 정신작용은, 모두 여래에 의해서 깨치어졌다. 그러므로 「여래」라고 불리어지는 것이다. 여래는 바른 깨달음의 새벽부터 「니르바아나」의 저녁에 이르기까지, 그 말씀한 바에는 거짓이 없다. 그러므로 「여래」라고 불리어지는 것이다.

상가여, 여래는 말과 같이 행동하고, 행동과 같이 말하는 사람이다. 그러므로 「여래」라고 불리어지는 것이다. 상가여, 여래는 이 세계에 있어서 승리자로서, 어느 것에도 지는 일이 없으며, 또 모든 것을 바르게 보는 자요, 모든 것을 통치하는 자다. 그러므로 「여래」라고 불리어지는 것이다.

부처님은 성도하신 뒤에, 세 가지 일로써 교화방편을 삼으셨으니, 이른바 신족교화(神足敎化) · 설법교화(說法敎化) · 훈회교화(訓誨敎化)가 그것이다.

첫째 「신족교화」라 함은, 가지 가지 신통을 나타내어, 믿지 않는 사람으로 하여금 그것을 보고, 믿어 들어가게 하는 것이다. 때로는 몸을 여러 곳에 나타내기도 하고, 때로는 몸을 숨기어 보이지 않기도 하며, 혹은 석벽도 걸림이 없이 왕래 자재하기도 하고, 혹은 허공에 가부좌로 앉기도 하고, 혹은 큰 불이 타는 듯 연기가 솟아나기도 하며, 혹은 손으로 해와 달을 만지기도 하고, 혹은 몸이 「범천」에 오르기도 하는 등이다. 부처님은 이 같은 신통을 나타내시는 것이다.

둘째 「설법교화」라 함은, 모든 인 · 천 대중에게, 모든 법은 「아(我)」가 없고, 모든 「행(行)」은 떳떳함이 없으며, 「 나르바아나 」는 생사를 뛰어나는 법이라는 따위의 4제 · 4인연 · 8정도 등의 법을 설하시어, 그 이치를 깨쳐 들어오게 하시는 것이다.

셋째 「훈회교화」라 함은, 비구와 모든 인연있는 인민에게 「이것을 버려라, 이것을 가져라. 이것은 가까이 하라, 이것은 멀리하라. 이것은 하고, 이것은 하지 말라.」는 따위의 훈계와 교회로써 지도하시는 것 등이다.

10호를 가진 여래는 열 가지 힘인 10력(力)을 가지셨다.

화엄경 39권, 신화엄경 제56권에는 심심력(深心力), 증상심심력, 방편력(方便力), 지력(智力), 원력(願力), 행력(行力), 승력(乘力), 신변력(身

変力), 보리력(菩提力), 전법륜력(轉法輪力) 등으로 나온다.

구사론에는 10력(dasa-balah)으로, 처비처지력(処非処智力), 업이숙지력, 정려해탈등지지력, 근상하지력, 종종승해지력, 종종계지력, 변취행지력, 숙주수념지력, 사생지력(死生智力), 누진지력(漏盡智力)을 든다.

화엄종에서는 자유자재로운 부처의 구족한 법문을 법계무진연기로서 10현연기 사사무애법문(10玄門)이나, 10현6상원융(十玄六相, 6상은 총상, 별상, 동상, 이상, 성상, 괴상이 원융한 것)이라고도 한다.

10현문을 10현연기문이라 하여, 모든 것이 자성에서 일어남으로, 인연과보상 성기론(性起論)이라고도 한다.

중국의 지엄 화상과 현수법장(탐현기)이 자세히 강술하였다. 10현문은 동시구족상응문(同時具足相應門), 일다상용부동문(一多相容不同門), 제법상즉자재문, 인다라망경계문(因陀羅網境界門), 미세상용안립문, 비밀은현구성문(秘密隱顯俱成門), 제장순잡구덕문, 십세격법이성문, 유심회성선성문, 탁사현법생해문(托事顯法生解門) 등이다.

여래는 4무소외(四無所畏), 4무애지(四無碍智), 6신통력을 갖고 있다.

4무소외는 정등각 무외 · 누영진무외(외난을 두려워 않음) · 설장법무외(장애가 되는 법을 말해도 두려워 않음) · 설출도무외(고통 벗는 길을 표시해도 두려워 않음) 등이다.

4무지애는 교법에 통달한 법무애 · 교법요의를 아는 의무애 · 말을 알고 통달한 사무애 · 대기설법으로 듣기 좋게 하는 요설무애 등이다.

6신통(六神通)은 천안통(天眼通, 육안으로 못보는 것을 봄) · 천이통(天耳通) · 타심통(他心通) · 숙명통(宿命通) · 신족통(神足通, 여의통) · 누진통(漏盡通, 모든 번뇌를 끊어 자유자재 하게 됨) 인데, 앞의 5신통은 부분에 불과하고 누진통을 얻어야 여래의 반열에 오른다. 부처님은 상호로 볼 때 32상(相) 80종호(種好)를 지니셨다 한다.

법화경에도 부처님의 32상 80종호 18불공법이 나온다.

부처님이 기원정사에 계시던 어느 날, 비구들은 강당에 모이어 서로 의논했었다.

"32종 대인상이란 매우 기특한 것이다. 이 32종 대인상을 갖춘 분은, 이 세상에 나면서부터, 두 가지 결정적인 숙명을 지니게 되는 것이니, 하나는 세속에 있으면 전륜성왕이 되어, 4해를 통치하고 7보가 구족하게 된다. 7보는 금수레 · 상서코끼리 · 상서말 · 주 · 옥녀 · 거사 · 병 이다. 전륜왕은 위덕이 4해에 떨치어, 병기와 형구를 쓰지 않고, 바른 법으로 천하를 통치한다. 그러나 그가 집을 떠나 도를 닦으면, 여래세존이 되어, 세상의 모든 장애를 벗어 버리고 이름이 시방세계에 들린다…."

이런 이야기를 부처님은 조용한 곳에서 맑은 하늘귀로 들으시고 강당에 나아가시어, 비구들의 하던 이야기를 다시 들으신 뒤, 이내 말씀하셨다.

"너희들은 여래의 「32종 대인상」의 인연을 듣고자 하거든 자세히 들어라."

"비구여, 32종 대인상(laksana sampada)은

1) 발바닥이 평편하고 가득 차서 굽은 곳이 없다(足下平滿相).

2) 발바닥에 가늘은 금이 뱅뱅 돌아, 천폭의 수레바퀴와 같다.

3) 발 뒷꿈치가 둥글고 단정하다.

4) 손·발가락이 가늘고 길고 윤택하다.

5) 손·발이 부드럽고 연하여 도라면이란 솜과 같다.

6) 손·발에 그물 같은 무늬가 둘러 있다.

7) 발등이 단정하고 두텁다.

8) 엉덩이가 둥글고 단정하여, 에니라는 사슴의 엉덩이와 같다.

9) 바로 서서 허리를 굽히지 않아도, 손이 무릎을 지나간다(垂手過膝相).

10) 음근은 말의 그것과 같이 밖으로 드러나지 않았다(馬陰藏相).

11) 몸 빛은 황금과 같이 누르고 광택이 난다(身眞金色相).

12) 살갗은 가늘고 윤택하여, 때와 티끌이 묻지 않는다.

13) 터럭은 한 구멍에 하나씩 나 있다(一孔一毛相).

14) 터럭은 위로 쓰러지고, 감청색으로 오른쪽을 향해 돌아 올라갔다.

15) 몸 사지가 쭉 곧고 골라서, 범천 사람과 같다.

16) 몸의 두 손·두 발·두 어깨·목 일곱 곳이 다 원만하고 골라서 빠진 데가
없다.

17) 몸의 용감한 모습이 사자와 같다(身獅子威相).

18) 두 어깨 사이가 충실하여 빈 데가 없다.

19) 몸 둘레가 둥글고 쭉 곧아서 냐그로오다라는 나무와 같다.

20) 두 어깨가 쪽 곧고 둥글게 보인다.

21) 턱의 엎죽한 모습이 사자의 턱 윤곽과 같다.

22) 입에는 40개의 이가 갖추어 있다(四十齒相).

23) 이가 쪽 고르고 가지런하다.

24) 이가 조밀하여 사이 틈이 없다.

25) 이가 희고 깨끗하다(齒牙潔白相).

26) 입에는 최상의 미각(味覺)을 얻게 되어있다.

27) 혀가 크고 길어, 밖으로 내어 코와 귀를 덮을 수 있다(舌大廣長相).

28) 음성이 청아하고 웅장하여, 범천의 음성을 갖추어 있다.

29) 눈빛은 감청색이다(眼紺靑色相).

30) 눈썹은 암소의 눈썹 모습이다.

31) 두 눈썹 사이에 흰털이 있으되, 부드럽기가 도라솜 같다(眉間白毫相).

32) 머리 위에 살로 된 상투가 솟아나 있다(頂上肉髻相)."

팔십종호는 팔십수형호(八十隨形好)라고도 하여, 부처님이 몸에서 훌륭한 것 80종으로 32상을 세밀히 나눈 것이다.

1) 손톱이 좁고 길고 엷고 구리 빛으로 윤택한 것,

2) 손가락 발가락이 길어서 다른 사람들보다 고운 것,

3) 손과 발이 제각기 같아서 별다름이 없는 것,

4) 손발이 원만하고 부드러워, 다른 사람보다 훌륭한 것,

5) 힘줄과 핏대가 잘 서리어 부드러운 것,

6) 복사뼈가 살 속에 숨어서 밖으로 나타나지 않는 것,

7) 걸음걸이가 곧고 반듯하여 거위와 같은 것,

8) 걸음을 걷는 위의가 사자와 같은 것,

9) 걸음걸이가 안평하여 상자 밑 같은 것,

10) 걸음걸이가 위엄 있어 일체에 진동하는 것,

11) 몸을 돌려 돌아봄이 코끼리와 같은 것,

12) 팔다리의 마디가 수승하고 원만한 것,

13) 뼈마디가 서로 얽힌 것이 쇠사슬 같은 것,

14) 무릎이 원만하고, 굳고, 아름다운 것,

15) 남근이 살 속에 숨어 있는 것이 말과 같은 것,

16) 몸과 팔다리가 윤택하고, 미끄럽고, 깨끗하고, 부드러운 것,

17) 몸매가 바르고, 곧아서 굽지 아니한 것,

18) 몸과 팔다리가 견고하여 비뚤어지지 않은 것,

19) 몸매가 반듯하고 두루 만족한 것,

20) 몸매가 단정하여 검지 않고 기미가 없는 것,

21) 몸에 둥근 광명이 있어 사방으로 한 길씩 뻗치는 것,

22) 배가 반듯하고 가로무늬가 없는 것,

23) 배꼽이 깊숙하고 오른쪽으로 돌았으며, 원만하고 묘한 것,

24) 배꼽이 두텁고 묘한 모양이 있어 두드러지거나 오목하지 않은 것,

25) 살갗이 깨끗하고 용모가 바른 것,

26) 손바닥이 충실하고, 단정하고, 어지럽지 않은 것,

27) 손금이 깊고 끊어지지 않고, 분명하고 바른 것,

28) 입술이 붉고 윤택하여 빈파(頻婆, binbha) 열매 같은 것,

29) 입(面門)이 원만하여 크지도 작지도 않은 것,

30) 혀가 넓고, 길고, 붉고, 엷어서 이마 앞까지 닿는 것,

31) 말소리가 위엄있게 떨치는 것이 사자의 영각(암소를 찾는 황소의 울음소리)과
   같은 것,

32) 목소리가 훌륭하고 온갖 소리가 구족한 것,

33) 코가 높고, 곧아서, 콧구멍이 드러나지 않는 것,

34) 치아가 반듯하고 희고 뿌리가 깊게 박힌 것,

35) 송곳니가 깨끗하고, 맑고, 둥글고, 끝이 날카로운 것,

36) 눈이 넓고, 깨끗하며, 눈동자가 검은 광명이 있는 것,

37) 눈이 길고, 넓고, 속눈썹이 차례가 있는 것,

38) 속눈썹이 가지런하여 소의 눈썹과 같은 것,

39) 두 눈썹이 길고, 검고, 빛나고, 부드러운 것,

40) 두 눈썹이 아름답고 가지런하여 검붉은 유리 빛이 나는 것,

41) 두 눈썹이 높고, 명랑하여 반달과 같은 것,

42) 귀가 두텁고, 길고 귓불이 늘어진 것,

43) 두 귀 모양이 가지런한 것,

44) 얼굴이 단정하고, 아름다워 보기 싫지 않은 것,

45) 이마가 넓고, 원만하여, 반듯하고, 수승한 것,

46) 몸매가 수승하여 위아래가 가지런한 것,

47) 머리카락이 길고, 검고, 빽빽한 것,

48) 머리카락이 깨끗하고, 부드럽고, 윤택한 것,

49) 머리카락이 고르고, 가지런한 것,

50) 머리카락이 단단하여, 부서져 떨어지지 않는 것.

51) 머리카락이 빛나고, 매끄럽고, 때가 끼지 않는 것.

52) 몸매가 튼튼하여 나라연(那羅延, 天上力士의 이름)보다도 훨씬 승(勝)한 것.

53) 몸집이 장대하고, 단정하고, 곧은 것.

54) 몸의 일곱 구멍이 맑고, 깨끗하여, 때가 끼지 않은 것.

55) 근력이 충실하며, 같은 이가 없는 것.

56) 몸매가 엄숙하고 좋아서, 보는 사람마다 즐거워하는 것.

57) 얼굴이 둥글고, 넓고, 깨끗한 것이 보름달 같은 것.

58) 얼굴빛이 화평하여 웃음을 띄운 것.

59) 낯이 빛나고, 때가 없는 것.

60) 몸과 팔다리가 항상 장엄스럽고, 깨끗한 것.

61) 털구멍에서 좋은 향기가 풍기는 것.

62) 입에서 아름다운 향기가 풍기는 것.

63) 목이 아름답고, 둥글고, 평등한 것.

64) 몸의 솜털이 보드랍고, 검푸른 빛으로 광택이 있는 것.

65) 법문 말하는 소리가 원만하여, 듣는 사람들의 성질에 따라 널리 맞게 하는 것.

66) 정수리가 높고, 볼 수 없는 것.

67) 손가락 발가락 사이에 그물 같은 엷은 막(膜)이 분명하고 바로잡혀 있는 것.

68) 걸어 다닐 적에 발이 땅에 닿지 아니하여, 네 치(四寸) 쯤 떠서 땅에 자국이 나타나지 않는 것.

69) 신통력으로 스스로 유지하고, 다른 이의 호위함을 받지 않는 것,

70) 위덕(威德)이 멀리 떨쳐서 선한 이들은 듣기 좋아하고, 악마와 외도들은 두려워 굴복하는 것,

71) 목소리가 화평하고 맑아서, 여러 사람의 마음을 즐겁게 하는 것,

72) 중생들의 근기(根氣)를 알고, 그 정도에 맞추어 법문을 말하는 것,

73) 한 음성으로 법을 말하되, 여러 종류들이 제각기 알게 하는 것,

74) 차례로 법을 말하여 각기 제 자격에 맞도록 하는 것,

75) 중생들을 고르게 보아서 원수나 친한 이가 모두 평등한 것,

76) 하는 일에 대하여 먼저 관찰하고, 뒤에 실행하여 제각기 마땅함을 얻는 것,

77) 온갖 상(相)과 호(好)를 구족하여, 아무리 보아도 다함이 없는 것,

78) 머리의 뼈가 단단하여, 여러 겁을 지내더라도 부서지지 않는 것,

79) 용모가 기특하고 묘하여, 항상 젊은이와 같은 것,

80) 손, 발, 가슴에 상서로운 복덕상과 훌륭한 모양을 구족한 것.

우리는 위에서 상(相)으로 32상 80종호는 말했으나, 부처님의 기본 가르침은 무상(無相) 무주(無住)이고, 금강경과 법화경을 보면 석가세존이 이 사바세계에서 성불하여, 수많은 중생을 제도하고 쿠시나가라에서 열반에 들었다고 했으나, 실은 제도한 중생이 하나도 없으며, 실제 성불은 무량무변 아승지겁 전이니, 이번 열반은 방편이지 실상이 아니라 했다.

부처는 자유자재로운 대자비광명인 바, 성문 연각 보살에게는 없고,

부처님께만 있는 공덕을 '18불공불법(十八不共佛法)'이라고 한다.

이는 다음과 같다.

신무실(身無失) · 구무실(口無失) · 의무실(意無失) · 무이상(無異想) · 무부정심(無不定心) · 무부지이사(無不知已捨) · 욕무감(欲無減) · 정진무감(精進無減) · 염무감(念無減) · 혜무감(慧無減) · 해탈무감(解脫無減) · 해탈지견무감(解脫知見無減) · 일체신업수지혜행(一切身業隨智慧行) · 일체구업수지혜행(一切口業隨智慧行) · 일체의업수지혜행(一切意業隨智慧行) · 지혜지견과거세무애무장(智慧知見過去世礙無障) · 지혜지견미래세무애무장(智慧知見未來世無礙無障) · 지혜지견현재세무애무장(智慧知見現在世無礙無障).

부처의 세계는 우리가 갈 수 있는, 불가사의 하나 자유자재로운 세계임을 살펴보았다.

한 옛날에 꿈꿈이가 있었다.

태초에 꿈을 꾸었다.

꿈꿈이는 찰라찰라 마치 나무가 꽃을 피우고,

나비가 날으며, 새들이 노래하고,

사람이 춤추듯 끊임없이 꿈을 꾸고 있다.

삶은 하나의 꿈이다. 꿈꿈이가 꾸는 꿈이다.

모든 게 한바탕 꿈이고, 꿈속의 또 꿈이다.

꿈을 깨고 눈을 떠야 한다.

오직 꿈꿈이만 꿈이 아니다.

금강연꽃 법륜

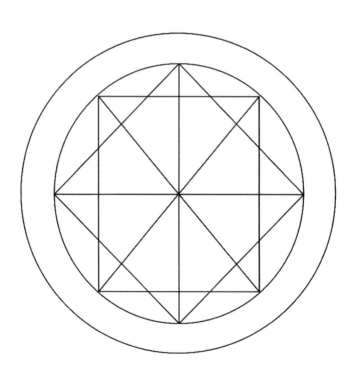

누가 불두(佛頭)에 황금똥 쌌나?

1판 1쇄 펴낸 날 2014년 3월 31일

저자 고준환 박사
발행인 고의환
기획 김성우
편집 이유경
디자인 김현민
마케팅 권태형
제작 보현PNP

펴낸곳 도서출판 본각선교 서울 구로구 공원로 41 현대파크빌 724호
전화 02-762-4848
팩스 02-762-4848
이메일 kow0702@naver.com
출판등록 2013년 7월 26일, 제25100-2013-000082호

ⓒ 고준환, 2014
ISBN 979-11-952563-0-3 03220